现代冷链物流产业链管理

张喜才 著

中国商业出版社

图书在版编目(CIP)数据

现代冷链物流产业链管理/ 张喜才著.—— 北京：中国商业出版社，2022.1

ISBN 978－7－5208－1860－5

Ⅰ.①现… Ⅱ.①张… Ⅲ.①冷冻食品－物流管理 Ⅳ.①F252.8

中国版本图书馆 CIP 数据核字(2021)第 218995 号

责任编辑:李 飞　蔡 凯

中国商业出版社出版发行

010－63180647　www.c－cbook.com

(100053　北京广安门内报国寺 1 号)

新华书店经销

北京广达印刷有限公司印刷

*

787 毫米×1092 毫米　16 开　16.5 印张　340 千字

2022 年 1 月第 1 版　2022 年 1 月第 1 次印刷

定价:58.00 元

* * * *

(如有印装质量问题可更换)

前 言

城乡二元结构和大国小农的特殊国情，决定了小农户在大市场中所面对的主要困境是其在农产品物流方面所面对的几乎不可克服的困难。如何将千千万万分散的小农户整合成一个纵向一体化的物流体系，形成快速、高效、全程的冷链物流网络，这既难以遵循西方发达国家的经验，也是我国农产品流通现代化必须面对的实践难题。

2019年中央政治局会议把城乡冷链物流设施建设列为补短板工程的重点工作。2020年中央经济工作会议提出要加强冷链物流建设，中央农村工作会议启动农产品仓储保鲜冷链物流设施建设工程。2020年、2021年中央一号文件均明确提出要加强农产品冷链物流统筹规划、分级布局和标准制定，加强冷链物流骨干网络建设。打造符合新时代流通需求的农产品冷链物流网络，不仅是应对非洲猪瘟、新冠肺炎疫情等的重要手段，也是提高农产品流通效率，促进农民增收和乡村振兴，满足消费升级需求，扩大消费的必要途径。

冷链物流发展越来越重要。随着我国社会与经济发展、居民生活水平提升、消费水平不断升级，人们对食品的要求不再局限于果腹，而是逐渐追求更安全、更高品质的食物。人们对鲜活农产品的需求与日俱增，使得冷链物流成为物流发展的重要趋势之一，冷链物流行业悄然崛起，在我国有十分广阔的发展前景。但我国冷链物流起步较晚，缺乏对冷链物流的整体规划，存在市场化程度低、效率低下、基础设施设备老化、专业技术人员匮乏等诸多问题。冷链物流已然成为影响我国民生的重要行业，提高农产品冷链物流企业发展水平已经成为促进我国农产品流通和农业经济发展的重要内容之一。深入研究并分析农产品冷链物流行业发展问题，有助于推动我国社会发展，具有一定的现实意义。

2020年初一场突如其来的由新冠肺炎病毒引发的重大疫情波及全球，给世界经济发展带来了前所未有的压力与挑战，同时对人们的生活水平和生活方式产生了重大的影响，也带来了改变。尤其是在网络通信技术的高速发展和新冠肺炎疫情期间足不出户的防疫要求大背景下，线上购物习惯被培养，"宅经济"的出现更是推进了冷链物流线上平台型销售新模式的创新。尽管冷链物流行业在新冠肺炎疫情的背景下抓住了发展机遇，创造了新运营模式，但同时新冠肺炎疫情的暴发也凸显出我国冷链物流行业中存在的许多问题及发展的瓶颈：第一，冷链物流节点布局不合理；第二，我国冷库分布不均；第三，冷链物流服务水平有待提升；第四，冷链物流行业竞争激烈；第五，冷链企业高质量发展意识淡薄。目前，我国新冠肺炎疫情已进入常态化防控阶段,后疫情时代冷链物流如何应对市场的新变化、实现高质量发展成为研究热点之一。

我国正处于建设中国特色社会主义的新发展阶段,党和国家对于冷链物流高质量发展也提出了新要求;构建国内循环为主体,国际国内双循环相互促进的新发展格局为冷链物流的发展指明了新的方向。冷链物流已经到了产业链发展阶段。冷链产业链高质量发展的内涵,需从不同的维度来界定:从系统平衡层面,不仅涵盖冷链物流及供应链的流通速度,还应包括其服务质量(即仓储、流通加工、产销等)的全面提升;从经济发展层面,冷链供应链高质量发展促进经济高质量发展;从民生指向层面,随着收入和生活水平的提高,人们对生鲜品在新鲜度等方面的要求不断提高,应通过实现冷链产业链的高质量发展来满足人们的需求;从环境可持续层面,在冷链产业链中体现并融入绿色低碳的思想,在节能减排和保护生态环境的条件下实现高效率和高效益增长。

总体来说,以往的研究和著作偏向于冷链物流本身,忽视了冷链物流的产业链特性。翁心刚、安久意、谢如鹤、刘广海、白世贞、曲志华等来自不同单位的研究者编著的《冷链物流》介绍了食品冷藏、食品冷冻、冷库、食品冷藏运输与销售、农产品冷藏以及冷藏链物流企业经营与管理等知识。主要从冷链物流内涵、特征介绍冷链物流基础理论。从冷链物流国内外现状分析着手,阐述了冷链物流的现状、需求特点和发展特征。对冷链物流发展的设施、设备和技术进行了介绍。针对不同大类冷链商品的特征,对其运作和服务模型进行了分析。对城市冷链物流概念、体系和共同配送模式等核心问题进行了梳理。针对冷链物流管理中核心要素温度、设备和质量管理要点进行了探讨。对冷链物流主流认证体系进行了介绍。分析我国冷链物流标准化建设思路和建议。

李学工、邓汝春等各自完成的《冷链物流策划实务》等著作,系统、全面、详细地介绍了冷库、冷藏运输的相关知识和管理经验,分析和总结了公路、铁路、船舶与集装箱等不同冷藏运输方式的现状,对各种不同运输方式的设备、操作流程做了详细介绍,并系统阐述了第三方冷链物流企业的运作。精心选择冷链物流实践中新业态、新模式和新产业的运营特点,作为实战应用的主要内容和架构,具有极强实用性、实战性和实操性。

彭本红的著作《冷链物流系统风险分析》以我国冷链物流企业面临的问题为研究背景,根据生鲜食品、生鲜农产品以及医药冷链品的不同特征,综合应用系统工程、决策预测、统计技术、风险建模等工具和方法,对冷链物流系统的脆弱性风险、运营风险、商业模式风险进行分析和建模仿真,并对冷链企业的风险进行预警和预测,结合信息经济学的方法进行治理机制设计,为冷链物流风险管控提供指导措施。

刘斌的著作《冷链物流供冷关键技术研究》,针对目前国内冷链物流成本普通偏高、智能化水平普通偏低的现实情况，提出基于物联网的智能冷链物流解决方案，从信息采集、位置服务、智能终端、电子商务等方面进行关键技术分析和应用研究，对于智能冷链物流系统集成具有一定的参考价值。

如今呈现在读者面前的这部著作突出特点是跳出冷链看冷链，从产业链视角，让人们对冷链物流的上游设备设施、作为中游的第三方物流企业和作为下游的需求方有了更深入、更全面的了解，使得研究者对冷链物流有更深、更广的研究视角，使得政策制定者以更多元的视角来看待冷链物流。不仅如此，本书提出了冷链物流及产业链概念体系，为冷链物流发展正本清源。试图从根本上建立适合中国特色的冷链物流产业链话语体系。

我的研究生张慧、霍迪、朱雪彤、刘梦越、王琳、胡伟、丁颖哲、朱香玉、彭缘等参与了这本书的写作、资料整理和数据分析。同时也吸收了很多专家学者的成果，在此，一并表示感谢！

张喜才
2021 年 12 月于北京物资学院

目 录

第一章 冷链物流产业链概念、内涵及特征 (1)
1.1 冷链物流的内涵及特征 (1)
1.1.1 冷链物流 (1)

1.1.2 冷链物流的适用范围 (3)

1.1.3 冷链物流的服务特点 (4)

1.2 冷链物流产业链的内涵及特征 (7)
1.2.1 冷链物流产业链 (7)

1.2.2 冷链物流产业链的特征 (8)

1.3 冷链物流产业链运作流程 (10)
1.3.1 冷链物流产业链运作模式 (10)

1.3.2 农产品冷链物流产业链 (10)

1.3.3 农产品冷链物流产业链运作模式 (11)

1.3.4 医药冷链物流产业链运作模式 (12)

1.3.5 冷链物流产业链主要服务类型 (12)

第二章 冷链物流产业链现状及问题 (15)
2.1 冷链物流产业链的现状 (15)
2.1.1 我国冷链物流发展概况 (15)

2.1.2 冷链物流产业链的构成 (19)

2.1.3 产业链上游 (20)

2.1.4 产业链中游 (23)

2.1.5 产业链下游 (25)

2.2 冷链物流产业链的问题 (27)
2.2.1 冷链基础设施落后、技术运用缺乏 (27)

2.2.2 冷链物流企业发展滞后 (28)

2.2.3 冷链物流相关法律法规不够健全 (29)

2.2.4 职能严重交叉、主管部门缺失 (29)

2.3 冷链物流产业链的发展困境 (30)
2.3.1 冷链物流成本高的困境 (30)

2.3.2 冷链物流公益性与市场性的困境 (30)

2.3.3 冷链物流断链环节的困境 (31)

2.3.4 冷链物流企业发展方向的困境 (31)

2.3.5 冷链物流标准化的困境 (32)

  2.3.6 冷链物流安全的困境 ……………………………………………………… (32)

第三章 冷链物流产业链发展的新环境分析 …………………………………………… (33)
 3.1 冷链物流产业链变革的动力 ……………………………………………………… (34)
  3.1.1 需求驱动成为农产品物流方式变革的根本动力 ……………………………… (34)
  3.1.2 规模化专业化生产主体大量涌现为供应链整合奠定基础 …………………… (34)
  3.1.3 多样化的支付手段和方式支撑了现代物流体系变革 ………………………… (34)
  3.1.4 现代信息技术等对农产品产销对接影响不断深化 …………………………… (35)
  3.1.5 资本运营和供应链金融成为农产品物流整合重要推手 ……………………… (35)
 3.2 冷链物流产业链的发展机遇 ……………………………………………………… (36)
  3.2.1 社会经济发展及消费需求升级提供外在动力 ………………………………… (36)
  3.2.2 新技术运用为冷链物流高质量发展提供技术支撑 …………………………… (36)
  3.2.3 国家支持为冷链物流业发展提供有利的政策环境 …………………………… (36)
 3.3 冷链物流产业链面临的挑战 ……………………………………………………… (37)
  3.3.1 产业链运营体系革新难度大 …………………………………………………… (37)
  3.3.2 产业链数字化转型困难重重 …………………………………………………… (37)
  3.3.3 产业链转型升级阻力较大 ……………………………………………………… (37)
  3.3.4 产业链国际竞争日趋激烈 ……………………………………………………… (38)
  3.3.5 产业链市场主体对冷链认知不够 ……………………………………………… (38)
 3.4 冷链物流产业链的发展趋势 ……………………………………………………… (39)
  3.4.1 冷链市场规模将呈现量级化增长 ……………………………………………… (39)
  3.4.2 数字化智慧化转型发展 ………………………………………………………… (40)
  3.4.3 降碳减排绿色化发展 …………………………………………………………… (41)

第四章 冷链物流产业链商业模式创新研究 …………………………………………… (42)
 4.1 冷链物流产业链的商业模式 ……………………………………………………… (42)
  4.1.1 有关商业模式的研究 …………………………………………………………… (42)
  4.1.2 冷链物流商业模式 ……………………………………………………………… (44)
  4.1.3 冷链物流商业模式现状 ………………………………………………………… (45)
  4.1.4 冷链物流产业链商业模式发展趋势 …………………………………………… (46)
 4.2 基于大数据现代冷链物流发展模式研究 ………………………………………… (48)
  4.2.1 农产品加工企业为核心的农产品冷链物流模式 ……………………………… (48)
  4.2.2 依托大型冷冻批发市场型农产品冷链物流模式 ……………………………… (48)
  4.2.3 以农民专业合作社为主导的农产品供应链模式 ……………………………… (49)
  4.2.4 大型连锁零售企业主导的农产品冷链物流模式 ……………………………… (49)
  4.2.5 围绕第三方冷链物流企业形成的农产品冷链物流模式 ……………………… (50)
  4.2.6 平台型农产品冷链物流发展模式 ……………………………………………… (51)
  4.2.7 租赁型农产品冷链物流发展模式 ……………………………………………… (52)
  4.2.8 中央厨房型农产品冷链物流发展模式 ………………………………………… (53)
 4.3 农产品冷链物流发展模式的新趋势 ……………………………………………… (54)
  4.3.1 无人化模式 ……………………………………………………………………… (54)

  4.3.2 物流大数据整合模式 …………………………………………………… (54)
  4.3.3 冷链到门的仓配一体化 ………………………………………………… (55)
  4.3.4 新鲜直供模式 …………………………………………………………… (55)
  4.3.5 跨境全链条运营模式 …………………………………………………… (56)
  4.3.6 共享冷链物流模式 ……………………………………………………… (56)
  4.3.7 "多业态融合"模式 …………………………………………………… (56)
 4.4 冷链物流产业链商业模式构建 ………………………………………………… (57)
  4.4.1 农产品冷链产业链商业模式价值主张角度 …………………………… (57)
  4.4.2 农产品冷链产业链商业模式价值关键业务角度 ……………………… (57)
  4.4.3 农产品冷链产业链商业模式核心资源角度 …………………………… (57)
  4.4.4 农产品冷链产业链商业模式合作伙伴角度 …………………………… (57)
  4.4.5 农产品冷链产业链商业模式成本构成角度 …………………………… (58)
  4.4.6 农产品冷链产业链商业模式客户关系角度 …………………………… (58)
  4.4.7 农产品冷链产业链商业模式渠道通路角度 …………………………… (58)
  4.4.8 农产品冷链产业链商业模式客户细化角度 …………………………… (59)
  4.4.9 农产品冷链产业链商业模式收入来源角度 …………………………… (59)
 4.5 冷链物流商业模式的发展建议 ………………………………………………… (60)
  4.5.1 创新冷链物流服务平台的商业模式 …………………………………… (60)
  4.5.2 采用服务全覆盖的策略拓宽服务覆盖范围 …………………………… (60)
  4.5.3 以客户的不同需求为切入点创新服务产品 …………………………… (60)
  4.5.4 整合社会资源,实现众包协作 ………………………………………… (61)
  4.5.5 快速建立扁平化组织结构 ……………………………………………… (61)

第五章 冷链物流产业链集中度研究 ……………………………………………… (62)

 5.1 冷链设施设备的集中度 ………………………………………………………… (62)
  5.1.1 冷链设施设备概念 ……………………………………………………… (62)
  5.1.2 冷链的制冷材料——制冷剂 …………………………………………… (63)
  5.1.3 制冷系统的心脏——压缩机 …………………………………………… (64)
  5.1.4 冷链设备最重要的基础设施——冷库 ………………………………… (65)
  5.1.5 冷藏车的集中度 ………………………………………………………… (68)
  5.1.6 冷藏冷冻柜的集中度 …………………………………………………… (74)
 5.2 冷链物流企业的集中度 ………………………………………………………… (78)
  5.2.1 冷链市场的行业现状 …………………………………………………… (78)
  5.2.2 冷链物流企业现状 ……………………………………………………… (80)
 5.3 冷链物流产业链下游集中度研究 ……………………………………………… (83)
 5.4 冷链物流产业链的集中度分析 ………………………………………………… (84)
  5.4.1 上游行业集中度较高 …………………………………………………… (84)
  5.4.2 中游行业集中度有待发展 ……………………………………………… (86)
  5.4.3 下游应用中农产品占据主流 …………………………………………… (90)

第六章 冷链物流产业链延伸研究 ……………………………………… (92)
6.1 冷链物流产业链延伸的背景 ……………………………………… (92)
6.2 冷链物流产业链延伸现状与动因 ………………………………… (94)
6.2.1 冷链物流企业发展现状 ……………………………………… (94)
6.2.2 冷链物流产业延伸动因 ……………………………………… (98)
6.3 冷链物流产业链延伸模式 ………………………………………… (102)
6.3.1 生产加工企业＋冷链物流 …………………………………… (102)
6.3.2 电商＋冷链物流 ……………………………………………… (104)
6.3.3 第三方冷链物流＋中央厨房 ………………………………… (105)
6.3.4 第三方冷链物流＋供应链 …………………………………… (107)
6.3.5 快递物流＋冷链物流 ………………………………………… (108)
6.4 冷链物流产业链延伸的绩效评价 ………………………………… (110)
6.4.1 供应链运作参考模型介绍 …………………………………… (110)
6.4.2 SCOR 的流程模型结构 ……………………………………… (110)
6.4.3 基于 SCOR 模型的冷链物流产业链延伸构建 ……………… (111)
6.4.4 构建 SCOR 模型第一层次 …………………………………… (112)
6.4.5 构建 SCOR 模型第二层次 …………………………………… (112)
6.4.6 构建 SCOR 模型第三层次 …………………………………… (115)
6.4.7 平衡计分卡（BSC）模型介绍 ……………………………… (115)
6.4.8 SCOR－BSC 模型的适应性分析 …………………………… (117)
6.4.9 SCOR－BSC 模型的冷链物流产业链延伸评价体系构建 … (119)
6.5 冷链物流产业链延伸建议 ………………………………………… (123)
6.5.1 企业层面 ……………………………………………………… (123)
6.5.2 政府层面 ……………………………………………………… (124)

第七章 冷链物流产业链的优化升级研究 …………………………… (125)
7.1 冷链物流产业链优化升级背景 …………………………………… (125)
7.2 冷链物流产业链优化升级必要性 ………………………………… (126)
7.2.1 居民消费水平升级 …………………………………………… (126)
7.2.2 新业态拉动产业变革 ………………………………………… (126)
7.3 冷链物流产业链的关键环节分析 ………………………………… (127)
7.3.1 冷链设施建设与生产环节 …………………………………… (127)
7.3.2 冷链物流运输与仓储环节 …………………………………… (129)
7.3.3 冷链物流应用与消费环节 …………………………………… (130)
7.4 冷链物流产业链优化升级模型 …………………………………… (132)
7.4.1 培育现代冷链物流产业链市场主体 ………………………… (132)
7.4.2 冷链物流产业链优化框架 …………………………………… (132)
7.4.3 冷链物流产业链优化趋势分析 ……………………………… (138)
7.5 冷链物流产业链优化升级的路径 ………………………………… (140)
7.5.1 区域协同推进 ………………………………………………… (140)

7.5.2 科技创新驱动 ·································· (140)
　　7.5.3 企业组织壮大 ·································· (141)
　　7.5.4 高素质人才培养 ································ (141)
　　7.5.5 降碳减排行动 ·································· (142)

第八章　冷链物流产业链投资现状、风险及对策研究 ········· (143)
　8.1 农产品冷链物流投资的现状及问题 ···················· (143)
　8.2 农产品冷链物流投资的机遇及规模 ···················· (146)
　　8.2.1 GDP 增长的要求 ································ (146)
　　8.2.2 冷链食品极大丰富,市场需求不断扩大 ·············· (146)
　　8.2.3 冷链设施建设滞后,亟待升级完善 ·················· (146)
　　8.2.4 冷链物流行业加快发展运营模式不断成熟 ············ (147)
　8.3 农产品冷链物流投资的风险 ·························· (148)
　　8.3.1 冷链物流的"鼠箱效应",受到上下游产业的制约 ······ (148)
　　8.3.2 冷链物流投资的无底洞效应,投资回收期长、利润率低 ··· (148)
　　8.3.3 冷链物流资产专用性效应,资产重抵押难 ············ (149)
　　8.3.4 冷链物流标准化不够,管理成本高、服务有欠缺 ········ (149)
　　8.3.5 冷库供应不足,供需不匹配 ······················· (149)
　　8.3.6 冷链物流产业链的市场秩序不规范 ················· (149)
　8.4 促进冷链物流产业链投资的政策建议 ·················· (150)
　　8.4.1 充分发挥公共财政资金的作用 ····················· (150)
　　8.4.2 不断丰富冷链物流投资渠道 ······················· (150)
　　8.4.3 根据冷链物流特点创新融资方式 ··················· (150)

第九章　冷链物流产业链安全管理研究 ···················· (151)
　9.1 冷链物流供应链关键环节风险分析 ···················· (151)
　　9.1.1 产地环节风险分析 ······························· (152)
　　9.1.2 储存管理环节风险分析 ··························· (154)
　　9.1.3 加工包装环节风险分析 ··························· (157)
　　9.1.4 运输配送环节风险分析 ··························· (158)
　　9.1.5 销售运营环节风险分析 ··························· (160)
　9.2 冷链物流产业链立体安全观 ·························· (161)
　　9.2.1 树立冷链物流全方位安全观的意义 ·················· (161)
　　9.2.2 冷链物流安全问题全方位分析 ····················· (162)
　　9.2.3 强化冷链物流安全监管意识 ······················· (163)
　9.3 冷链物流产业链安全管理 ···························· (166)
　　9.3.1 优化冷链物流布局,形成全国冷链物流骨干网络 ········ (166)
　　9.3.2 按现代化标准升级改造冷链物流设施设备 ············ (168)
　　9.3.3 完善适应疫情常态化防控要求的冷链物流体系 ········· (168)
　　9.3.4 建立农产品冷链物流安全溯源管理体系 ·············· (169)
　　9.3.5 建立农产品冷链物流安全检测管理体系 ·············· (169)

第十章 冷链物流产业链的区域发展评价 (170)

10.1 冷链物流产业链区域发展现状及问题 (170)
10.1.1 城乡冷链物流产业链分布不均 (170)
10.1.2 产地销地冷链物流产业链衔接不畅 (174)
10.1.3 东中西部冷链物流产业链不均衡 (176)

10.2 冷链物流产业链区域发展评价 (178)
10.2.1 区域农产品冷链物流发展水平的评价指标体系 (178)
10.2.2 各省冷链物流发展水平评价分析 (183)

10.3 冷链物流产业链区域一体化发展 (188)
10.3.1 大湾区冷链物流产业链发展 (188)
10.3.2 京津冀冷链物流产业链发展 (189)
10.3.3 长三角冷链物流产业链发展 (190)

10.4 冷链物流产业链区域发展的政策建议 (192)

第十一章 冷链物流产业链发展的政策体系研究 (194)

11.1 冷链物流产业链新政 (195)
11.2 冷链物流产业链新政的背景 (196)
11.3 冷链物流新政的政策意义 (198)
11.3.1 提升冷链物流水平,提高人民群众生活品质,促进消费升级 (198)
11.3.2 冷链物流更加保障重要农产品有效供给和高质量发展 (198)
11.3.3 探索适合我国国情农产品冷链物流发展体系和发展理论 (199)

11.4 农产品冷链物流的治理体系困境 (200)

11.5 地方政府的促进冷链物流发展的主要抓手 (202)
11.5.1 抓住冷链物流骨干基地建设 (202)
11.5.2 抓住产地保鲜仓储设施建设 (202)
11.5.3 抓住农贸批发市场冷链设施建设 (202)
11.5.4 创新城市冷链物流配送模式 (203)
11.5.5 抓好本地化冷链物流网络建设 (203)

11.6 冷链物流产业链新政的政策建议 (204)
11.6.1 加强科学论证和系统规划 (204)
11.6.2 整合资金,注重薄弱环节扶持 (204)
11.6.3 处理好本地、全国和跨境网络的关系 (204)

第十二章 发达国家冷链物流产业链发展经验借鉴 (205)

12.1 国外冷链物流发展历程 (207)
12.1.1 国外制冷技术的起源 (207)
12.1.2 国外冷链物流的发展史 (208)

12.2 国际冷链物流供需结构分析 (209)
12.2.1 以中国为代表的生鲜农产品增长迅速 (209)
12.2.2 国际冷链物流服务供应商以发达国家为主 (209)
12.2.3 国际冷链物流运作模式分析 (210)

12.3 国外冷链物流发展现状分析 ·· (214)
    12.3.1 欧洲发达国家冷链物流发展现状 ······························ (214)
    12.3.2 美洲发达国家冷链物流发展现状 ······························ (215)
    12.3.3 亚洲发达国家冷链物流发展现状 ······························ (219)
12.4 国外知名冷链物流企业与实践案例 ······································ (222)
    12.4.1 国外知名冷链企业 ··· (222)
    12.4.2 国外典型冷链物流实践案例 ······································ (224)
12.5 国外冷链物流的成功经验与借鉴 ·· (229)
    12.5.1 发达国家冷链物流成功经验 ······································ (229)
    12.5.2 发达国家冷链物流经验借鉴 ······································ (232)

第十三章 中国特色冷链物流产业链发展道路 ······················ (235)

13.1 中国大国小农的基本国情 ·· (235)
    13.1.1 我国是农产品和药品流通大国 ·································· (235)
    13.1.2 我国是典型的小农国家 ·· (236)
    13.1.3 农产品需求向大城市群聚集 ······································ (236)
13.2 全面建设社会主义现代化国家的新阶段 ································ (238)
13.3 中国的社会主义制度优势 ·· (240)
13.4 中国特色冷链物流产业链发展道路 ······································ (241)
    13.4.1 渐进式的国外冷链物流发展历程 ······························· (241)
    13.4.2 飞跃式的中国冷链物流产业链发展历程 ····················· (241)
    13.4.3 中国特色的冷链物流产业链发展 ······························· (243)
13.5 总结及政策建议 ··· (244)

参考文献 ·· (246)

第一章
冷链物流产业链概念、内涵及特征

1.1 冷链物流的内涵及特征

1.1.1 冷链物流

冷链物流是指物品在生产、仓储或运输和销售过程中,一直到消费者手中之前的各个环节中始终处于产品规定的最佳低温环境下的一项专业物流服务。产品生产指冷藏冷冻食品生产企业生产产品,冷藏加工指肉类、生鲜类食品的冷却过程,果蔬以及其他各种食品的加工,也包括疫苗、医药、化工等其他产品的加工等。控温储藏主要涉及各类冷藏库、冷藏柜、冻结柜,对于食品及其他类产品的冷藏和冻藏。冷藏运输及配送包括冷藏食品的中、长途运输及区域配送等,主要涉及铁路冷藏车、冷藏汽车、冷藏船、冷藏集装箱等低温运输工具,冷藏销售包括冷冻食品的批发及零售等,由生产厂家、批发商和零售商共同完成。

与冷链物流相关的概念常常见诸报刊文件的有冷链、冷链物流、冷链流通、冷链供应链、温控供应链,那么到底哪一个概念最能体现人们对于冷链的认知,更容易在统计分析、政府职能上进行界定?目前,对于冷链物流定义主要有以下五类:

第一类是冷链说,就是直接说冷链。国外更多讲的是冷链,并没有特指是冷链物流还是冷链供应链。美国食品药物管理局将冷链定义为:"贯穿从农田到餐桌的连续过程中维持正确的温度,以阻止细菌的生长。"欧盟将冷链定义为:冷链是指从原材料的供应,经过生产、加工或屠宰,直到最终消费为止的一系列有温度控制的过程(邓延伟,2014)[1]。

第二类是供应链系统说。把冷链物流定义为一种特殊的供应链系统。2010 年国家发展与改革委在《农产品冷链物流发展规划》中将农产品冷链物流定义为:使肉、禽、水产、蔬菜、水果、蛋等生鲜农产品从产地采收(或屠宰、捕捞)后,在农产品加工、储存、运输、分销、零售等环节始终处于适宜的低温控制环境中,最大限度地保证农产品品质和质量安全、减少损耗、防止污染的特殊供应链系统。与之相近,一些学者将冷链物流定义为易腐变质食品在从产地采购开始,经过产品加工、储藏、运输、配送、销售,直到消费者手里的整个过程中,其各个环节始终处于低温环境下的特殊的供应链系统(丁俊发,2010;谢如鹤,2014;杨建亮等,2017;姚源果,贺盛瑜,2019)[2][3][4][5]。

第三类是专业物流服务说。把冷链物流看成是一种特殊的或者是专业的物流服务。在《中华人民共和国国家标准:物流术语(GB/T18354-2006)》中,将"冷链"作为一个重要的概念给出了如下定义:为保持新鲜食品及冷冻食品等的品质,使其在从生产到消费的过程中,始终处于低温状态的配有专门设备的物流网络。农产品冷链物流是指农产品从供应地向接收地的流动过程中,将冷冻/冷藏运输、储存、装卸、搬运、包装、流通加工、配送、信息处理等功能有机结合,并保持农产品始终处于维持其品质所必需的适宜温度环境下,最大限度地保证产品品质和质量安全、减少产品损耗,从而满足用户要求,是提高性价比的极具商业价值的专业物流(袁学国等,2014)[6]。

第四类认为冷链物流既是供应链系统,也是物流服务过程。冷链物流是以保持低温环境为核心要求的供应链系统,是随着科学技术进步及制冷技术快速发展而兴起的,是以冷冻工艺学为基础、以制冷技术为手段的低温物流过程。冷链物流的对象主要包括农产品、水产品、需低温保存的加工食品以及一些特殊商品,如血液、疫苗等(毋庆刚,2011;魏新军,2015;符勇强等,2017)[7][8][9]。

第五类是系统工程说。这种观点认为冷链物流就是一项系统工程。冷链物流是指易腐品在从生产、贮藏运输、销售到消费前的各个环节中,始终处于规定的低温环境下,以保证易腐品质量,减少易腐品损耗的一项系统工程(刘北林,2005;王军,李红昌,2019)[10][11]。如百度百科、搜狗百科对冷链物流的定义都是:冷链物流(Cold Chain Logistics)泛指冷藏冷冻类食品在生产、贮藏运输、销售,到消费前的各个环节中始终处于规定的低温环境下,以保证食品质量,减少食品损耗的一项系统工程。

冷链是供应链的一种客观存在,或者是基础设施。冷链流通包含商流、物流、信息流、资金流等,而冷链本身又是一种供应链基础设施,一般很少说供应链流通。冷链物流指的是物流服务。在此需要澄清冷链供应链、冷链流通是一个不恰当的概念,不应该继续使用。而冷链物流则可以作为冷链发展的代表性概念使用。

冷链物流是伴随制冷和物流技术发展而来的一种低温物流过程,是一种特殊的物流服务。冷链物流技术适用于多类产品,初级农产品包括蔬菜、水果、肉、蛋;水产品,如生鲜鱼虾类;花卉产品;加工食品包括速冻食品以及禽、肉、水产等包装熟食类;奶制品、巧克力以及快餐原料等;特殊商品包括药品、生物制品、化学产品等。

冷链物流的运输方式可以分类为公路冷链、铁路冷链、航运冷链、航空冷链等。从运输规模方面来看(见图1—1),公路运输是中国冷链行业的中坚力量,2020年中国公路冷藏运输比重为70%,铁路冷藏运输为15%、航运为8%、航空为7%。主要原因在于中国公路网比较发达,铁路、航运、航空通常提供干线运输,最终都需要公路来承接。公路冷链还可以提供"门到门"服务,时效性强、容易调度。

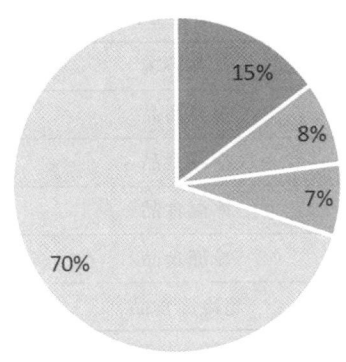

■ 铁路运输 ■ 航运 ■ 航空 ■ 公路运输

图1-1 冷链物流运输方式占比

1.1.2 冷链物流的适用范围

冷链物流绝不仅仅是食品冷链物流，食品冷链物流仅仅是冷链物流的一部分。在现实中所有需要在低温环境下运作的物流都属于冷链物流。

冷链物流适用范围与品类：初级农产品（水果、蔬菜；肉、禽、蛋；水产品；花卉产品）；加工食品（速冻食品；禽、肉、水产等包装熟食；冰淇淋和奶制品；快餐原料）；特殊商品：药品、部分化工产品；其他需要低温运作环境的产品如图1-2所示。

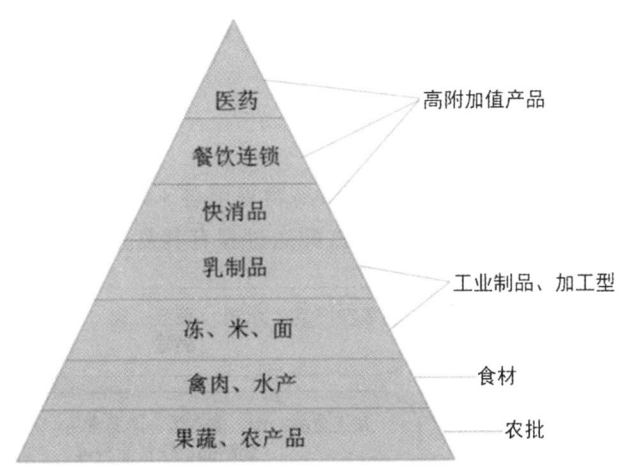

图1-2 冷链物流主要适用范围示意

冷链物流运输的产品对温度极为敏感，只有全程冷链才能最大限度地保留被运输产品的原始属性，尽可能减少流通损耗。但是，不是所有冷链物流运输的产品都能在低温环境下保持良好的属性，只有在最适宜的温度下才能最大限度地保留商品的原始属性。因此，需要知道不同产品最适宜的储存温度。对此，国际上对运输产品类的储藏温度进行了详细划分，具体见表1-1。

表1-1 适宜存储温度

温度范围(℃)	储存环境	适宜储存的货物
8~15	恒温商品	电子产品等
0~7	冷藏食品	果蔬、水产品等
-2~2	冰温食品	牛羊猪肉等
<-18	冷冻食品	低温冷冻肉类、速冻食品
<-50	超冷冻食品	高级生鱼片、金枪鱼等

1.1.3 冷链物流的服务特点

冷链物流的产品主要包括食品、药品、化工品以及其他需要在低温环境下进行运输的产品。这类产品对温度的要求较高，需要全程冷链才能确保产品的品质。为了确保全程冷链，前期需投入大量资金用于建设相应的基础设施以及相应的设施设备的采购。同时，冷链设施设备的运营也需要一大笔资金。除此之外，冷链物流对冷链从业人员的素质也有一定的要求，需要从业人员具备一定的冷链专业知识。最终，这些因素导致冷链物流运输费用比常温物流要高，约为其1.5倍。此外，冷链物流还需要确保各节点间的有效衔接，才能有效提高其运输效率和减少运输时间，防止冷链断链。因此，冷链物流具有全程低温储运、专业性和高效性、高成本性、各节点间协调性等特征。由于冷链食品在非冷链条件下保鲜时间短，微生物易繁殖，导致食品变质，所以对冷链物流的运输时间、运输工具以及运输环境都有很严格的要求。冷链物流具有如下服务特点。

1.复杂性

冷链物流服务对象广泛，分类有多种，易腐程度各不相同如图1-3所示。冷链食品在运输途中还应遵循"3T"原则，因此冷链物流配送过程有其复杂性。

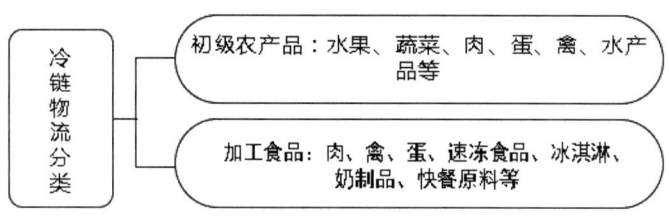

图1-3 冷链物流的分类

不同的冷链物流对象冷藏条件也不同，具有复杂性，部分食品的冷藏储运如表1-2所示。

表 1－2 部分食品的冷藏储运

品类	类别	状态	装车温度	冷藏车内保持温度
水果	核果类：桃子等	冷却	0～3℃	0～3℃
	仁果类：梨等	冷却	−1～4℃	0～4℃
蔬菜	瓜菜类：黄瓜等	未冷却	—	10～13℃
		冷却	10～13℃	10～13℃
	根茎类：大头菜等	未冷却	—	13～18℃
		冷却	13～18℃	13～18℃
	叶菜类：小白菜等	未冷却	—	0～3℃
		冷却	0～3℃	0～3℃
速冻食品	海产品、冻肉等	冰冻	−18℃以下	−15℃以下
蛋、奶类	鲜奶	冷却	2～6℃	2～6℃
	鲜蛋	冷却	0～3℃	0～3℃
	冰蛋	冰冻	−18℃	−15℃以下

2. 时效性

传统常温食品大众化、普通化、不易腐的特性，使其在运输的时效性、货损、温度方面并无明确规定，只需保证在运输途中的产品不变形即可。传统物流配送并不严格要求配送时间，产品超过了客户要求到达的时间对产品本身的价值并没有产生影响，付出一些代价即可。但冷链配送途中需要保持一个恒定的低温环境。对配送时间也有限制，配送时间不当，将会增加物流运营商的成本，减少公司的效益，破坏公司的口碑，因此，冷链物流具有时效性，对时间有更高的要求。冷链物流运作基本流程如图 1－4 所示。

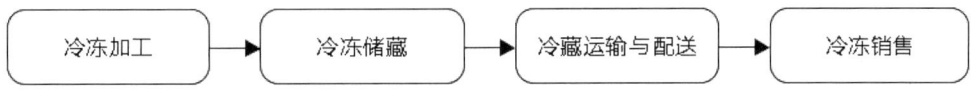

图 1－4 冷链物流运作基本流程

3. 高成本性

为了保证冷链食品在流通过程中能够进行低温运输，减少腐蚀，确保食品的新鲜度，冷链物流在冷链的各个环节均需专业冷藏装置，冷链基础设施成本较高，以及冷链人才的管理费用等均增加了冷链物流的流通成本，冷链物流配送的要求较高。因此，冷链物流具有高成本性如表 1－3 所示。

表1-3 冷链物流配送要求

要求		说明
温度		运输前将温度降低到最佳储藏温度以下,再进行运输;运输中对温度进行记录与跟踪
湿度		依据货品差异进行分类运输,相对湿度低的车厢运输干燥产品;反之亦然
运输工具	隔热性	保持机械制冷产生的冷源,有效减少外界热量传入
	温度检测与控制	准确检测和控制车内温度,满足易腐物品的冷藏工艺要求
	冷源	适当配置冷源,维持一定的低温环境
	安全与卫生	车厢内壁使用安全材料,使用中及时清扫

1.2 冷链物流产业链的内涵及特征

1.2.1 冷链物流产业链

冷链物流是随着科学技术的进步、制冷技术的发展而建立起来的,是以冷冻工艺学为基础、以制冷技术为手段的低温物流过程。伴随着经济社会发展,食品药品运输距离的不断扩张,冷链物流产业链越来越庞大。冷链物流产业链是指从冷链物流上游到下游多个环节的链条,包括了土地、科技、资金等产业要素,是一个综合性的系统工程。从整个冷链物流的产业链来看,冷链物流的上游包括:冷藏车制造、冷库建设和冷机等设备制造等环节;冷链物流的中游包括运输环节(包括干线运输和配送)、仓储环节(包括仓储费用和装卸费用等)和其他环节(包括装、分拣、贴标等增值服务);冷链物流的下游应用包括食品行业、医药行业、化工行业和花卉行业,也包括批发市场、超市、电商等零售企业。

冷链物流已经从原来的单环节、单节点发展状态向产业链生态圈发展延伸,冷链物流产业链是冷链物流发展的最高形态。只有冷链物流产业链形成闭环生态体系才能真正形成现代冷链物流体系。

冷链物流全产业链上,上游主要涉及的是冷藏车、冷链设备的生产企业,中游的冷链物流企业大致可以分为运输型、仓储型和综合型冷链物流企业。下游的应用领域分为商超、加工厂、医院和终端消费者。

近年来,冷链物流产业链基础设施不断完善。2019年全国冷库总量突破6000亿吨。2015—2019年,我国冷库总量呈逐年递增趋势。2019年,全国冷库总量约6053万吨,新增库容814.5万吨。然而,尽管冷库容量增长迅速,但相比庞大的生鲜运输需求依然存在较大的增长空间。2019年我国冷藏车保有量达21.47万辆,冷藏车作为冷链物流的核心运输设备,中物联冷链委统计数据显示,2015—2019年,我国冷藏车保有量保持了20%以上的增速。2019年,我国冷藏车保有量约21.47万辆,较2018年增加3.47万辆。

冷链物流企业数量不断增加。我国冷链物流企业根据《物流企业分类与评估指标》(GB/T19680—2013)可分为运输型冷链物流企业、仓储型冷链物流企业和综合型冷链物流企业三大类。中冷联盟发布的《全国冷链物流企业分布图》显示,2019年,我国冷链物流企业数量约1832家,较2018年增加了165家。分区域来看,华东地区的企业数量最多,占比企业总数量的32.26%;其次是华南地区,企业数量占比达17.74%。

随着基础设施的不断完善和市场需求的增长,近年来,我国冷链物流行业的市场规模逐年扩大。2019年,我国冷链物流行业的市场规模约3391亿元,同比增长17.60%。

1.2.2 冷链物流产业链的特征

(一)冷链物流处于农产品、药品全产业链的中游,具有中间性

冷链物流涵盖从产品生产到销售全过程,构成由产地、包装加工、仓储、运输、配送和零售、电子商务等环节形成的冷链物流产业链。首先在产地进行采摘,接下来预冷储存,然后对农产品加工包装、运输,最后进入市场进行销售。冷链物流处于交易的中间环节。前端连接农户,经过包装、分拣、运输、零售等环节,最后卖给终端消费者。

冷链物流是减少损耗和保障食品安全的重要支撑。但在农产品产业链最初一公里,农户出售产品之后,产权随之发生转移,所以农户预冷的积极性缺乏,导致冷链物流从源头就先天不足。在产业链的最后一公里,消费者缺乏对于冷链物流价值的认识,支付意愿不高,终端拉动作用不突出。冷链物流处于中间环节,受上下游环节的挤压,同时也受到生鲜农产品保鲜自然特性的制约。

(二)冷链物流产业链存在信息不对称,具有隐蔽性

冷链物流是隐藏在食品供应链背后的"冰山"。冷链物流贯穿农产品全产业链,而且由于冷链物流环节复杂、主体众多,导致冷链物流出问题的环节很难具体了解,存在严重的信息不对称,在冷链物流活动中,利益相关者对信息的掌握程度是有差异的;生产者、冷链物流运营商、销售者掌握信息比较充分,往往处于比较有利的地位,消费者属于信息贫乏的一方,处于比较不利的地位。不仅如此,影响农产品最终质量的因素有很多,可能在种植环节,也可能在流通环节或者是零售环节。冷链物流只是众多因素中的一个,而且是间接的质量因素。人们可能对农产品本身的质量因素更在意,但对于是否冷链物流或者全程冷链则关注不多。人们在超市购买鲜活农产品时,单纯凭借生鲜农产品标签上的信息,对所购买的农产品的了解其实并不多,更难以判定是否全程冷链。而且很多消费者并不掌握冷链物流对于产品质量的影响程度。因此,不对称信息可能导致逆向选择,甚至是劣币驱除良币。

(三)冷链物流属于专用性资产投资,具有专用性

冷链物流前期建设投资大,系统布局复杂,而且运营成本相对较高。同时,冷链系统几乎只能用作冷藏冷冻功能,资产专用性高,市场不确定性大,要求更加复杂。而且建设投资较大、设备改造投资很巨大、回报期长、短期收益却并不明显。要维持冷藏冷冻车的运转,车上必须配有大冷机,燃油、用电费用也偏高,导致冷链物流的资产专用性更高。从冷链物流的经营角度看,其主要营利模式就是租金。但是经营的区域范围、经营的时间长度等都受到资产专用性的严重制约,受到"敲竹杠"等机会主义行为的影响更严重。而且,冷链物流经营自身沉没成本也很高。

(四)冷链物流发挥产业链中介作用,具有集散性

中国农村地域广阔,长期以来,农业生产长期以个体"小农生产"为主,生产经营分散、集中度较低,由于极度分散的上游生产,冷链物流环节发挥的"集散"作用更为凸显。我国是大国小农,地域广阔、农户众多,据估计大约有2.1亿个农户,而且生鲜产品种类众多、标准不一。对

于冷链物流作为中间环节,产地集散作用非常明显,但交易费用巨大。在物流中心或配送中心,农产品要经过储存、运输、包装、加工、装卸搬运等环节,使得产品能够更高效、经济地流动。而且需要与经销商、零售商的有机衔接,能够加快物流的速度、提高流通实效、减少流通费用降低成本。由于缺乏全过程标准化,冷链物流想要发挥产业链的中介作用,实现集散功能,也就意味着要面临较大的交易成本。一方面是"千家万户"的农户和小商小贩,另一方面是"万家灯火"的消费者和城市复杂的物流网络。

(五)冷链物流溢出效应明显,具有外部性

由于农产品从产地到消费者的分销体系链条较长,冷链体系庞大,单个企业难以独立覆盖整条冷链,就出现了"公地悲剧"。对于农产品冷链物流环节中无论是田间采摘预冷、初加工预冷,还是冷藏与冷运衔接处的"冷理货区",都会因为拥有权的多主体产生"公地悲剧",导致没有企业愿意投资而只是使用,从而加剧了企业在断点环节的投资弱化。有的市场主体在冷链物流使用过程中为了节约成本会减少或者中途中断冷链,最后演变成全冷链的系统"悲剧"。

1.3 冷链物流产业链运作流程

1.3.1 冷链物流产业链运作模式

冷链物流需要综合考虑生产、运输、销售、经济和技术性等各个要素,并协调好各要素间的关系,以确保易腐、生鲜食品在加工、运输和销售过程中保值增值。冷链所适用的食品范围包括蔬菜、肉类、水产品、奶制品和速冻食品等。如图1-5所示,冷链物流生鲜产品的保存时间短,如果是进行长距离的运输,却没有良好的储存条件,生鲜在运输完成后,将会产生大量的损耗,进而影响生鲜企业成本。构建冷链物流体系,再配合生鲜配送管理系统,就可在储存产品的基础上,提高分拣、加工、包装等工作环节的效率,并减少损耗率。

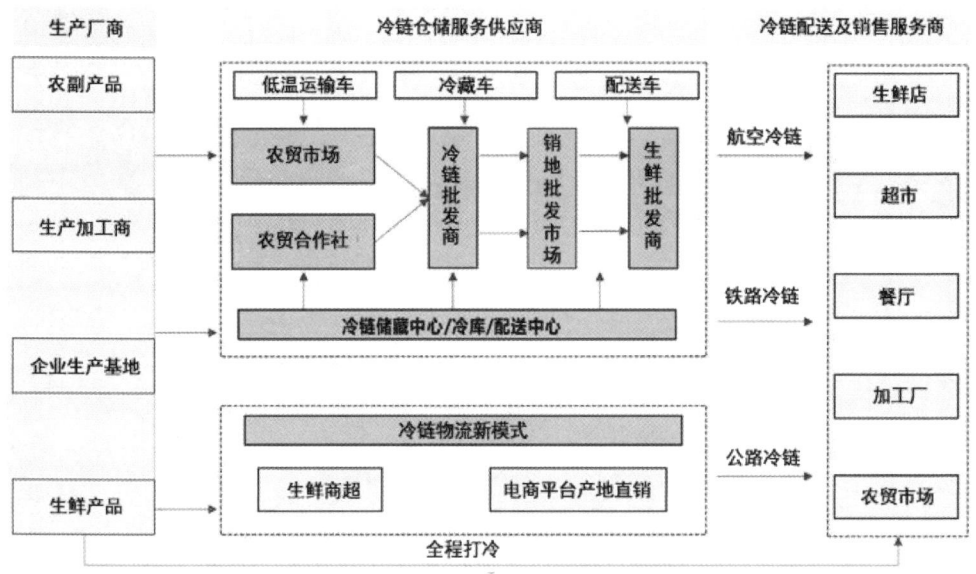

图1-5 冷链物流运作模式

1.3.2 农产品冷链物流产业链

农产品冷链物流泛指水果、蔬菜、肉类等物品在生产、贮藏、运输、销售,到消费前的各个环节中始终处于规定的低温环境下,以保证物品质量和性能的一项系统工程。它由冷冻加工、冷冻贮藏、冷藏运输及配送、冷冻销售四个方面构成。生鲜农产品冷链物流的运作流程依次是生产采摘、预冷加工、冷冻储藏、冷藏储运、冷藏销售。具体流程如图1-6所示。

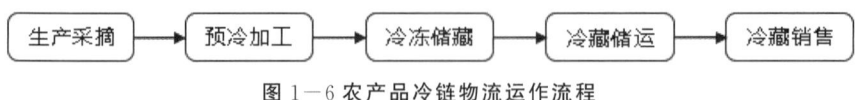

图1-6 农产品冷链物流运作流程

(1)生产采摘。冷链物流流通的起点,良好的生产采摘质量是保证后续冷链物流产业链正常运作的前提条件。

(2)预冷加工。对采购后的生鲜农产品及时进行预冷加工才能最大限度地保留生鲜农产品原有品质,包括有机肉类、鱼类的冷却与冻结,有机果蔬的预冷与加工等。主要涉及冷却和冷冻装置。

(3)冷冻储藏。经过预冷加工的生鲜农产品,如果不能立即进行销售,就需要对这部分生鲜农产品进行冷冻储藏,减少流通损耗,包括有机农产品的冷藏和冻藏,也包括有机果蔬的气调贮藏。主要涉及各类冷藏车、冷藏库、冷藏柜、冻结柜及家用冰箱等。

(4)冷藏储运。通过专业的冷链设施设备使生鲜农产品在运输过程中始终处于适宜的低温环境下,包括有机农产品的中、长途运输及短途送货等。主要涉及铁路冷藏车、冷藏汽车、冷藏船、冷藏集装箱等低温运输工具;在冷藏运输过程中,温度的波动是引起食品质量下降的主要原因之一,因此,运输工具必须具有良好的性能,不但要保持规定的低温,更切忌大的温度波动,长距离运输尤其如此。

(5)冷藏销售。生鲜农产品流通的终点,生鲜农产品需要在各种大、中、小型冷柜中进行销售,储存则需要在冷库中进行。包括冷冻有机农产品的批发和零售以及低温配送等,由生产企业、批发商和零售商共同完成。有机农产品专卖店和超市中的有机农产品冷藏陈列柜,兼有冷藏和销售的功能,是有机农产品冷链的主要组成部分。有机农产品的特性决定了其供应链系统对冷链物流的特殊需求,发展冷链物流是有机农产品在供应链中质量保证的基础。

1.3.3 农产品冷链物流产业链运作模式

由于我国各地自然条件不同,各地区的经济发展、基础建设程度也不同,基于农产品冷链物流发展现状,可考虑多种模式共同发展,以实现优势互补,促进鲜活农产品冷链物流的发展。

(一)以"批发市场"为主导

大型农产品批发市场运营商通过与农产品经销公司、专业合作社联结,形成农产品生产、收购、加工、储存保鲜、配送以及提供市场信息等一体化的物流模式。在这种模式中,农产品批发市场运营商接受用户需求的拉力和基于利润需求的推力,建立综合化和一体化的物流服务体系,并作为供应链的链主企业驱动各参与主体实施物流供应链管理,建立起利益共享、风险共担的运行机制。

(二)以"连锁超市"为主导

连锁超市公司向生鲜农产品冷链物流上游延伸,通过投资兴建基地或与生产品经销公司、加工企业联合,与大规模稳定货源和基地的产品生产商建立长期合作关系,并通过自建生鲜农产品物流配送中心或采用第三方物流,向门店提供无公害蔬菜、新鲜水果、多品种配菜,这种模式有助于实现产品质量、加工和管理的标准化,能有效控制和减少店铺的存货和损耗,有利于超市自创品牌,是今后较长时期内生鲜农产品冷链物流的主要模式。

(三)以"龙头企业"为主导

该种模式中的"龙头企业"主要指大型农产品加工企业或销售企业,如双汇、蒙牛等,根据自身的资源通过自建或联合建社区专卖店,控制销售终端,组织生鲜农产品物流。这种模式物流环节少、信息反馈及时、市场灵敏度高,可加快物流速度,有助于提高生鲜农产品附加价值。目前,我国的一些大型农产品的加工企业已经开始建立自己的物流供应链系统。

1.3.4 医药冷链物流产业链运作模式

近年来,我国的居民消费水平加速攀升,互联网产业不断深入,医药电商行业快速崛起,而在新冠肺炎疫情影响下,医药零售的市场格局悄然改变,医药电商作为医药零售的新入口已跑出加速度,据艾媒数据估计,到2022年我国医药电商交易规模将达到1740亿元,行业前景巨大。随着医药电商行业的爆发,作为重要产业链的医药冷链物流行业也获得了快速的发展,一般而言,凡是要求在低温条件下(2~8℃)储存的药品的流通,都属于医药冷藏物流范畴。医药冷藏品的销售金额一般占我国医药流通企业总销售额的3%~8%,虽然比重不是太大,但是近年来却有逐步上升的趋势,而且随着国家的药品药事法规的进一步管理到位,医药冷藏物流将成为我国医药物流行业中需要重点发展的领域。

国内各医药生产企业冷链物流一般为自营模式、委托第三方模式和自营+委托第三方模式三种。冷链物流自营模式,通常用于产品种类多且量大的较大规模企业,对冷藏车的需求较多。委托第三方模式,通常用于产品种类单一、量少的较小规模企业,冷藏车很少或租用用于应急。自营+委托第三方模式,通常用于产品种类和数量不特别多的中等规模企业,冷藏车具有一定数量。

1.3.5 冷链物流产业链主要服务类型

冷链运输一直是运输行业中的重要组成部分。随着国家的发展,制冷技术也迅猛发展,冷链物流也顺势快速发展,逐渐成为物流行业的一大组成部分。

纵观国内冷链服务商,共有仓储型、运输型、城市配送型、综合型、供应链型、电商型和平台型七种模式。

目前该市场的竞争者可分为以下四类:由传统物流企业转型,生产商自建自营的冷链部门,专业冷链服务商,国外冷链巨头联手国内企业设立的合资企业。

1.仓储型——冷库分布不均,行业集中度低

提及冷链物流,就不得不说其中的仓储环节,即人们常说的冷库。作为冷链物流的主要基础设施,我国冷库资源依然不充足,与欧美发达国家仍有一段差距。据业内人士分析,我国冷库方面还呈现出资源分布不均衡、制冷技术落后、仓储设备陈旧等现象。

此外,冷库方面还存在着行业集中度低的问题,目前仍无具有超强整合能力的巨头。根据中国仓储协会冷链仓储分会统计,排名前十的冷链仓储运营商冷库保有量为930万立方米,占整个市场的10.5%;排名前三十的运营商冷库保有量为1531万立方米,占整个市场的17.3%。运营分散现状使得企业各自为政,无法形成规模效应进行优化调度,以致拖累行业整体盈利水平。

在仓储型模式中,太古冷链和普菲斯发展迅速,堪称行业代表。除了太古集团和普菲斯这些外资企业之外,中国本土也涌现了一批优秀的冷链仓储运营企业,诸如河南鲜易供应链、上海郑明现代物流、上海锦江国际低温物流、成都银犁冷藏物流等。

2.运输型——从企业物流到物流企业

所谓运输型,主要是指从事货物低温运输业务,包括干线运输、区域配送以及城市配送。目前,中国冷链物流行业按此种模式运营的代表企业有双汇物流、荣庆物流、众荣物流等。

在上述企业中,除了荣庆物流属于传统物流转型之外,双汇物流和众荣物流都是从企业物流逐步发展成物流企业的。据了解,双汇物流隶属于双汇集团,而众荣物流脱胎于众品集团。双汇和众品在其发展的过程中,都离不开冷链物流的支撑。随着企业规模的不断扩大,之前的物流部门逐渐演变成物流企业。

3.城市配送型——倡导集约共配构建全国网络

在冷链物流行业中,最为常见的便是配送型企业,诸如北京快行线、上海唯捷物流、深圳曙光等企业。它们以从事城市低温仓储和配送一体业务为主,其冷链物流车穿梭在城市的大街小巷。

北京快行线不仅推出了冷链城市配送、冷链零担业务和冷链宅配三种业务,还针对三个业务板块分别推出了恰时达、约时达和准时达三个冷链产品,主要服务于超市供应商、超市配送中心、连锁餐饮配送中心、生鲜电商四类客户。

4.综合型——多元化运行,加码配送比重

所谓综合型是指以从事低温仓储、干线运输以及城市配送等综合业务为主,代表企业有招商美冷、上海广德、北京中冷、华冷物流等。和单一的冷链物流企业不同,其业务比较广泛,涉及仓储、运输和配送等各个方面。

5.供应链型——后来居上,稳居风口核心

所谓供应链型是指围绕核心企业,通过对信息流、物流、资金流的控制,从采购到终端整个过程提供低温运输、加工、仓储、配送服务,然后由分销网络把产品送到消费者手中。总的来说,就是将供应商、制造商、物流商和分销商连成一个整体的功能网链结构。这种商业模式比较先进,是国内最近两年才兴起的。在美国冷链市场,企业代表如 SYSCO、US FOOD;国内代表有鲜易供应链、九曳供应链等。鲜易供应链成立于2009年,是中国温控供应链标杆性企业之一,依托网络化温控仓储及冷链运输两大基石,以 IT 信息、供应链金融为核心优势,围绕供应链优化,开展国内外贸易、流通加工、温控仓储、干线运输、城市配送、终端连锁、网络营销、展示交易等,为客户提供温控供应链服务。

物流分为企业物流和物流企业,服务范围以仓储和运输为主。生鲜供应链则是物流企业进化的新高度,包括供应链管理、供应链服务和供应链金融,而物流则是供应链服务的基础服务,是供应链链条的一个环节。"供应链公司是没有车辆的物流公司,没有牌照的金融公司,没有货物的贸易公司。"众品集团董事长朱献福说。

6.电商型——势头强劲,优化资源整合

近两年,冷链物流发展如此强劲,有一个重要因素不得不提,那就是生鲜电商的推动。自2012年生鲜电商元年启幕,生鲜电商开始蓬勃发展,与之配套的冷链物流也随之发展。

因此，在冷链物流的商业模式中，电商型冷链物流是一种新兴模式，主要指的是那些生鲜电商企业自主建设的冷链平台，它们除了自用之外，还可以为电商平台上的客户提供冷链物流服务。这其中，尤以顺丰冷运和菜鸟冷链为代表。

经过两年的发展，顺丰集团又于2021年发布了顺丰冷运食品陆运干线网。相较于顺丰冷运的高举高打，菜鸟网络则低调了很多。据了解，菜鸟网络专门为生鲜行业出台了一套解决方案，已经在北京、上海、广州、成都、武汉建了冷链分仓，并且保证36个城市24小时必达。

据介绍，菜鸟网络将通过搭建全国冷链分仓体系，减少中转环节，缩短配送路径，提升配送时效；末端通过落地配网络实现冷链配送及生鲜配送两种配送方式，保障服务质量。主要服务于水果、海产、肉类等生鲜类目。同时，也可根据商家实际业务需求提供上门揽收的生鲜配送服务。

7. 平台型——搭建平台，引领集约化发展

在冷链物流迅猛发展的今天，依然存在着散乱的问题。面对资源信息的不对称，有一些平台型冷链脱颖而出。该模式是指以大数据、物联网技术、IT技术为依托，融合物流金融、保险等增值服务，构建"互联网＋冷链物流"的冷链资源交易平台。

第二章 冷链物流产业链现状及问题

2.1 冷链物流产业链的现状

2.1.1 我国冷链物流发展概况

自2009年1月物流产业被国务院列为国民经济的十大支柱产业和先导性产业始,中央部门与地方政府,出台土地规划开发、基础设施投资补贴、电费价格调减等多项支持政策,冷链物流产业获得空前的发展机遇。此外,随着我国40多年来的经济持续增长,消费需求升级,以及生鲜电商为代表的流通新业态飞速发展,已吸引不少资本进入冷链物流,再加上乡村振兴、城乡冷链补短板等政策红利持续,冷链物流行业资源整合并购将持续加速,冷链物流业蓬勃发展。

1.冷链市场规模持续扩大,冷链流通率水平提升

2016—2020年,我国食品冷链物流需求总量已从1.25亿吨增至2.65亿吨,年均增长率超过20.7%如图2—1所示。2020年我国食品冷链物流市场规模约为3800多亿元如图2—2所示,医药冷链物流市场费用达173.17亿元,合计全年冷链物流费用3973.17亿元。根据2020年基数和未来经济增长预期,预计2025年食品冷链物流市场规模将突破5500亿元,医药冷链物流市场费用将突破300亿元,冷链费用总额将达到5800亿元。

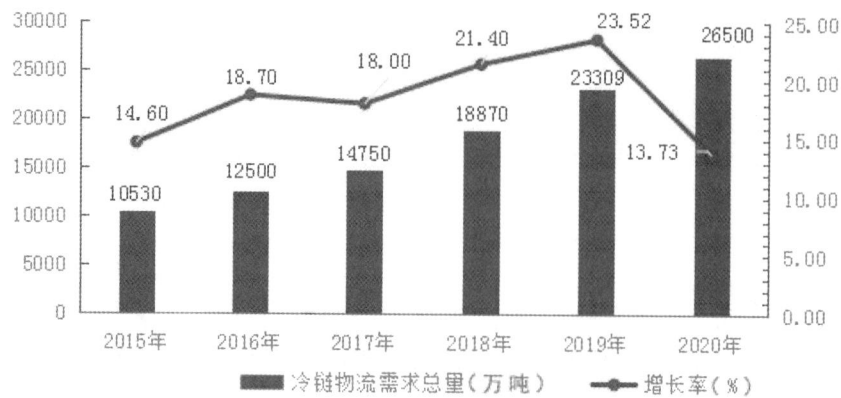

图 2-1 2015—2020 年冷链物流需求总量

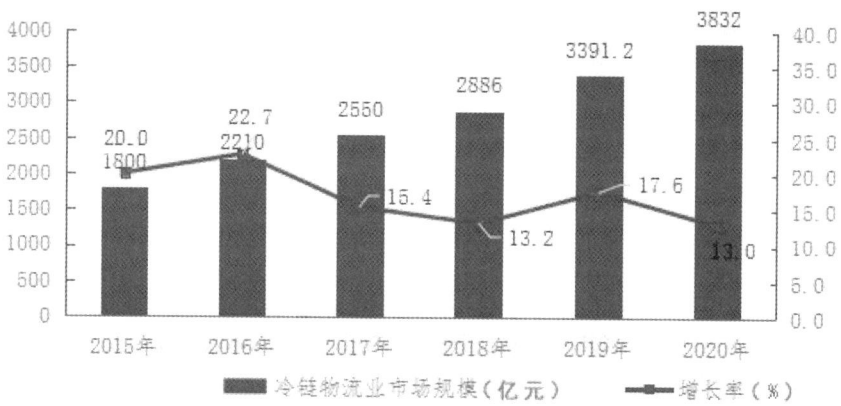

图 2-2 2015—2020 年冷链物流市场规模

目前,我国不同产品的冷链流通率为 20%～45%,冷藏运输率为 35%～75%,而欧、美、日发达国家的冷链流通率均超过 95%、冷藏运输率均超过 90%,差距仍然十分巨大[1],但在国内冷库、冷车年保有量持续增加状况下,较过去有明显进步。以农业大省四川为例,2014 年全省果蔬、肉类、水产品冷链流通率分别为 3%、15%、16%,到 2019 年分别上升至 18%、33%、30%。

2.冷链物流设施初具规模,布局与结构仍待改善

据国家发改委统计,截至 2020 年底我国冷库容量约为 7080 万吨,折合约 1.77 亿立方米,新增库容 1027.5 万吨,同比增长 16.98% 如图 2-3 所示。其中,蔬菜、水果高温冷藏库约 1500 万吨,肉类水产品低温冷藏库约 4000 多万吨,薯类贮藏窖或通风库约 1000 万吨,冷藏车保有量达 28.7 万辆。近五年,我国冷库建设以 10% 以上的增速发展,一些地方增速明显。如 2020 年广西冷库库容达 159.4 万吨,同比增长 15.7%,冷藏运输车达 2625 辆;重庆市冷库库容达 180 万吨,同比增长 7.8%,冷藏运输车超过 1800 辆。

---

[1] 冷链物流研究——第三方冷链物流崛起,行业竞争现状有望变局[EB/OL].http://data.eastmoney.com/report/zw_industry.jshtml?encodeUrl=4QKlYVR9sdJzkoq1emWork1MhLkPEFu35CK2qtnz9qM=,2021-07-14.

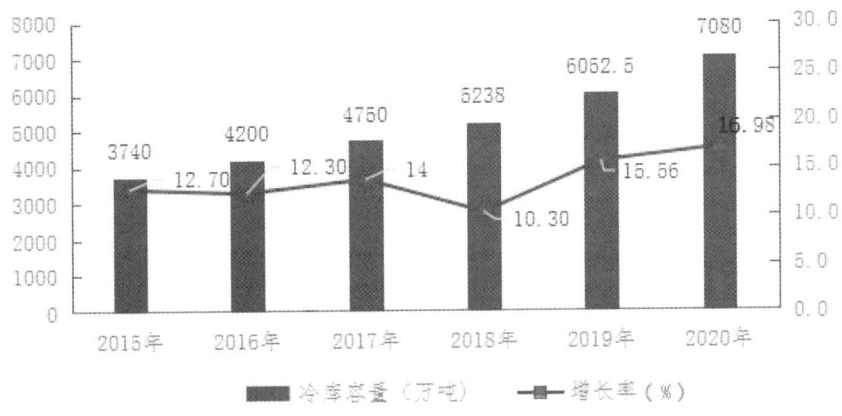

图 2—3 2015—2020 年全国冷库容量情况

由于投资效益驱使,多年来我国冷库结构呈现为:肉类冷库多、果蔬冷库少,城市经营性冷库多、产地加工型冷库少,大中型冷库多、批发零售终端冷库少,自建自用冷库多、专业第三方社会化冷库少。尤其是农产品产地预冷设施建设不足,大量果蔬未预冷就进入流通环节,鲜活农产品腐损率高。目前,在中央与地方相关政策引导与支持下,有明显改善。如广西在"十三五"时期,以财政资金带动社会投资,建设了产地果蔬保鲜库 2000 座,每个贮藏能力 100 吨左右,有效延长了果蔬储藏期和货架期,缓解了农产品集中上市的压力,使当地 94% 的柑橘、61% 的蔬菜可销往省外市场,打造了武鸣沃柑、隆安火龙果等驰名省内外的农业品牌。

3.数字化转型、标准化应用持续推进,冷链物流效率大幅提高

从中央到地方,通过加快推进物联网、全自动控温系统、全程追溯系统等先进技术在冷链物流中的应用,冷链物流服务和管理能力不断提升。目前,商务部已建立了农产品冷链流通监控平台,交通部设立了国家交通运输物流公共信息平台,这两个平台已将各地规模以上的一些冷车、冷库纳入规范监管中。2020 年新冠肺炎疫情在农批市场暴发后,在国务院要求下,各省市已建立进口冷链食品追溯平台,但不少平台追溯内容仅限部分品类的"入关许可证明"及交易商的追溯,缺失物流、环境等过程数据,未形成全链条信息覆盖。

随着居民对品质需求提升,一些地区出现以冷链物流信息平台为主要业务的企业,促进地区间冷链资源共享和食品全链追溯。如北京 G7、浙江英特物流等企业建设信息管理平台,基于 GPS 车辆定位管理系统,并结合 GIS 地理信息系统、电子围栏技术,对冷链派车任务、车辆实时位置、车辆运行轨迹及在途运输车厢温度等进行实时跟踪,自动监测车厢内温度,保障冷链运输全过程的信息化管理与运作,实现可视、可控、可追溯。

各地一些农产品生产、加工、经营的头部企业,率先开始数字化转型。如河南省花花牛乳业通过建立健全冷链管理、产品追溯制度,构建冷链物流控制体系,打造冷链物流全程可视化监控平台等措施,实现低温乳制品全省市场占比达 30%。苏州江澜农业构建了食材配送物联网大数据平台,能够实现车辆、冷库温湿度实时监控、监测中心数据实时互联、农产品基地实时监测、生产流通全环节有效追溯。食行生鲜建设数字化平台,全面实现"采、供、配"数字化运行,生鲜产品检测数据与当地食药监部门实时共享,并实时监控车厢温度、位置数据,实现农产品从采购、收货、检测、包装、分拣、物流配送到用户手中的全链条信息透明化。据调研了解,江苏省60%以上的冷藏运输车安装了卫星定位系统,智能温控设备安装率已超过50%,江苏各市在产地预处理、运输、仓储、配送、加工等环节中均应用了信息技术,90%以上的冷链企业建设应用冷链业务平台,实现冷链仓储、运输、配送等环节的一体化运作和精准管控,为有效解决冷链"断链"问题提供了有力支撑。

冷链标准化设施与物流操作规范的应用普及,大幅提升冷链物流效率。如广东省冷链物流协会制定《冷库安全管理规范》《跨境电商冷链物流管理要求》《冷藏车监控管理》等地方标准。广州市制定《广州市城市冷链配送规范》《鲜活农产品冷链物流配送服务管理规范》《食品冷链应急配送服务规范》等地方标准。山东省商贸物流标准化技术委员会,起草了《果蔬类周转箱尺寸系列及技术要求》《果蔬类周转箱循环共用管理规范》两项国家标准,编制了全省冷链物流标准体系。推进冷链物流试点城市期间,共制定了7项地方标准、1项团体标准、144项企业标准。目前,在标准规范指引下,各地生鲜出口企业已普遍实现全程低温控制。大型肉类屠宰企业从屠宰、分割加工、冷却成熟等环节低温处理起步,逐步向储藏、运输、批发和零售环节延伸。

4.冷链物流服务创新模式涌现,适应多样化市场需求

各地积极引导企业适应消费升级趋势,创新冷链物流服务模式,逐步形成产地与销地衔接、线上和线下融合、物流与产业对接、运输与仓配一体的发展格局。

浙江省引导企业依托渔业生产基地、农产品批发市场、生鲜电商平台、食品公司、药品公司、零售企业等多种类型市场主体开展专业化冷链物流服务,如舟山远洋渔业物流基地为远洋捕捞海产品提供冷链仓储、运输等服务,宁波万纬冷链物流为进口水产、肉类、乳制品等冷链食品提供仓储、运输服务,丽水一山物流为农产品提供预处理、冷链运输等服务,形成了多条冷链物流产业生态链。江苏省引导企业探索冷链物流新模式,苏汽物流创新冷链仓配一体化服务,借助冻库和配送优势,建立区域冷链配送网络,打造国际肉类产品、水果生鲜一体化供应链服务。食行生鲜创新"生鲜电子商务+全程冷链配送+社区智能冷柜自提"的运营模式,为消费者提供多样化、个性化、品质化和高效安全的生鲜服务。江澜生态农业创新"龙头企业+合作社+大户"的发展模式以及集种植、加工、配送、终端服务于一体的食材全产业链模式,将冷链物流贯穿产业链全过程,提高食材品质。杭州、宁波等机场积极发展"空运冷包+陆运冷藏车"冷链卡车航班模式,服务高端水果、生鲜市场。上海铁路局集团有限公司针对客户需求灵活调配冷链运输车、冷藏集装箱等资源,积极开行上海至成都等冷链班列。广东高州打造"田头小站"模式,解决农产品"最先一公里"问题。广东茂名在电白荔枝销售中采用菜鸟"产地仓+冷链"模式,利用大数据管理,把产地发货仓设在田间地头(利用现有田头冷库资源),直接把物流系统(利用社会冷链车)接到产地仓,并利用条码等技术,能够轻松找到货物位置,大幅度提高仓库管理和进出库效率。广东清远双汇公司通过在生产车间为每头白条猪"打码",实现从生产加工、仓储、运输到零售的全链追溯管理模式。山东省家家悦集团形成了自农产品基地、运输、配送仓作业、配送、门店陈列等纵向一体化全程冷链模式,农产品损耗明显降低。乐物信息科技公司依托"两端一链"业务模式,前端在农产品原产地建设乡镇共配中心,终端在社区建设配送网点和体验店,实现生鲜农产品基地直供、仓储代管、分拣包装、物流配送的电商供应链全程冷链模式。

5.第三方冷链物流企业成为区域重要冷链服务主体

消费需求的升级,生鲜电商需求总量的不断提升,推动了整个食品及农产品冷链产业的发展,持续为冷链物流企业带来大量订单,从而推动冷链物流行业的发展。整体来看,中国冷链物流市场企业主要以区域竞争为主,且多聚集在东部沿海及中部农产品主要产区。西北地区有些冷库基础设施薄弱的省份无"冷链物流"百强企业驻足。随着冷链基础设施的不断建设,未来西北地区的冷链物流发展或成行业集中点。从"百强冷链物流企业"的区域分布来看,华东、华北、华南以及华中地区是冷链物流较为集中的区域,"百强冷链物流企业"达到41家,竞争较为激烈,其中上海市百强企业数量最多,达到21家。

2.1.2 冷链物流产业链的构成

冷链物流是一条上下游紧密衔接的供应链,始终贯穿于原料供应商到终端消费者的产业链条中,目前,我国已经初步形成了以冷链设备生产制造、冷链物流运营和应用需求领域三大环节构成的冷链物流产业链。冷链物流行业是随着科学技术的进步、制冷技术的发展而建立起来的,是以冷冻工艺学为基础、以制冷技术为手段的低温物流过程[1]。目前,我国冷链物流已经形成了较为成熟的产业链,上游包括冷链设施设备的建设与生产制造,中游包括冷链运输、仓储等物流的运营,下游是冷链的应用领域,包括农产品、医药、电商及化工等领域如图2-4所示。

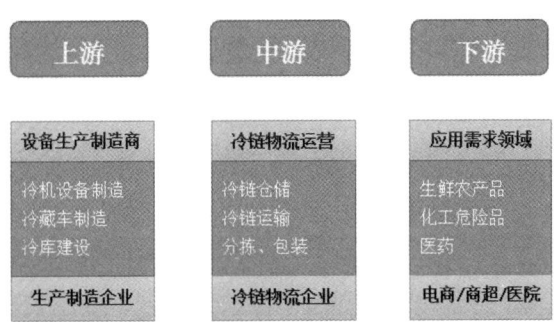

图2-4 冷链物流产业链

---

1 2020年冷链物流行业发展现状,生鲜电商规模扩大助力行业发展[EB/OL].https://www.163.com/dy/article/GBDB0TTI05387IEF.html,2021-07-14.

2.1.3 产业链上游

上游企业为冷链设备的生产制造企业,由于冷链设备属于特种装备制造,因此具有较强的技术壁垒,行业集中度较高,发展较为成熟。2019 年,全国冷库总量约为 6053 万吨(折合 1.51 亿立方米),同比增长 15.56%[1],人均冷库容量 0.11 立方米,与日本(0.32 立方米)、美国(0.49 立方米)、加拿大(0.316 立方米)等发达国家相比还有较大差距;冷藏车保有量为 21.47 万台,同比增长 18.16%,冷链设施设备建设加快推进。

早在 20 世纪 50 年代,我国开始建造冷冻、冷藏库等设施。与冷链物流环节对应的冷链物流设备主要包括:用于食品生产加工的冷却装置、冻结装置和速冻装置;用于食品贮藏的冷库、冷冻柜、冷藏柜和加工间;用于食品运输及配送的冷冻运输工具;用于食品终端销售的展示柜风幕柜等。近年来,政府部门把国内冷链物流市场的发展放在重要位置,陆续颁布多个文件来支持冷链物流基础设施的建设、规划冷链物流操作流程、支持生鲜电商的快速发展等[2]。目前,我国冷库总量与美国相近,大约 9300 万立方米。全国各个城市的冷链物流基础设施也都扩大规模,国家也出台了政策鼓励冷链基础设施的建设,大大方便了物体的流通。图 2-5 为对 2017-2021 年中国冷链物流总体预测。

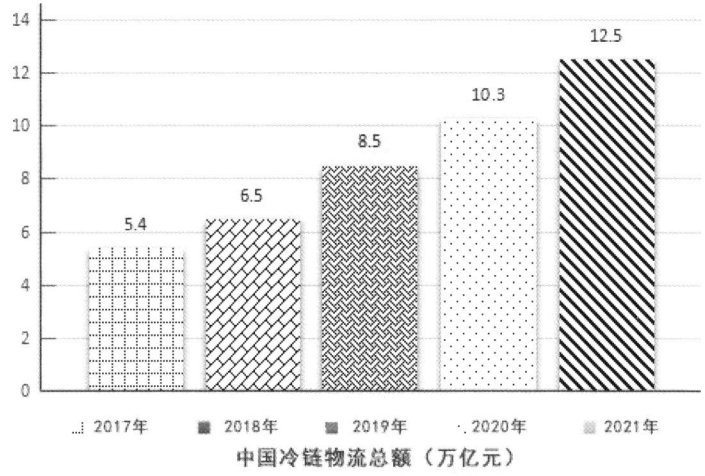

图 2-5 对 2017-2021 年中国冷链物流总体预测

---

1 2019 年预计全国冷库总量将达到 6052.5 万吨[EB/OL].https://xueqiu.com/5917956151/137070702,2021-07-14.

2 2017 年,交通部发布关于加快发展冷链物流保障食品安全促进消费升级的实施意见,力争到 2020 年,初步形成全程温控、标准规范、运行高效、安全绿色的冷链物流服务体系,"断链"问题基本解决,全面提升冷链物流服务品质,有效保障食品流通安全。

1.冷链物流技术

随着冷链物流技术的快速发展与升级,在冷链物流中的应用会逐步加快,为冷链物流业的健康发展提供源源不断的动力支持,同时也提升食品安全保障能力和冷链物流效率,更好地满足居民的冷链消费需求。由于冷藏食品在流通中因时间—温度的经历而引起的品质降低的累积和不可逆性,因此对不同的产品品种和不同的品质要求都有相应的产品控制和储藏时间的技术经济指标,具体如表2-1所示。

表2-1 我国冷链物流技术现状总结

技术	介绍
仓储技术	包括无损快速分选装备、移动式真空预冷装备、移动式压差预冷装备、仓内搬运机器人、新型高效蓄冷剂等技术产品
运输技术	包括移动式高精度贮运一体化装备、模拟冷链运输振动试验装置、冷链物流运输箱、冷链物流保鲜专用纳米包装材料等
管理技术	包括车辆监控系统、冷链物流微环境监控系统、智能温控系统、冷链溯源系统等技术产品

2.冷库建设

从冷库建设规模来看,在2015年国家层面提出实施城乡冷链物流基础设施补短板的要求后,我国冷链基础设施建设加快推进。国家商务部数据显示,2019年全国冷库总量约6053万吨,新增库容814.5万吨,同比增长15.6%,如图2-6所示。

图2-6 2015—2019冷库发展情况

3.冷藏车

冷藏车是指用来维持冷冻或保鲜的货物温度的封闭式厢式运输车,冷藏车是装有制冷机组的制冷装置和聚氨酯隔热厢的冷藏专用运输汽车,冷藏车可以按生产厂家、底盘承载能力、车厢型式来进行分类。中物联冷链委数据显示,2019年全国冷藏车保有量为21.47万辆,较2018年增长3.47万辆,同比增长19.28%,如图2-7所示。主要是受到"运猪"改"运肉"政策调整,导致冷链肉挂车市场销量大幅增加。

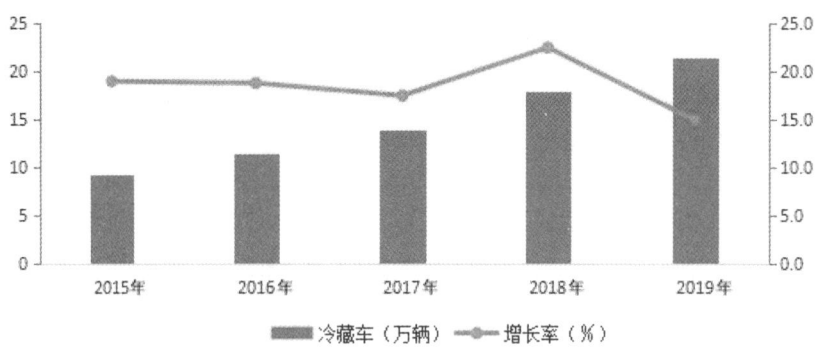

图 2-7 2015—2019 年冷藏车发展情况

2020年,国家发展改革委印发《关于做好2020年国家骨干冷链物流基地建设工作的通知》(发改经贸〔2020〕1066号),公布2020年17个国家骨干冷链物流基地建设名单,为推动国家冷链物流基础设施建设、提高冷链物流发展水平、带动中西部地区冷链物流均衡发展提供有力支撑如表2-2所示。

表 2-2 2020 年国家骨干冷链物流基地建设名单

所在地	国家骨干冷链物流基地
北京	平谷国家骨干冷链物流基地
山西	晋中国家骨干冷链物流基地
内蒙古	巴彦淖尔国家骨干冷链物流基地
辽宁	营口国家骨干冷链物流基地
江苏	苏州国家骨干冷链物流基地
浙江	舟山国家骨干冷链物流基地
安徽	合肥国家骨干冷链物流基地
福建	福州国家骨干冷链物流基地
山东	济南国家骨干冷链物流基地
河南	郑州国家骨干冷链物流基地
湖北	武汉国家骨干冷链物流基地
湖南	怀化国家骨干冷链物流基地
广东	东莞国家骨干冷链物流基地
四川	自贡国家骨干冷链物流基地
云南	昆明国家骨干冷链物流基地
陕西	宝鸡国家骨干冷链物流基地
青岛	西海岸新区国家骨干冷链物流基地

2.1.4 产业链中游

1. 市场规模

我国城镇化进程还在加速,中产阶级还在扩增,消费者的食品安全意识也在不断提升,京津冀地区、粤港澳大湾区等区域合作步伐在加快,并且生鲜电商带动的国内农产品、冷链食品的产地、加工地和消费市场重塑,冷链需求正在快速增加。数据显示,2019年,我国冷链物流行业的市场规模约3391亿元,比2018年增长505.2亿元,同比增长17.5%。

2. 市场细分

我国冷链物流市场一方面由食品冷链、医药冷链需求增长所驱动,另一方面受政策的持续支持,市场前景广阔。冷链物流属于综合性行业,其中冷链运输、冷链仓储和其他服务(库内操作、打包和贴标等服务)分别占比约40%、30%和30%如图2-8所示。

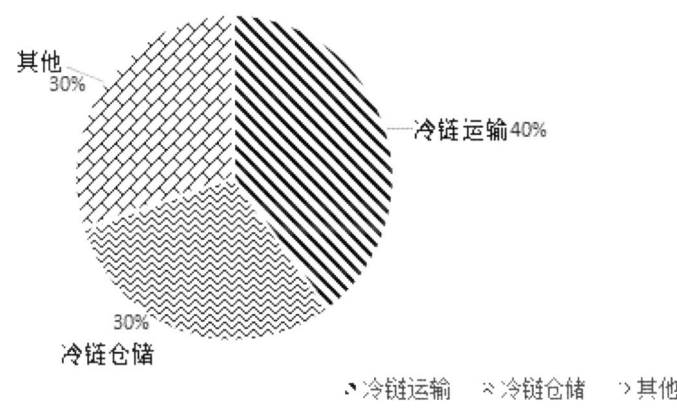

图2-8 我国冷链物流市场细分情况

3. 运输结构

由于冷藏冷冻类物品的时效性要求冷链各环节具有更高的组织协调性,所以,冷藏冷冻类物品冷链的运作始终是和能耗成本相关联的,有效控制运作成本与冷藏冷冻类物品冷链的发展密切相关。根据中物联冷链委数据,2019年公路冷链运输主要货物运输量为20880万吨,占比达到88.97%;铁路冷链运输主要货物运输量为232万吨,海运冷链运输主要货物运输量为1881万吨,航空冷链运输主要货物运输量为278万吨。

4. 需求情况

通过对水果、蔬菜、肉类、水产品、乳制品和速冻食品这六大类食品的年产量进行统计,并结合各品类的冷链流通率,2019年我国食品冷链物流需求总量约为2.33亿吨,比2018年增长4439万吨,同比增长23.52%如表2-3所示。经过预测,2021年我国冷链物流需求量可达3.02亿吨。

表 2-3 2019 年不同类型冷链物流需求量情况

品类	冷链物流需求总量(单位:万吨)
水果	5480.17
蔬菜	6489.23
肉类	4577.68
水产品	3823.32
乳制品	1658.83
速冻食品	1279.42

5.企业分析

根据《物流企业分类与评估指标》(GB/T19680-2013),冷链物流企业可分为运输型、仓储型和综合型三大类如表 2-4 所示。目前,我国冷链物流企业较多,但是大多为中小型企业,行业集中度较低。2020 年,我国冷链物流总收入为 4698 亿元,其中百强冷链物流企业总营收为 694.7 亿元,较 2019 年增长 26.39%,行业集中度为 14.79%,行业整体仍然呈现出小而散的特点;另一方面,冷链物流企业头部集聚效应明显,行业结构将持续优化调整。从中国物流与采购联合会星级冷链物流企业评估委员会审定通过的九批星级冷链物流企业数据来看,星级冷链物流企业共 78 家,四星级及以上冷链物流企业共 53 家,市场主体竞争加强。

表 2-4 我国冷链物流企业分类及标准

类型	标准
运输型冷链物流企业	以从事运输业务为主,具有一定规模
	可为客户提供运输服务及其他增值服务
	自有一定数量的运输工具和设备
	具备信息服务功能,应用信息系统可对运输货物进行状态查询、监控
仓储型冷链物流企业	以从事仓储业为主,具备一定规模
	可为客户提供分拨、配送、流通加工等服务,以及其他增值服务
	自有一定规模的仓储设施、设备,自有或租用必要的货物运输工具
	具备信息服务功能,应用信息系统可对仓储货物进行状态查询、监控

续表

类型	标准
综合型冷链物流企业	从事多种物流服务业务,可为客户提供运输、仓储、货运代理、配送、流通加工信息服务等多种物流服务,具备一定规模
	可为客户制定系统化的物流解决方案,提供综合物流服务及其他增值服务
	自有或租用必要的运输工具、仓储设施及相关设备
	具有一定市场覆盖面的货物集散、分拨、配送网络
	具备信息服务功能,应用信息系统可对物流全过程进行状态查询、监控

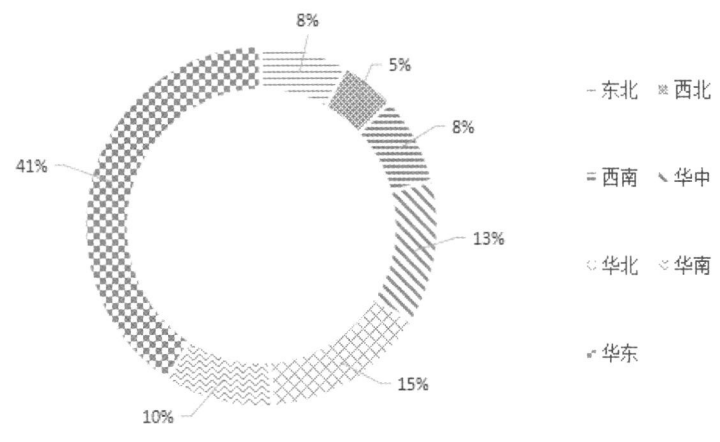

图 2－9 冷链物流企业分布情况

2.1.5 产业链下游

近年来,新零售的崛起和国家政策的引导,不断驱动冷链物流应用市场发展壮大,主要涵盖食品、医药和化工三大细分市场。其中,冷链物流下游需求中以食品为主,食品又分为农产品、禽肉、乳制品等细分产品,食品冷链涉及产品种类繁多、体量较大,约占冷链物流应用市场的 90%,发展空间巨大。2019 年,我国食品冷链物流总额为 6.1 亿元,同比增长 26.82%,市场规模快速提升如图 2－10 所示。

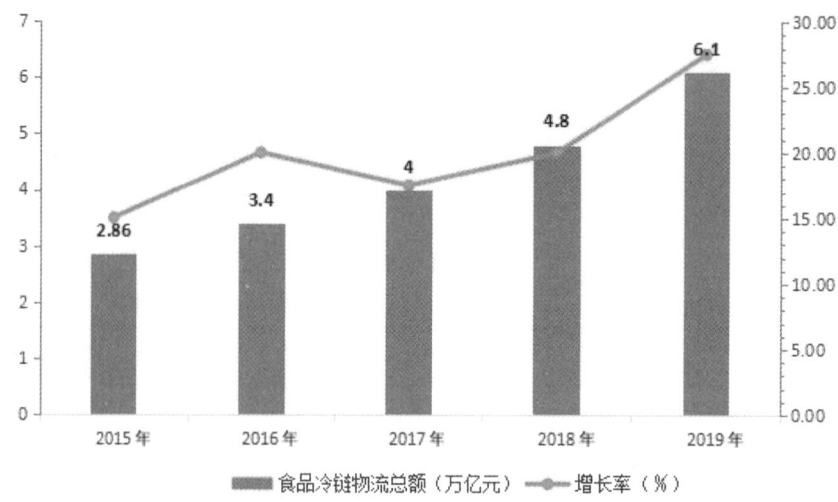

图 2-10 2015-2019 年食品冷链物流总额及增长率

1.农产品冷链物流不断增长

随着城镇化发展和居民消费水平的不断提升,人们对健康生活方式的追求意识逐渐加强,生鲜食品逐渐受到大众青睐,而冷链物流作为生鲜产品的主要流通方式也相应受到重视,并且在短时间内得到快速发展。同时,近几年生鲜电商需求的爆发式增长,也进一步带动了冷链物流行业的快速发展。数据显示,2015—2019 年中国生鲜电商交易规模保持在 30% 以上的高速增长水平,到 2019 年生鲜电商网络交易规模达到 2554.5 亿元。中商产业研究院预测,2021 年我国生鲜电商零售交易额可达 3619.5 亿元。随着中国生鲜电商整体市场规模稳步增长和居民消费能力、食品安全意识的不断提高,冷链下游应用市场的需求潜力将不断释放。

2.医药冷链规模不断扩大

医药冷链有望成为冷链物流未来发展中最为强劲的细分品类,药品流通指药品从出厂到医疗机构或零售药店之间经历的一系列运输储存环节。资料显示,2019 年中国医药冷链销售总额约为 3395.03 亿元,与 2018 年相比,同比增长 20.09%,根据预测,2021 年我国医药冷链市场规模可达 4530.95 亿元。

2.2 冷链物流产业链的问题

2.2.1 冷链基础设施落后、技术运用缺乏

2020年我国人均冷库拥有量是每人0.07立方米(林长青,卢改红,2020)[12],与美国相比差距很大,只有其20%,而且冷库的建造不合理,分布分散,增加了冷链食品的集散次数,使得物流成本增加。冷藏库较少,流通加工型的冷库也很少,我国的冷藏车数量仅有9.3万辆,平均每3万人一辆冷藏车,人均冷藏车数量为日本的10%左右,而且冷藏车的利用率低,违规冷藏车数量较多。我国大部分省市冷链设施设置不够合理,其中保温库比低温库所占比例少,果蔬类的冷库较少,而肉类冷库较多(洪岚,2010)[13]。冷库的不合理设置使得冷库功能不能够满足现代化生活的发展需求。

我国的农业企业中只有少数运用农产品预冷以及低温环境加工等技术,技术运用的缺乏使得农产品损耗严重。而且这些企业的规模较小,信息在上下游之间的传播不畅通。中小冷链物流企业提供服务单一,远远不能满足人民群众对农产品高品质以及新鲜度的需求。

由于信息系统设施落后,燃油费、过路费以及人工费费用占到了冷链企业总收入的80%以上,给企业带来了非常大的压力,加剧了企业的浮躁心态,所以很少有企业在信息系统和设备提升上加大投入。我国农产品运输在设施和运输效率等方面均和发达国家存在很大差距。表2-5为发达国家和中国农产品冷链物流相关情况对比[1]。

表2-5 发达国家和中国农产品冷链物流相关情况对比

	发达国家情况	国内情况
采摘后损失率	5%	25%~30%
预冷保鲜率	欧美国家:80%~100%	30%左右
冷藏运输率	美国:80%~90% 日本:98%以上	总运输率:10%~20%,其中铁路25%,公路15%,水路1%,空运0.1%
运输能力	美国冷藏车16万辆, 保温车6万辆, 日本冷藏、保温车各12万辆	冷藏汽车3万多辆 冷藏列车6970列
冷链物流成本占比	50%	70%左右
流通环节	美国少于3个环节	超过5个环节

---

1 资料来源:智研咨询整理。

2.2.2 冷链物流企业发展滞后

在整个物流市场中,第三方物流的占比不足 25%。我国当前的第三方冷链企业规模较小的占大多数,企业的资金缺乏、实力较弱、技术水平较低,产业集中度低,占有份额在国内冷链市场较小,发展比较落后。还充斥着一些违规"黑冷库"以及不达标"黑运输车"。专业化的第三方冷链物流处于发展初期,快递物流企业纷纷开辟冷链战场。顺丰控股和美国冷链物流公司夏晖成立合资企业,后者是麦当劳的主要物流服务商[1]。申通快递设立申雪供应链管理有限公司,提供冷藏、冷冻仓储和冷链当日配、次日配等供应链服务。快递公司发力冷链物流,对快递"向下"服务农村市场、带动农民增收有重要意义,表 2-6 为各家快递公司布局冷链物流情况[2]。

表 2-6 各家快递公司布局冷链物流情况

快递公司	冷链物流业务布局情况
顺丰控股	目前布局冷运最为完备,提供生鲜速配、大闸蟹专递、冷运到家、冷运到店、顺丰冷运零担、冷运专车、冷运仓储等冷运服务
圆通速递	2017 年,圆通速递推出"圆通冷运",其主要产品包括冷链仓储服务、B2B 同城低温运输和 B2C 同城低温宅配,目前业务仅面向上海
韵达股份	快速布局省、市、县三级冷链物流网络,为农产品进城搭建冷链网络,业务扩展仅面向河南地区
百世快递	未布局
中通快递	提供"优鲜送"业务,主要针对于生鲜、水果等具有较高时效及安全要求的产品,保证产品优先中转、优先派送,在规定时效内完成对包裹投递的服务,满足全国市场,优先保证寄递需求
申通快递	申通推出"申雪冷运",专注于"第三方冷链仓储+配送"服务,帮助生鲜客户解决供应链环节出现的需求问题

龙头骨干企业规模化、组织化程度不高,对引领行业规范发展、转型升级的带动作用不强。我国冷链物流市场高度分散,百强企业仅占市场份额的 10% 左右,美国前 5 强的冷链运输企业占据了市场份额的 50% 以上,我国龙头骨干企业组织规模化运输的能力不高,大部分冷链运输服务通过层层分包的形式委托小企业完成,且在仓储作业、物流跟踪、温度监控、装卸交付等环节缺乏统一明确的操作规程,这一方面抬高了冷链物流的交易成本,另一方面部分小企业为降低运营成本采用不合规车辆进行运输,导致冷链物流市场"劣币驱逐良币"现象时有发生,促进行业规范有序发展的市场秩序尚未形成。

---

1 何欣荣.中国冷链物流产业"热"起来[EB/OL].http://it.people.com.cn/GB/n1/2018/0821/c1009-30240802.html,2021-07-14.
2 数据来源:公开资料整理。

2.2.3 冷链物流相关法律法规不够健全

物流标准化的构建是冷链物流产业链建设中的重要一环,标准化体系构建的重要性日益凸显(张堞,2017)[14],每一个阶段都要按照标准化流程进行,如果出现"断链",那么质量和使用价值将大打折扣。

我国当前的中小冷链物流市场,为了降低物流运行的成本,无视行业标准,很难做到全程冷链,由此使得产品的品质低下。而正规企业在标准的规范下执行的冷链物流产品全程进行冷链,但成本高。对于终端消费者来说,小企业的产品更为便宜,使得规范企业在竞争中处于劣势地位,显然这种状况是不公平的,所以落实行业标准至关重要。

目前,我国虽然出台了一系列冷链物流行业的标准,但是这些标准存在很多问题,各标准间交叉重复,部分标准存在矛盾,部分领域的标准规范还处于空缺阶段。而且大多数的标准是推荐标准,缺乏有效的机制执行。并没有真正落实到冷链物流的运营中,未发挥实际作用。我国个体农户存在规模化小而散的问题,使得标准化难以进行。

2.2.4 职能严重交叉、主管部门缺失

顶层设计上处于部门职能严重交叉、主管部门缺失状态。以生鲜农产品冷链物流为例,从生产到消费者手中,涉及国家发展改革委、国家市场监管总局等多个部门,在生产环节、加工环节、贮藏环节、运输环节、销售环节、流通环节等均出现多部门职能交叉或冲突现象。如国家发展改革委和商务部都有对冷链流通发展未来规划的职能;国家市场监管总局和农业农村部、商务部关于市场监管、发展规划等职能冲突;交通运输部和公安部对冷链车辆监管方面的安全、车辆许可方面无统一标准。国家市场监管总局冷链物流的仓储、运输并无明确标准依据,基本上是一片空白。科学技术部和工业和信息化部相比其他部门来讲,对冷链参与较少,但在大数据时代,应该利用科技和信息使冷链更加现代化、信息透明化,使冷链有据可依。并且在冷库安全问题上,公安部并无明确规定,也并未单独记录关于冷库的信息档案。自然资源部和城建部在土地等自然资源利用审批等方面存在不同的标准,在厂房、冷库、市场等建设上程序烦琐甚至冲突。

总体来讲,目前各个冷链物流企业的技术标准与操作规范的行为带有随意性,不利于冷链物流行业规范、统一发展。

2.3 冷链物流产业链的发展困境

2.3.1 冷链物流成本高的困境

目前,我国冷链物流成本在总成本中的比重为70%左右,其中运输成本和仓储成本所占比重最大,企业最终利润率仅为8%左右,当冷库面积100%利用时,利润率可以勉强达到20%如表2—7所示。从冷链物流各环节分析,冷链流通率低、损耗高是成本居高不下的重要原因。

表2—7 冷链物流成本及利润情况

国家	常温利润率	冷链损耗率	占总成本比重	冷链利润率
发达国家	—	5%	50%	20%~30%
中国	10%	70%	70%	8%

我国预冷基础设施相对薄弱,"最先一公里"冷链运输发展较为滞后,货物损耗大幅提升。相关研究表明,不经预冷处理的果蔬在流通中损失率达到25%~30%,经过预冷处理的果蔬损失率仅为5%~10%。为了节约成本,有些中小企业在冷链运输过程中采用了"断链"方式运作——用常温运输代替冷链运输,导致产品质量受损。当前,我国果蔬、肉类、水产品的冷链流通率分别为22%、34%、41%,与发达国家95%~98%的冷链流通率相比,差距甚大。"断链"运输导致冷链货物受损严重,每年我国冷链货物损耗率高达25%。

2.3.2 冷链物流公益性与市场性的困境

全产业链视角下冷链物流环节多、主体复杂,存在严重信息不对称。冷链物流也具有公益性特征,也有外部性特征(张喜才,2019)[15]。因此,冷链物流会导致市场失灵,政府必须干预和扶持。政府部门高度重视冷链物流发展。近年来,中央一号文件、政府规划等政策文件中反复强调推动冷链物流发展,解决断链问题,打造全链条冷链物流体系。一是中央部门和地方政府相继出台多项产业政策并配套财政资金扶持冷链行业的发展。二是不断强化对冷链物流全过程的监管力度。三是推进标准化、供应链等全程冷链示范工作。但是,中国一直面临着在"大工业、小农业"二元经济结构内如何激活流通发展的难题,主要表现为农业、农民、农村对市场的不适应和制度、政策建设的落后。二元结构下冷链物流体系的主体是小农户生产、小商贩物流体系和小摊贩零售体系。而政府的管理侧重于城市,侧重于大超市、大批发市场、大企业。而且由于冷链物流涉及国家发展改革委、商务部、农业农村部、交通运输部、供销合作社、邮政局等众多政府部门和各级地方政府,由于部门间协调困难和地方保护主义,导致冷链物流系统难以达到最优状态,时常出现断链,难以形成可持续冷链物流网络。政府政策过于注重财政补贴单一手段,容易产生"寻租"等政府失灵问题。流通产业作为基础性、先导性、战略性产业,不仅具有竞争性和营利性本质,而且具有社会共享性和公益性。

2.3.3 冷链物流断链环节的困境

冷链物流起始于产地预冷、包装,经过仓储、运输、配送、零售等诸多环节,形成一个产业链结构(李鸿冠,2020)[16]。我国冷链物流发展正处于起步阶段,这样的现实导致生鲜冷链物流"断链"是一种常态。冷链物流断链是指在冷链物流过程中由于企业和工作人员没有按照冷链物流要求进行操作,导致在某个运作环节或节点处于常温或者高温状态。我国冷链物流的"断链"情况严重,导致物流的效率和效益大大降低。冷链物流包括源头采集、加工、运输、配送、销售等各个环节,少了某个环节的冷链物流都不能够形成流畅的系统,而且冷链发生断链的环节难以确定。

我国冷库数量不足、结构比例失衡以及落后的冷库管理,使得冷链在仓储环节容易断链;许多中小物流企业通过常温车加棉被的方式或使用改装过的不合规的运输车运输,以节省成本,使得运输途中断链;冷链物流中的装卸搬运也容易造成食品温度的变化,造成断链;国内的配送企业在配送途中做不到温度控制,冷链物流企业与商超对接效率低下都使得配送环节发生断链;我国在商超、便利店等出售的冷链食品使用的低温陈列柜一般未进行仔细划分、大小不等,造成食品的质量大大降低,使得销售环节断链。但是最终销售给消费者时,并不能确切知道是哪个环节出现的问题,目前,我国还没有完整独立的冷链物流体系。由于冷链基础设施结构不合理且不均衡,一旦形成冷链体系,就很容易出现"断链",多数高投入的冷链在个别环节上出现短板就会让整个系统低回报甚至负回报。物流断链的关键环节在哪里?影响因素是什么?这在理论上还没有得到清晰的答案。

2.3.4 冷链物流企业发展方向的困境

我国冷链物流企业类型多样,主要有运输服务、冷库运营、区域配送、综合性服务等。其中,运输服务型企业以货物运输业务为主,为顾客提供站到站、门到站等服务;冷库运营型企业主要从事仓储业务,亦可提供配送、加工等服务;综合服务性物流企业则可以为客户提供仓储、运输、配送、加工等多种物流服务。根据对美国等发达国家的考察,冷链物流企业主要以专业化为主,各环节分工明确、各司其职。专业化发展方向会使冷链物流的各环节的专业性都很强,服务质量、速度和技术都具有优势,让整个冷链运行起来有据可依、有证可查,大大提高了冷链物流的可操作性。我国冷链物流起步较晚,冷链物流企业的发展仍处于起步阶段,散、小、乱现象普遍存在,经营的业务环节较少。那么,企业未来的发展方向是什么?部分学者认为,在我国整个物流市场中,物流业的发展在供给侧改革的思路和措施的指引下加以推进,专业化、规模化、标准化的转型发展之路已是大势所趋。专业化的冷链物流公司更加重视提供高附加值、个性化的物流服务及解决方案,不断依据客户供应链布局创新专业化服务,进行物流资源配置。也有学者认为,我国冷链物流行业应该向着集加工、运输、配送、包装、仓储等物流服务于一体的综合性物流服务企业转型,采取纵向一体化经营。

同时又存在冷链物流企业市场集中度较低,缺乏龙头企业对行业资源的整合;冷链资源分散,无法形成规模效应进行优化配置的情况。在普通运输行业,物流信息平台资源较多,物流资源利用率相对较高,而冷链相关信息资源较少,难以集约化运作。

2.3.5 冷链物流标准化的困境

冷链物流标准是行业健康发展的重要保障。据统计,我国冷链相关标准已经超过200项,但所有这些标准大都是推荐性标准。近几年,中国物流与采购联合会冷链委根据行业需要也制定了若干项冷链国家和行业的标准,如《冷链物流分类与基本要求》《食品冷链物流追溯管理要求》等,并进行了标准试点和宣贯工作。但是由于冷链标准缺乏监管,企业执行力度差,部分企业打着全程冷链的旗号,却经营着间歇性供冷,以此"降低"冷链物流成本。

物流标准化的构建是冷链产业链体系建设中的重要一环。我国冷链物流企业数量、规模发展十分迅速,冷链物流供应能力不断加强。但我国冷链物流行业较分散,整体呈现散、乱、小的状态,企业的集约化程度不足,缺乏具有整合力的全国性网络巨头。当前的中小冷链物流市场,为了降低物流运行的成本,无视行业标准,很难做到全程冷链,由此使得产品的品质低下。我国个体农户规模小而散,也使得标准化难以进行。目前,各个冷链物流企业的技术标准与操作规范的行为带有随意性,这种情形不利于冷链物流行业规范统一发展。对于终端消费者来说,小企业的产品更为便宜,使得规范企业在竞争中处于劣势地位,显然这种状况是不公平的,所以落实行业标准至关重要。目前我国虽然出台了一系列冷链物流行业的标准,但是这些标准存在很多问题,各标准间交叉重复,部分标准存在矛盾,部分领域的标准规范还处于空缺阶段。当前我国冷链物流标准体系大部分为推荐性标准,缺少贯穿整个冷链物流业的通用标准,约束力低,对冷链物流企业的规范与监管十分有限,缺乏有效的执行机制。而且标准并没有真正落实到冷链物流的运营中,未发挥实际作用。

2.3.6 冷链物流安全的困境

长期以来,人们对冷链物流安全关注更多的是食品安全,但冷链物流涉及主体多,环节复杂,安全因素也很复杂,如冷库的生产安全、冷藏车司机的职业安全等。冷链复杂的结构,冷链任意一个环节发生问题,都会直接影响产品的质量状况,最终危害消费者的身体健康。调研中发现,冷库中的产品如何存放,能存放多长时间,产品是否安全的界定都很模糊。对冷链物流中的产品质量的监控难度较大,对产品质量安全突发事件较难处理,使得质量安全事件的发生,会为消费者带来恐慌,并动摇消费信心。冷链中的消防安全也存在极大隐患,如何将这些安全问题很好地解决还需要努力探索相应的管理机制。冷链物流发展迅速,冷库规模不断扩张,运行设备和建设技术提高,冷库结构更加复杂。但是由于很多中小企业存在管理不规范、老旧冷库存设施陈旧以及冷库随着技术的发展不断产生新的安全问题,导致冷库安全事故并没有得到有效的遏制,每年都有重大安全事故发生,人员和财产损失严重。据统计,2016—2018年共发生重大冷库安全事故近60起,造成严重的人员中毒和爆炸事故。近十年来,冷库安全事故已经造成200多人死亡,3000多人中毒,约4亿元的直接经济损失。

第三章
冷链物流产业链发展的新环境分析

中国是人口大国、农业大国,农产品生产量、流通量、消费量均处于世界首位。蔬菜占到全球蔬菜近一半的产量,水果、肉类占到全球的1/3。另外,伴随着城镇化的不断推进,2020年城镇化率达到63.89%,城市规模越来越大,需求更加集中,结构更加多元化,消费者众多而且分散。庞大的农产品生产量需要经过小农户、经纪人、批发市场、超市、电商等市场主体,通过小推车、汽车、火车、航空等各种运输方式最终到达消费者手中。鲜活农产品流通链条系统庞大,行为主体众多,但由于各个主体从属于不同的经济利益体,没有形成完善的物流网络,造成严重的损耗和食品安全隐患。据估计,每年产后损耗马铃薯约1600万吨,水果约3000万吨,蔬菜约2.06亿吨。如果水果每吨按6000元计算,马铃薯和蔬菜按每吨4000元计算,折合经济损失约5920亿元。按目前单产水平推算,相当于全国生鲜产品每年有1.23亿亩耕地的投入和产出被损失掉了。冷链物流是食品安全的前提,流通过程中温度超标等问题,会威胁到食品质量和安全。因此,农产品冷链物流骨干网络建设是农产品流通现代化的重要支撑体系,是提高农民收入、确保食品安全、推进农业现代化的重要内容。

2020年中央一号文件启动农产品仓储保鲜冷链物流设施建设工程、加强农产品冷链物流统筹规划、支持建设一批骨干冷链物流基地等。2020年3月,由国家发改委牵头,24部委联合发布的《关于推动物流高质量发展促进形成强大国内市场的意见》中明确指出,要加强农产品物流骨干网络和冷链物流体系建设。要以构建国家层面的骨干冷链物流基础设施网络为目标,以整合存量冷链物流资源为主线,建设一批国家骨干冷链物流基地,支持生鲜农产品产业化发展,促进城乡居民消费升级。

由于国内外市场和环境剧烈变化,农产品现代物流体系出现了新组织、新要素、新技术。因此需要总结导致物流体系变化的外部冲击,通过统计分析明确人口结构、电商、直销店、合作社等对物流体系的影响程度。我国经济社会快速发展、全球化、市场化、信息化、城镇化使得农产品供求格局、支付方式、物流技术、流通方式等都发生了较大变化。

3.1 冷链物流产业链变革的动力

3.1.1 需求驱动成为农产品物流方式变革的根本动力

随着城镇化进程加快、居民收入逐步提升,居民消费呈现出明显的多元化趋势,消费结构不断升级。国家统计局数据显示,2020年中国城镇居民家庭人均可支配收入达到43834元。消费者对农产品供给要求更加便捷,质量更加安全,品种更加多样。网上买菜、订货正在成为很多白领在快节奏城市生活中的首选购物方式。2020年我国生鲜农产品电商规模达到3641.3亿元,平均每年增长50%。自2014年以来连续6年保持50%以上的平均增长速度。各类智能店纷纷开店,盒马鲜生、永辉生鲜等规模迅速扩大,此外还有京东7FRESH、苏宁小店、苏宁苏鲜生、每日优选体验店、京东到家体验店、美团生鲜体验店(掌鱼生鲜)、国美生鲜店、便利蜂店等,农产品网购不仅拓宽了农产品销售范围,提高了农产品流通效率,而且降低了交易成本,满足了消费多样性。个性化、定制化、特色化、便捷化的产品和服务需求使得传统批发市场、店铺式销售模式已不能满足消费者日趋多元化的需求,农产品物流模式创新和物流体系变革势在必行。

3.1.2 规模化专业化生产主体大量涌现为供应链整合奠定基础

近几年,农业产业化的发展十分迅速,农业生产通过土地承包和流转、专业合作社等各种方式提高规模化水平。在一些经济发达的地区,规模化经营的比重达到了70%。规模化增加了农业产出,提高了商品化率,同时也为流通企业进入农产品流通链条提供了机会。有些投资银行进入农业领域投资规模化生产,都是着眼于规模扩大之后的供应链再造,寄希望于在流通领域取得投资回报。即便是农民专业合作社,通过这几年的发展也在规模化方面取得进展。

例如,云南蒙自蒙生石榴专业合作社,几年来逐步扩大带动农户的规模,已经超过了1万亩,不仅开拓了批发市场、超市、礼品配送等销售渠道,还利用互联网开辟电子商务渠道,联合相关联企业进行供应链的重组。

3.1.3 多样化的支付手段和方式支撑了现代物流体系变革

随着信用卡的普及和支付技术的不断创新,人们的支付习惯正在改变,特别是近几年第三方支付发展迅速,它不仅支持了类似信用卡支付、网上支付、手机支付等各种新型支付手段,还提供了支付保障,从而大大降低消费者的风险预期,起到了鼓励消费的作用。有关数据显示,我国第三方支付交易规模从2013年的16.9万亿元增长到2018年的230.4万亿元,2019年规模达到302.2万亿元。支付手段和方式越来越多样化,这在很大程度上支撑了现代流通及物流方式的变革,使现代金融服务越来越多地渗透到农产品流通的全产业链中,促进农产品物流方式不断创新。

3.1.4 现代信息技术等对农产品产销对接影响不断深化

物联网、大数据、云计算、人工智能有效应用。现代供应链、智慧物流、多式联运、无车承运、共同配送、托盘共享、挂车租赁等新模式、新技术和新业态加快普及。农产品终端销售模式越来越呈现社区化、超市化、一站式的特点。电子商务、车载市场、社区店等销售方式层出不穷。消费者在家门口就可以买到新鲜、安全的蔬菜,有很多还可以送货到家。随着我国经济社会的发展,已进入人均 GDP 超过 1 万美元的阶段。以冷链建设为例,通过借鉴国外的经验,GDP 超过 8000 美元时,一国对于冷链的需求就会上升一个台阶。为保证人民的健康与食品安全,减少食物在运输中的大量损耗,冷链物流建设已经提到迫切的日程中。冷藏车、铁路冷藏箱和冷藏库等行业经营者组成的冷藏供应链正步入快速成长阶段。众多国外企业开始进入尚不为人关注的冷链行业。如美国最大的冷库物流运营商之一普菲斯在上海的现代冷链储藏设施已正式奠基。澳大利亚最大的冷链物流提供商太古早在 2008 年就进入了华南市场。以物联网、冷链为代表的现代技术不仅拓展了农产品销售渠道和空间,也为新型渠道奠定了物质基础。

3.1.5 资本运营和供应链金融成为农产品物流整合重要推手

从 2013 年开始萌芽,到"互联网+"物流探索越发成熟,物流业投融资进入高速成长期。2015 年物流互联网平台成为投资热点。2017 年,物流类企业加快进入资本市场,年内有 8 家企业跻身国内主板,5 家在境外证券交易所上市,45 家登陆国内"新三板"。上市、融资、兼并、重组、跨界整合,近年来风险投资商对现代农业物流体系的投资在全国形成一股气候,顺丰、京东、阿里纷纷布局农产品物流,国内农产品流通领域的上市公司深圳市农产品股份有限公司也正在进行新一轮的扩张,而香港上市的地利公司则把投资建设农产品流通作为投资重点。众多私募基金也把农产品供应链投资作为未来非常值得关注的领域。核心企业与金融机构合作,整合上下游合作社或者种植大户,形成完整的农产品供应链,是目前提高农产品流通效率和效益的主流方式。仅 2021 年 1—6 月,生鲜电商行业发生 5 起投融资事件,涉及金额 72.5 亿元。

3.2 冷链物流产业链的发展机遇

3.2.1 社会经济发展及消费需求升级提供外在动力

改革开放40多年来,我国社会经济发生了翻天覆地的变化,居民人均可支配年收入从1978年的615元上涨到2020年的32189元,富裕及上层中产人群家庭月消费金额达到2.1万元和1.1万元。生活水准的提高,促使老百姓对优质食品、有机农产品、进口食品和精致饮食等高端需求快速增加,对食品冷链流通安全要求日趋提高。终端消费者为品质食物溢价买单的意愿越来越强烈,迫切需要冷链物流企业整合内外部资源、重塑行业格局,着力服务新需求、谋划新发展。

3.2.2 新技术运用为冷链物流高质量发展提供技术支撑

全球新技术革命方兴未艾,以物联网、云计算、区块链等为代表的数字化技术,能够更好地解决行业间资源共享共用问题、满足食品全链溯源需求;而人工智能、自动化技术的广泛应用,以机器替代人力,把劳动力从人海战术中解放出来,助力物流行业的智慧化发展。总之,我国冷链物流将迎来以技术为核心驱动力的发展阶段,新技术运用为冷链物流业的变革提供外在技术支撑,也必将成为行业高质量发展和企业进步的重要推力。

3.2.3 国家支持为冷链物流业发展提供有利的政策环境

当今世界正处于百年未有之大变局,我国提出构建以国内大循环为主体、国内国际双循环相互促进的新发展格局,重塑中国国际合作和竞争新优势,并于2020年11月,与东盟10国等15个国家签署《区域全面经济伙伴关系协定》,加快对外开放步伐。国内外环境变化所激发的国家发展战略调整,在政策支持上开始强化国内主要产业的竞争力提升,因而作为十大支柱产业之一和先导产业的物流业,也成为国家重点支持和规范的行业,这必将有助于冷链物流企业从"松散、杂乱、落后"向"系统、规范、先进"转变。

另外,2021年是国家"十四五"规划开局之年,是全面建成社会主义现代化强国、乘势而上向第二个百年奋斗目标迈进的历史关口,是全面推进乡村振兴、加快农业现代化发展新阶段,同时也是新时期开启高质量发展新征程的关键节点。作为国民"医食无忧"流通基础支持的冷链物流业,由于是目前社会经济发展的掣肘因素,因而成为国家发展改革委、商务部、财政部、农业农村部等制定政策的重点关注对象。

3.3 冷链物流产业链面临的挑战

3.3.1 产业链运营体系革新难度大

一是区域发展不平衡、不充分问题十分突出。全国冷链发展主要集中在华东、华北、华中地区,其中,上海、山东、广东、江苏等地的冷链水平较高,冷链网络及体系相对健全;而中部农牧业主产区和西部特色农业地区承担全国70%以上农产品批发交易功能的大型农产品批发市场、区域性农产品配送中心等关键物流节点,冷冻冷藏设施却相对短缺,造成冷链物流在生产源头缺乏预冷,冷链设施分布再平衡需要数以千亿元计以上投入。二是农产品供需矛盾突出问题,难以依靠冷链完善解决。农产品产销信息对接不畅,农产品"产供销"链条环节多,各市场主体往往从自身短期利益出发,难以形成紧密合作关系,产销信息无法实现及时共享,造成产销各环节衔接不畅、供需无法有效匹配。三是低碳转型路径有待明晰。2020年9月,中国提出"二氧化碳排放力争于2030年前达到峰值,努力争取2060年前实现碳中和"目标,冷链物流作为耗能大户,其领域的绿色制冷、能源清洁转型必然成为发展潮流,但其低碳转型路径还有待明晰。一方面,冷库的能源提升效率空间巨大,但技术缺乏突破力;另一方面,可再生清洁能源地域分配不均,整体使用效率偏低,绿色转型发展任重道远。

3.3.2 产业链数字化转型困难重重

我国冷链新技术研发、应用、推广仍处于较为落后的阶段,主要表现在:关键共性技术、前沿引领技术以及颠覆性技术研发创新能力不足;企业信息化、智能化水平参差不齐且普遍偏低,包装、排列、装卸货等环节仍采用手工作业、人海战术,机械设备利用率较低;信息化技术推广应用不够,专业冷链运输信息化平台缺乏,运输各环节信息资源难以有效衔接,"断链"问题无法得到有效解决,这些都是因为有能力进行新技术创新与应用的冷链物流服务企业不多,绝大多数冷链物流服务企业规模小、融资能力弱。

3.3.3 产业链转型升级阻力较大

随着生鲜电商和新零售的发展,冷链物流行业的需求越来越多,要求也越来越高,而目前我国的冷链物流行业仍然处于一个较为粗放的状态,主要体现在:一是冷链企业"多、小、散",运营成本高、效率低,竞争实力弱,专业化程度不高,且产业链上、中、下游联动较弱,无法形成集聚效应;二是市场守旧观念一时难以扭转,新兴信息技术普及率与应用率低,冷链企业主动变革的意愿较弱;三是冷链物流强制性标准缺失,比如,物流基础设施建设上的标准体系不完善,生鲜农产品、进口冷链食品等物流对象的标准化程度低,冷链物流过程全流程标准化尚未完全实现,且众多中小型冷链物流企业在行标参与和标准落实上的主动性差。

3.3.4 产业链国际竞争日趋激烈

对于我国冷链物流业来说,"再全球化"趋势是机遇,同样也是挑战。主要原因在于,与发达国家高度完善的冷链物流网络相比,我国冷链物流发展整体发展思路不够清晰,设施设备基础薄弱,制冷技术和运输设备较为落后,尤其在越来越严峻的国际贸易环境下,应对产业发展机遇和国际竞争与合作的准备还不充分。

3.3.5 产业链市场主体对冷链认知不够

消费者、生产企业、物流企业冷链物流意识淡薄,在储存、运输、配送过程中,传统的冷链物流观念和物流意识普遍存在。多数食品经营企业与冷链企业往往只关心食品物流量和物流成本,尤其在果蔬、冻品等流通过程中,重储存、轻运输,缺乏对全链控温物流品质溢价认识、品牌创造认识。消费者缺少低温物流认知,在购买低温食品时较少了解全链控温的流通方式,由于了解不够,愿意为全链控温产品买单的意愿不足。

以上,都在一定程度上限制了冷链物流水平提升和冷链产业发展动能的释放。

3.4 冷链物流产业链的发展趋势

3.4.1 冷链市场规模将呈现量级化增长

(1)城镇化推动需求增长。20世纪90年代至今我国城市化经历加速发展阶段,我国城市化率从1990年的26.44%持续上升到2020年的63.89%如图3－1所示,城镇化的发展带动城市消费需求的提升,与此同时,也促进生鲜农产品从产地到城市消费的冷链物流需求的进一步增长。

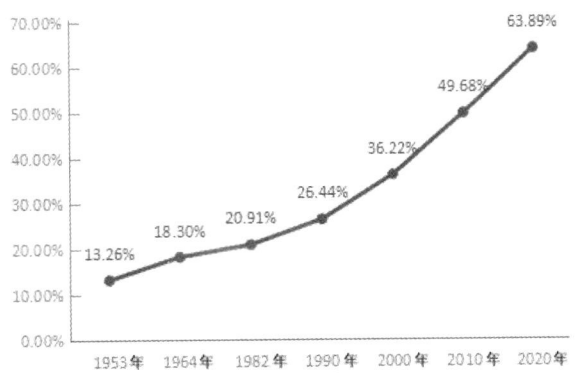

图3－1 1953—2020年中国城镇化水平变化趋势图

(2)消费升级带动需求增长。根据SIF(苏宁金融研究院)对全国居民实物消费、服务类消费、消费升级业态、苏宁消费升级等指标体系进行综合分析后提出的消费升级指数情况,国内居民消费升级综合指数从2013年的0.341上升至2019年的0.378,年均增速约1.73%如图3－2所示,反映出我国居民消费水平加速攀升,由基础性的生存消费逐步向精神消费转变,越来越重视对健康生活方式的追求。

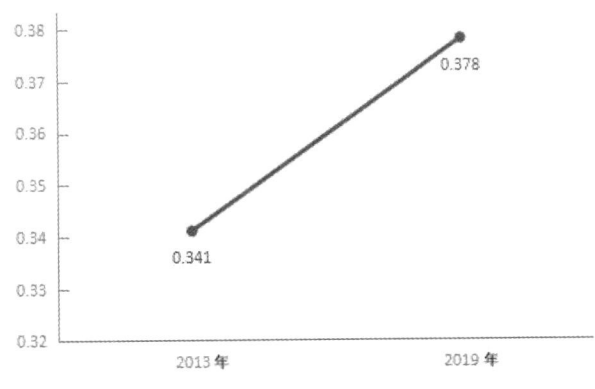

图3－2 2013－2019年中国居民消费升级综合指数变化情况

(3)未来食品冷链物流市场规模发展预计。2020年,我国鲜活农产品总产量近12亿吨,其中水果产量2.7亿吨、蔬菜产量7.2亿吨,肉类产量7758万吨,水产品产量6480万吨。而2020年冷链物流市场规模约为3800多亿元、冷链需求量为2.7亿吨,冷链需求量与鲜活农产品产量有巨大差距,考虑到我国冷链流通率与发达国家相比差距很大,加之利好的政策环境,研究认为未来10年冷链物流将处于快速发展阶段,预计2025年食品冷链物流市场总规模将达到5500亿元,2030年将突破10000亿元如图3-3所示;预计2025年食品冷链需求量达到5.4亿吨,2030年突破7亿吨如图3-4所示。

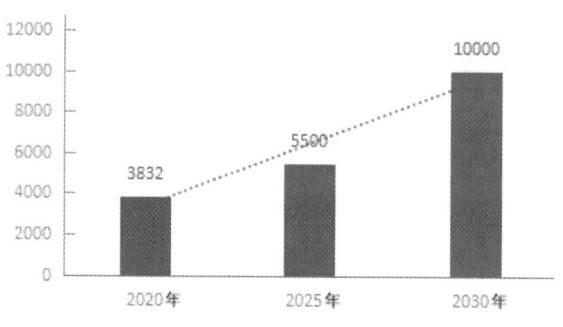

图3-3 2020-2030年食品冷链物流市场总规模预测

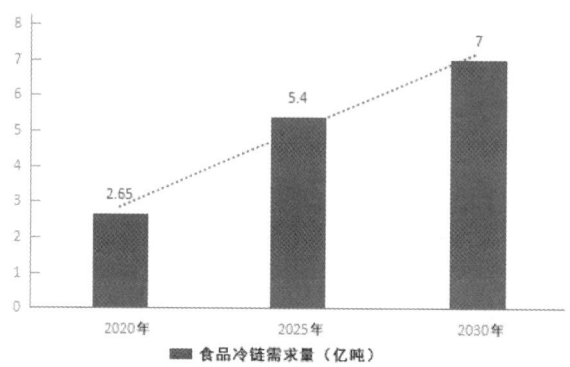

图3-4 2020-2030年食品冷链需求量预测

3.4.2 数字化智慧化转型发展

随着消费者对食品品质诉求快速提升,食品追溯已成为食品经营商家品牌创立和信誉维护的主要手段。当下区块链、大数据等新一代数字技术的应用打通了"信息流通孤岛",可确保冷链食品安全,因而冷链物流服务企业加入食品经营企业打造的数字供应链网络是其服务提升的必由之路。

随着国内劳动力成本快速攀升,以人工智能、机器学习为代表的智慧仓储技术、运输技术、管理技术的快速发展与升级,不仅可大幅降低劳动成本,还极大提高了物流效率,成为当下最先进物流企业的创新动力。

3.4.3 降碳减排绿色化发展

为进一步落实国家 2030 碳达峰、2060 碳中和战略,作为节能减排的主要行业,按照国家相关部署,积极推动智能化冷库集约化应用,发展新型冷媒技术、热能回收技术、蓄能技术、冷库保温技术,推广应用新能源及节能冷链车。在消费领域,满足居民日益增长的冷链物流消费需求的同时,推广绿色包装、绿色流通、低碳消费。

总之,农产品物流环境正在出现革命性变化,冷链物流产业链创新发展具有很大的空间。

第四章 冷链物流产业链商业模式创新研究

4.1 冷链物流产业链的商业模式

4.1.1 有关商业模式的研究

1.商业模式内涵概述

管理学家彼得·德鲁克说:"当今企业之间的竞争,不是产品之间的竞争,而是商业模式之间的竞争。"商业模式(Business Model)概念最早提出于20世纪60年代,随着互联网经济的发展,有关商业模式的研究成为管理创新领域学界和企业界关注的重点。我国物流产业作为促进中国经济发展的支柱型产业之一具有巨大的市场空间。新时代背景下,多样化生鲜农产品走进百姓的餐桌,消费者对生鲜农产品需求量的日益增长,为我国冷链物流产业发展提供了现实基础和广阔市场前景。在电商物流和移动互联的双核驱动下,冷链物流作为物流产业的重要组成部分,在实践中表现出的时效性强、运输量大、成本高等一系列新特点,对于传统的物流服务和商业模式相关理论提出了挑战。在此背景下,冷链物流商业模式创新的研究在我国农产品冷链物流产业的现代化发展、促进冷链物流企业的增收方面起着关键作用。

中物联冷链委数据显示,中国冷链物流市场规模自2014年的1500亿元增长到2020年的4850亿元,同时食品冷链物流需求总量大幅增长,冷链物流产业取得了长足进步。但是由于基础设施的落后、政策不完整、管理理念落后等问题,生鲜农产品损坏率依然很高,每年在流通过程中果蔬产品腐烂达8000万吨,农产品腐损程度为25%~30%,经济损失占整个行业产值的30%,同时农产品损耗还造成物流过程中能量损耗及食物腐烂导致了温室气体的排放。基于我国生鲜农产品冷藏、冷冻、冷运的冷链物流建设落后的现状,大力发展以冷链物流企业商业模式创新成为现代农产品流通体系建设的重要内容。

目前学界对于商业模式并没有用统一的定义,每位学者都对商业模式有着不同的理解。商业模式以战略选择、价值网络、价值创造和价值捕获为主要因素,核心在于保证企业能可持续运作(曾亿武等,2016)[17]。商业模式创新是一个实验过程,企业需要不断创新出更为适合企业发展的商业模式,并从价值链角度出发,认为调整原有价值链或创新价值链中的要素都属于商业模式创新(Magretta,2002)[18]。互联网和物联网的出现为商业模式的创新提供了契机和空间。近年来,商业模式的研究成为管理学领域研究的热点。尤其是继互联网、物联网之后,我国农产品冷链物流在区块链、大数据 5G 等技术的应用有可能实现"弯道超车"。商业模式创新作为对接国家"创新驱动发展"战略需要,也是创新活动的关键形式(赵帅等,2019)[19]。

2.有关商业模式创新的研究

对于商业模式创新的研究,现有学者主要从要素视角、价值共创视角以及网络环境视角等角度加以研究。

首先,从要素视角来看,以往研究将商业模式结构划分为包含价值主张、市场划分、分销渠道、客户关系、价值配置、核心能力、合作伙伴网络、成本结构和收入模型在内的九个方面。在物流行业,冷链物流企业基于以上构成要素,通过实现要素和要素间关系的创造性变革而实现企业系统性的创新过程(Osterwalder,2005)[20],即使商业模式结构的创新过程,促进要素融合,拉动用户消费。

其次,从价值共创视角来看,商业模式是企业为实现企业价值与消费者获取价值的最大化而采取的一种价值创造逻辑,为了更好地描述和研究包含企业、第三方物流、消费者以及环境之间形成的特殊"共生联结"关系,有学者尝试将生态系统理论引入冷链物流行业,并将基于农产品生产流通及销售各环节形成的生态集群视为"冷链物流生态圈"(贺盛瑜等,2016)[21]。冷链物流的目标不再是短期经济价值最大化,同时注重冷链物流生态系统的共生、共赢和共益,价值创造应转向多元群体协作模式。随着数字技术的驱动作用,新的数字产品和服务得以呈现出来,在新的价值主张引导下,商业模式的创新对于价值创造和传递效率的提升具有重要意义。

最后,从网络环境视角来看,互联网环境加大了经济主体的经济活动、经济行为和对其他经济主体及所处环境的影响,表现为经济学领域的外溢性。外溢性网络环境下,冷链物流便捷性、经济性及安全品质性外部经济效应不断增强。基于"互联网+流通"视角,有学者认为,互联网背景下的流通必须实现商业模式的创新,形成一种线上、线下结合的新的嫁接组织形式,体现为流通业信息化、智能化水平,以及终端消费者无缝对接的整合购物新模式(李骏阳,2015)[22],通过物联网技术的鲜活农产品三级供应链协调中利润分配与收益共享合同的设计,构建"互联网+农产品质量控制"供应链模型(Yan等,2018)[23]。基于"互联网+生鲜农产品"宅配业态视角,有学者提出,形成一种多方协作的新模式有助于冷链宅配链条的完善,对于解决生鲜农产品生命周期短及农民经营性收入低的问题,促进生鲜农产品宅配健康、有序发展方面具有重要意义(武沁宇,2016)[24]。

3.商业模式评价体系的研究

冷链物流商业模式评价体系是考核新时期冷链物流行业服务效率和价值的重要标准。本质上说商业模式就是关于价值来源、价值创造和价值实现的逻辑,如果不能带来新型的价值和超额利润,企业的商业模式创新将失去意义,因此能否盈利是商业模式创新是否成功的终极衡量指标。然而单靠是否盈利来判断商业模式创新效果是远远不够的,从商业模式评价的现有研究来看,多是借用传统的绩效评估方法,如从销售额、利润、市场份额、专利数量、创新性、客户满意度、创新成本等方面来衡量。

只有建立起一套科学的评价指标体系才能有效衡量冷链物流企业的商业模式创新效果,对创新给予及时评估和反馈。商业模式及其创新价值评价需要解决的主要问题是建立一套科学的商业模式及其创新价值评价指标体系和量化方法,对商业模式及其创新价值进行评估,从而为企业决定是否进行商业模式创新、选择商业模式创新的方向以及评价商业模式创新的结果提供依据。大数据已经渗透到企业商业模式变革与创新的各个方面,对商业模式带来重构压力和创新机会(易加斌等,2018)[25],良好的评价体系的完善对于顺应新时代下国家战略的发展需要,发展以冷链物流"质量"与"效率"为导向、基于大数据创新企业的商业模式具有重要作用,通过"以评促建"推动冷链物流体系建设。

目前学术界对于商业评价体系评价标准尚未定论,尽管有学者尝试从不同维度对其进行划分和测量,但其指标的测量的普适性和可操作性仍有待检验。尤其是对于冷链物流企业,更需要根据其经营本身的特殊性和我国基本国情,制定指标评价体系。

龚丽数据研究显示,商业模式目前是一个年经的流派,仍处于"新理论"阶段,各研究流派比较关注的是商业模式要素、战略管理与企业竞争优势的关系、商业创新领域的商业模式研究。有学者提出了基于物流产业链的十二大商业模式,分别为"苦力服务"模式、信息中介模式、项目服务模式、第三方物流整体外包模式、众包整个供应链服务模式、卖物流软件和物流设备等产品的模式、卖"解决方案+物流软件+硬件"的模式、运营服务模式、物流供应链金融模式、物流商业地产模式、平台经济模式、立体生态经济模式(张喜才等,2018)[26]。在冷链物流领域,有学者提出了企业自营、第三方运营、批发市场和伙伴联盟四种模式(张琳,2017)[27]。还有学者提出冷链库存一体化模式的适用性与协调补偿途径,提出了一体化库存的冷链投资分摊机制、数量弹性机制、收益共享和回购机制等协调机制(郝秀菊等,2017)[28]。以上研究对于物流商业模式理论和实践的推动具有重大的意义,但多数文献是基于宏观层次并以描述性分析为主。基于冷链物流行业,电商和数字因素驱动下的现代农产品冷链物流的发展模式的研究尚不完善。在互联网的颠覆性技术下,价值定位、销售的渠道、营利模式和客户关系都发生巨大变革,农产品冷链物流供应链环节的价值体现也千姿百态,人们越来越多地开始关注冷链物流企业经营规律和商业模式,进而一个好的商业模式越来越多地受到大家的重视。

4.1.2 冷链物流商业模式

物流商业模式指物流企业通过何种模式为用户提供良好的物流服务来获取利润,包括企业的营利模式、运作模式以及客户价值三个方面。现阶段,国内冷链服务提供商主要有 8 种商业模式,分别是运输型、仓储型、城市配送型、综合型、交易型、供应链型、电商型和"互联网+"型[1],冷链物流作为物流行业的细分领域,其商业模式的创新可以从以下三方面入手:一是调整产品定位;二是通过细分市场来满足顾客的个性化差异;三是通过技术创新,改变顾客获取的

---

1 张喜才.物流产业链管理[M].北京:中国商业出版社,2018.

价值。最终通过创新和机制创新集聚产业链上涉及的各参与主体,通过改善冷链物流生态系统的运营模式、营利模式、业务推广模式等商业模式,驱动冷链服务内容,拓展冷链功能和领域,实现现代化冷链物流体系的构建与演化。

冷链物流包括运输、仓储、库存和管理四大功能。冷链通过对易腐食品冷藏温度进行监控,保证其品质的优良性和食用的安全性,保证消费者在购买时产品仍具有良好的品质。由于冷链是以保证冷藏冷冻类物品品质为目的,以保持低温环境为核心要求的供应链系统,所以它比一般常温物流系统的时效性等方面要求更高、更复杂。"互联网+"时代的到来对农产品冷链各环节组织协调性提出了更高的要求,其未来的发展趋势是"电商平台+物流+金融"的模式。电商平台提供线上交易的平台和服务,物流提供线下配送,互联网金融提供支付手段,三者通过相互融合实现价值共创,极大提高了冷链物流的效率和服务质量,为冷链物流注入了新的活力。

4.1.3 冷链物流商业模式现状

中冷联盟棋盘资本创始人马宏等提出2020年新冠肺炎疫情的出现改变了消费者的习惯,从资本视角看,中国冷链迎来了冷链物流3.0时代。冷链物流从资本起初的1.0阶段,经历了生鲜电商崛起2.0阶段,线上销售模式"解构"了线下服务模式,原产地/消费者直销兴起。2020年新冠肺炎疫情为全球经济带来了重创,促使消费者习惯发生改变,从B2C到C2B模式,冷链的崛起重构了价值链,实现了30分钟送货到家以及基于消费者个性需求的反向供应链。

近年来,国家不断加大对冷链物流行业的关注。自2011年以来,几乎每年的中央"一号文件"对冷链物流的基建均有提及,仅2020年国家层面出台的冷链相关政策、规划就超过56项。2021年《关于加快农产品仓储保鲜冷链设施建设的实施意见》(农市发〔2020〕)强调了冷链相关基建在国家"新基建"中的作用,提出要加强农产品仓储保鲜冷链物流设施建设工程、田头小型仓储保鲜冷链设施、产地低温直销配送中心及国家骨干冷链物流基地建设。在政策的大力推进下,冷链物流行业发展迅速,蕴藏着巨大的潜在价值。国家对于冷链物流行业的关注有助于打破当下冷链基建资源分布不均衡的困境,对于传统物流行业转型升级以及冷链物流商业模式的创新提供了积极的政策环境,然而我国冷链物流行业处于起步阶段,基于冷链物流商业模式理论不成熟、国家政策加持以及信息技术浪潮的推动作用的背景,我国农产品冷链产业链商业模式的发展呈现出以下问题:

1.冷链物流商业模式理论尚处于萌芽期

通过研究发现,目前国内外学者对于商业模式的研究尚处于起步阶段。有学者将商业模式提炼为5种类型,提出商业模式的九大构成要素分别是客户细分、价值主张、渠道通路、客户关系、收入来源、核心资源、关键业务、重要合作、成本结构[1]。有学者提出物流商业模式12大模式(黄刚,2014)[29],这些物流商业模式是基于物流行业发展历程而提出的,带有物流业每个阶段的特征,每个模式之间具有进化关系,每个阶段的商业模式没有具体模型支撑,但代表了不同时期物流发展水平和成果。

---

1 Alexander Osterwalder/Yves Pigneur.商业模式新生代[M].北京:机械工业出版社,2013.

有学者提出中外冷链物流模式差距大,美国的一体化模式、日本的直交所模式、荷兰的电商模式等交易效率高,中国冷链物流环节多、成本高(周海霞,2016)[30]。美国是企业主导的纵向一体化农业物流,农业合作社和大批发市场的搭配和协作乃是日本和中国台湾地区成功发展现代化农业物流体系的关键(黄宗智,2018)[31]。有学者针对生鲜农产品冷链物流提出农产品冷链流通模式有企业自营、第三方运营、批发市场和伙伴联盟四种模式(张琳,2017)[32]。基于大数据和供应链的冷链物流集成商的第四方物流模式。

综上来看,有关物流商业模式及农产品冷链物流商业模式的研究多基于宏观层面视角,分析以定性研究为主,缺乏对于各种模式的对比分析以及定量分析,特别是缺乏在O2O模式、平台型企业以及物联网背景下对于现代冷链物流商业模式发展及创新方面的探讨。

2.冷链物流行业商业模式呈现零散化布局

从企业规模来看,不同的冷链物流企业对于商业模式创新的需求和行为有所差异。现阶段,冷链物流行业小型企业居多,整个冷链供应链行业参与企业的资质参差不齐。一些规模较大的公司在准入性和合法性方面具有一定优势,但其多倾向于沿用现阶段较为稳定的商业模式,其商业模式转型创新相对缓慢;而小规模的物流企业尤其是白手起家的民营企业,在借助数字技术进行商业模式的探索过程中发挥着更加灵活和积极的作用,但其通常因受到资质和高冷藏设施及专业技术和成本的限制而发展受阻。

从地域分布来看,我国冷链物流产业布局呈分散化,整体的规模占比相对较小,同时行业的集中度与公路快运等相比差距非常大,精细化发展不足。冷链物流行业对于资本成本要求较高,同时还存在着地域间基础设施和资源分布不均,行业发展的精细化、网络化程度不够等问题,这极大地限制了冷链物流系统在整个社会体系之内发挥作用。因此,亟待建立从冷库网、冷藏运力网、冷链信息系统链接的三网融合系统。集中推动的规模化、网络化带来成本效率和服务的优势并形成不断强化的交易闭环、冷链生态圈。

4.1.4 冷链物流产业链商业模式发展趋势

1.农产品冷链物流商业模式呈现多样化发展

首先,根据黄刚等学者的研究成果来看,冷链物流商业模式理论基于商业模式理论、供应链理论、价值理论和创新理论,同时,冷链物流供应链管理学科又处于物流学科,互联网学科,物理、化学和管理类学科的交叉领域,故具有多维度和多视角的特点。因此在进行冷链物流商业模式的研究时,以互联网技术为手段,综合价值主张、销售渠道、市场定位、渠道通路、客户关系创新、收入来源、合作伙伴关系构建和成本结构优化等角度进行创新。

当前,我国冷链物流模式以被农产品批发市场控制最为常见,而且在未来发展的很长时期里,此种模式仍然占大多数。但随着我国对农超对接政策的推行以及农产品工业化的进一步发展,以大型连锁超市为主导的冷链物流等多样化模式的比例将不断提高。

2.信息化建设的加快为冷链物流商业模式的创新提供机遇

互联网技术作为我国现代社会科技发展的最新产物,在我国农产品冷链和物流业务推进过程中发展与应用具有灵活性和广泛性。通过互联网技术,用户端和农产品电商端实现了及时有效的匹配,一方面消费者异质化的需求得以满足,另一方面冷链仓储和配送的信息能够及时地推送和传递到用户手中,一定的程度上帮助企业实现了对冷链物流的信息收集和管理的公开透明。在云计算、大数据的推动作用下,农产品冷链全产业链各环节实现了物流信息化,基于电商平台,我国农产品冷链物流服务的库存管理质量和服务效率得以提升,商业模式的创新迎来了新的发展机遇。

3.平台企业的兴起为用户—冷链企业互动及商业模式的创新提供载体

近年来,随着平台中的技术在数量上的增加和国家相关部门的整合作用,一些比较先进的冷链技术得到了深入的研究,并在冷链物流企业货运和配送过程中得到迅速推广。数字化浪潮为冷链物流服务产业由"量"到"质"、由"分散"到"系统"的转型提供了较为可靠的信息平台和技术基础,催生了"互联网＋冷链物流"的商业模式。"互联网＋冷链物流"模式并非简单地将互联网物流信息技术与其传统的物流产业模式进行加和,而是通过利用数字要素创新性激发冷链物流产业商业模式和运行机制。

数字经济时代,冷链物流企业固定的商业经营模式已经无法满足消费者来源的多样化和需求的异质化,这样的背景下一批新兴的冷链物流服务平台应运而生,这些平台在实践中表现出网络化、集成化和载体化作用,在为客户提供多样化选择和个性化推送方面取得了重要突破。然而,一方面由于冷链物流平台的开发和推广仍处于起步阶段,消费者往往在优惠力度较大时选择买单,消费群体也集中在年轻群体当中;另一方面,从某种意义上来说,基于物流平台的冷链企业不再仅仅是冷链物流实体的信息"集成器",更需要在实践中整合客户价值,促进服务转型升级,以期通过商业模式的核聚式"裂变"提高现有的冷链物流企业和平台的建设和运营绩效,最终实现冷链物流生态系统的价值共创,提高冷链基础建设的集成化、信息化、智能化、自动化和无人化水平。

4.2 基于大数据现代冷链物流发展模式研究

4.2.1 农产品加工企业为核心的农产品冷链物流模式

农产品加工企业为核心的农产品冷链物流模式一般依托农产品生产基地,通过对农产品原料进行批量加工与处理,将加工好的农产品成品通过冷链物流运输途径销往全国各地如图4-1所示。其中,中小型农产品加工企业往往借助既有的批发商或连锁零售商网点完成对农产品的半成品化处理与销售。对于大型农产品加工企业来说,往往拥有自己的农产品冷链物流配送设施,使其经营范围上至原材料的供应与收集,下至成品的加工与销售,覆盖一个完整的农产品供应链上下游网络各节点,逐步形成"供销一体化的自营农产品冷链物流网络"。而大型农产品加工企业凭借其稳定运行的冷链物流网络体系,在农产品运输效率与质量、企业收益与社会成效上优于中小型企业。具有雄厚实力和管理经验的加工企业,基于专业化合作形成采购、运输、配送一体化的冷链物流网络。例如,双汇物流在冷链车辆温度管控方面实现在途温度可控、可视的数字化转型。双汇根据运输产品所需温度进行先行设定,并通过人工智能及安全管家的7×24小时服务,实时监测路况、分析司机驾驶行为,为冷链运输保驾护航,在降低事故率的同时为双汇节省100余万元的成本。在运力调度和管理方面,双汇物流实现了签约、运输、交付、结算等运单流程的数字化,通过系统在线进行车辆调度,对司机和车辆余缺状态一目了然。

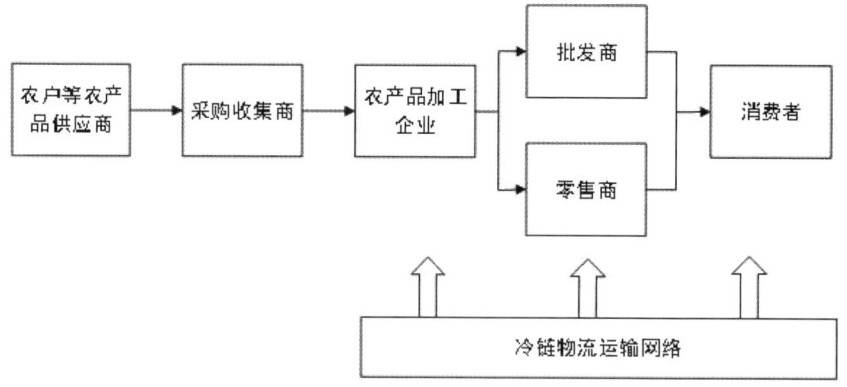

图4-1 农产品加工企业为核心的冷链物流模式

4.2.2 依托大型冷冻批发市场型农产品冷链物流模式

农产品批发市场是我国农产品流通的主要渠道,形成了以大型批发市场为核心的集农产品收购、储存、配送、批量销售于一体的冷链物流模式如图4-2所示。批发市场的出现,使得农产品冷链物流链条的上下游紧密联系在一起。一方面,消费者在批发市场上表现出的市场需求被直接反馈给上游的农产品供应商以及相关加工企业,使得批发市场的农产品可以更精准地直接面向消费者需求,从而减少货存、降低销售风险;另一方面,批发市场有能力对农产品冷链物流环节上的各个环节进行指挥与调度,确保农产品以更好的品质销售至买家手中,增加顾客满意度、占领市场份额。由于中国国情的特殊性,依托大型批发市场这种农产品冷链物流模式在很长一段时间都不会消亡。例如,武汉白沙洲冷链定位于"冷库+市场",形成涵盖农产品生产收购、存储加工、配送和提供市场信息服务等的一体化冷链物流运作模式,从时间、空间上形成较强的商业聚集效应,有效地缩短了营销供应渠道,节省了物流运输成本,也是当前冷链经营中收益较高的运营模式。

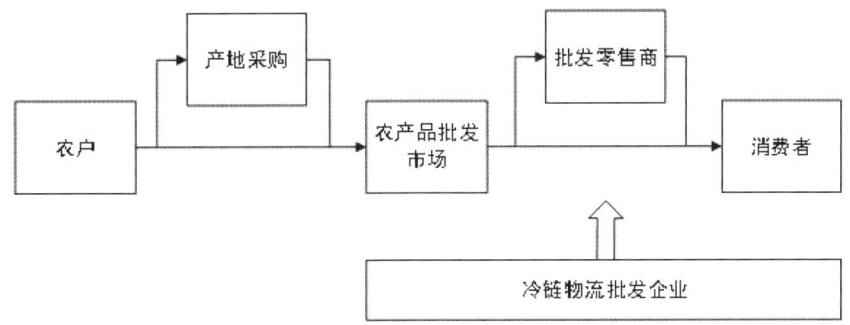

图4-2 依托大型冷冻批发市场型农产品冷链物流模式

4.2.3 以农民专业合作社为主导的农产品供应链模式

农民专业合作社由农民自发组成,代表农户的利益。当合作社位于上游时,它能为农户提供化肥种子等;中游则可以对生产活动及行为进行指导和质量监控;下游时,可以收购农产品。由于合作社是农户集体代表,有利于为生产者争取最大利益。例如,北京北菜园农产品产销专业合作社基于"合作社+公司+农户+基地"的运营模式,联合多地专业合作社协同发展,促使有机蔬菜产业实现了可观的规模效益和质量标准。对于从传统的种植合作社向以供应链管理、社会化服务为主的综合型合作社转型,促进合作社品牌化、产业化迈向新台阶方面具有重要意义。

4.2.4 大型连锁零售企业主导的农产品冷链物流模式

连锁零售企业主导的农产品冷链物流模式是指连锁零售企业自建农产品生产基地、加工工厂,或选择与第三方冷链物流企业开展合作,将农产品收集、加工处理后直接运送至自营的连锁销售店如图4-3所示。也可以绕过农产品供应链的中间经销商,达到生产者与消费者的即时对接,既提高了产品的品质、确保食品安全,又降低环节成本、获得竞争优势。这种小批量、多批次、多种类的城市生鲜农产品配送使得连锁零售企业为主导的农产品冷链物流模式要优于冷冻批发市场型农产品冷链物流模式,实现更有效利用国内零散化、碎片化的产品资源。在当前,越来越多的冷链物流企业已经建立针对超市农产品售卖的大型中转配送中心。永辉超市作为以生鲜品类为特色的商超品牌,在业态创新方面,通过引入多重餐厅结合的"超级物种"店和社区生鲜定位的"永辉MINI"店,持续提升生鲜品类优势抢占社区市场,试图实现"高效、家门口"的永辉。在市场细分方面,精准把握用户消费习惯,逐步构建了线下实体店、线上平台和智慧零售一体化的业务布局,凭借其配送中心信息系统,保证区域内的门店以及跨区域的配送,同时建设具有恒温制冷功能的冷链配送系统,通过自动打包器、自动测量仪、GPS 定位、电子锁等先进设备以及制冷设备的应用使生鲜损耗率降低至 4%～5%,在提升了配送效率与商品新鲜度的同时也保障了到家服务的品质。

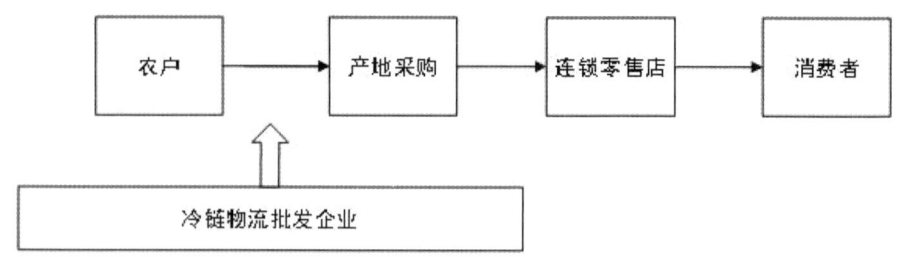

图 4-3 连锁零售节点为主导的农产品冷链物流模式

4.2.5 围绕第三方冷链物流企业形成的农产品冷链物流模式

第三方冷链物流服务企业(3PL)以合同为约束、以联盟为基础的合作,提供专业化、个性化、信息化的冷链物流代理服务,委托企业通过信息系统完成对冷链物流服务企业冷链物流运作过程的全程监督如图 4-4 所示。第三方冷链物流企业可提供冷链物流与信息服务两种职能:前者可依托物流企业自有的冷链物流运输设施、配送中心等与农产品冷链物流各环节协调并对接合作,后者主要提供冷链物流问题诊断与信息咨询服务,可设计全面系统的农产品冷链物流运作与管理方案。既有利于农产品冷冻冷藏生产经营企业集中企业实力做好主营业务并节约成本,又弥补了企业由于自身硬软件基础设施的欠缺,以及管理手段和技术等因素无法完成全部冷链物流活动的缺陷。

2016 年放开审批限制,符合标准的第三方物流准许进行医药配送运输。作为冷链物流业务中的高端场景,医药冷链物流利润率及稳定性高于普通物流。这也致使医疗物流领域不再是国资背景的国药物流、上药物流、华润医药独大,使得京东、顺丰、华人供应链等第三方物流也在冷链医疗领域崭露头角。顺丰医药在全国范围已落成 4 个 GSP 认证医药仓,规划中 4 个 GSP 医药仓,总仓储面积超过 75000 平方米,已开通运营 23 个专业医药集散点,36 条医药干线、484 个流向,覆盖全国 22 个省、超过 960 个区县。拥有自营 GSP 验证合格的医药冷藏车 236 台,并配备完善的物流信息系统以及自主研发的 PLSS 全程可视化监控平台。京东物流与国药控股北京华鸿有限公司签署合作协议,在仓储管理、配送服务等医药物流领域展开多层次、全方位的合作,共建一体化医药物流生态,提升医药供应链效率。京东物流在全国 7 个主要区域推进智能医药物流中心的建设,依托基础设施能力及一站式供应链服务系统,整合上下游资源,利用规模效应降低单位库存成本,通过大数据分析与需求预测,制订发货计划,完成库存优化、智能补货等供应链服务。

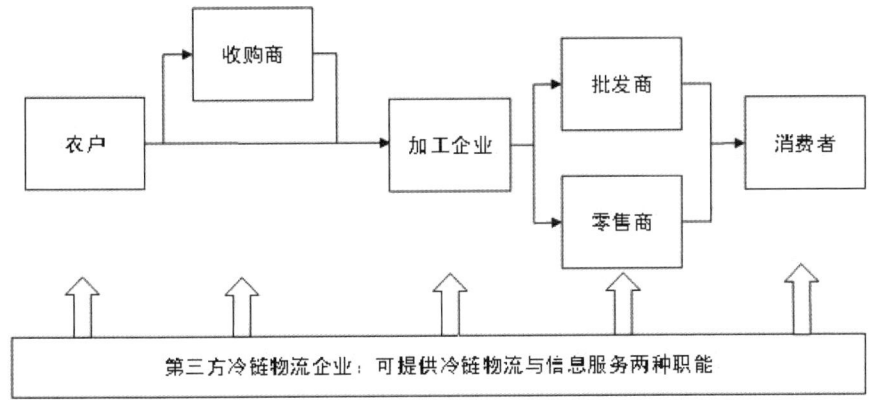

图 4-4 围绕第三方冷链物流企业形成的农产品冷链物流模式

4.2.6 平台型农产品冷链物流发展模式

冷链物流平台将冷链物流全要素、服务场景以及商业模式进行紧密结合,促使农产品冷链物流平台更加有效地整合农产品供应链。规范冷链平台企业有序发展,促进平台紧密合作,支持全国性综合水平的冷链平台企业发展。大力推广"互联网+车货匹配""互联网+装备租赁""冷库资源平台+运力池"等新模式的应用,支持冷链平台企业提供交易撮合、在线交易、车联网服务、保险金融等服务。

目前,国内出现了众多以电子商务和"公共云"平台为依托,整合国内冷链物流行业资源的冷链物流信息服务平台,成为现代化平台型农产品冷链发展模式的孵化器。农产品冷链物流信息服务平台的服务范围面向全国,以为"物流三源"(车源、货源、库源)提供包含农产品交易机会、冷链物流在线支付、冷链供应链金融、冷链保险服务、冷链行情指数发布等服务在内的综合冷链物流交易一体化的服务平台如图 4-5 所示。从顾客下单开始,经过承运方调度、转运、配送,平台通过整合物流各节点资源,优化交易方式和支付方式、创新商业模式,从而实现高效链接农产品供应链上下游各节点及冷链物流作业监控与可视化的物流链云平台,为解决农产品冷链物流环节信息不对称和诚信缺失两大瓶颈和难题提供了新的思路。通过提供一站式、个性化、多元型的经营与服务,从而加快农产品冷链物流行业网络化的进程,促进现代化冷链物流的发展。

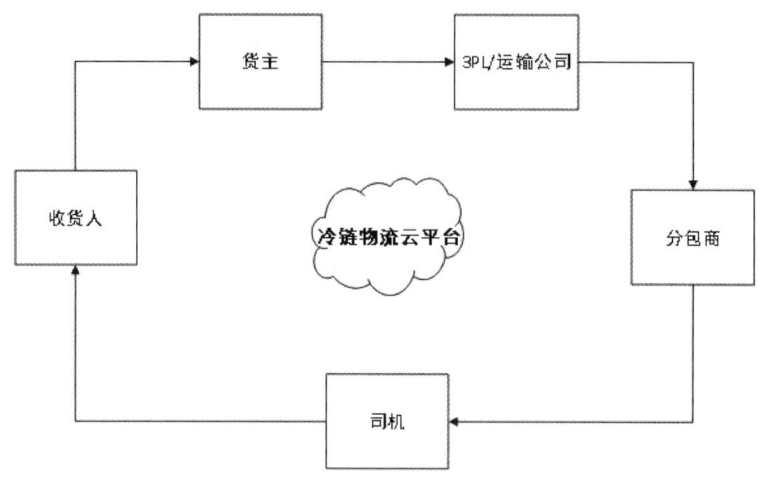

图4－5 冷链物流云平台

4.2.7 租赁型农产品冷链物流发展模式

在市场需求推动下,我国对冷库、冷藏车等冷链设施装备需求越来越大,出现了众多从事农产品冷链租赁服务的物流公司,租赁型农产品冷链物流模式也应运而生如图4－6所示。一方面,众多专业经营农产品客户管理、押金管理、保证金管理、收费及成本管理等租赁业务的冷链物流公司出现了不断向集信息咨询、物流服务、仓储配送、全程运输、电子商务结算为一体的现代化智能冷链物流信息系统;另一方面,部分从事冷库、冷藏车等冷链设备租赁业务的企业开始尝试与社会性专业物流企业结成联盟,并有效利用第三方物流企业,实现农产品冷链物流业务的对接与合作,从而建立起科学的、固定化的现代农产品冷链物流管理和运作体系。随着企业与客户建立起的合作关系趋向稳固,以及通过对生产商自有冷链资源、社会资源和自身资源的不断整合,一大批国内优秀的农产品冷链物流品牌迅速崛起,逐渐成为现代租赁型农产品冷链物流模式中的翘楚。

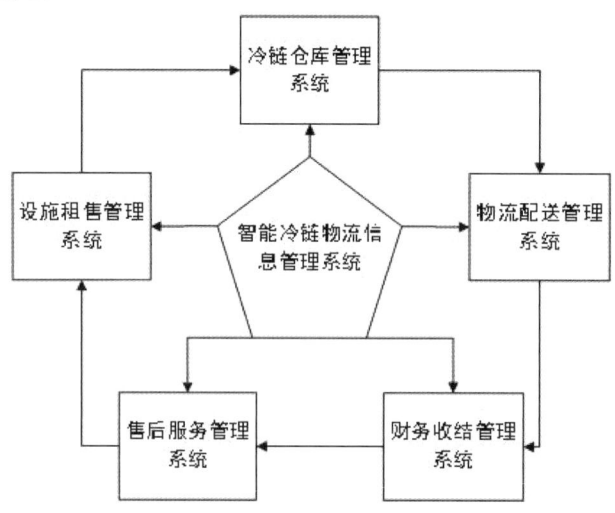

图4－6 租赁型农产品冷链物流发展模式

4.2.8 中央厨房型农产品冷链物流发展模式

中央厨房用冷藏车实行统一采购和配送,打造中央厨房为核心的精益化供应链管理体系如图4—7所示。规模化的中央厨房通过一致化采购、生产、配送等环节进行产业链细分并获得集聚效益。通过兼并、整合冷链物流中小企业以及联合上下游优质供应商和渠道商合作,形成有影响力、有实力的大企业,打造中央厨房为核心的精益化供应链管理体系。采用中央厨房型农产品冷链物流发展模式打造各个小区内部的社区厨房,只要消费者在网上下单,就可以直接在社区厨房中取货。既解决了农产品冷链运输过程的全链条问题,从而保证蔬菜品质,又减少了农产品配送的中间环节,在时间和空间上更具灵活性。

以呷哺呷哺为例,为确保新鲜蔬菜的单日供应量,呷哺呷哺与多家农业合作社及签约农户展开合作,实现稳定蔬菜和牛羊肉供给。呷哺呷哺通过分层次建立仓库,从上到下依次是"全国总仓(中央厨房)—区域分仓—运转中心"的网络架构。供应商按照订货及物流计划,将货品保质、保量、准时送到全国总仓(中央厨房);中央厨房内部进行收货、验货、搬运作业,随后区分直接分拣配送、待加工、入库存储和不合格需清退的货物并分别送往不同功能区进行存储、加工、退货等作业;收到订单后进行分拣、拣选、配货、检检、发货,交给第三方物流公司配送到分仓或转运中心,再送到门店。原料供应、加工、存储、配送等作业环节都处于规定的温层,以保证商品质量。

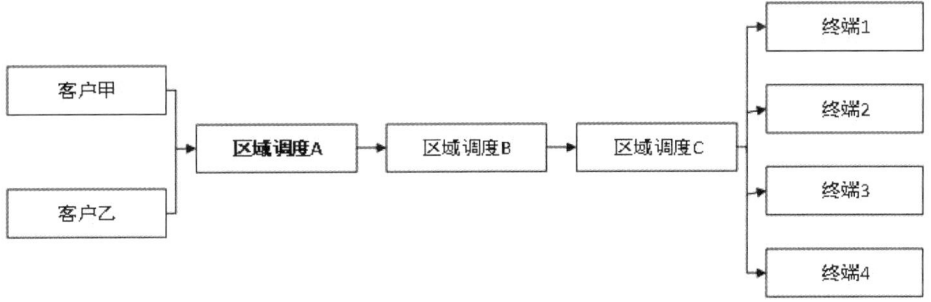

图4—7 中央厨房型农产品冷链物流发展模式

4.3 农产品冷链物流发展模式的新趋势

农产品现代物流体系建设将带来物流全要素、全流程、全场景的重构。新型运输车从专业转型专注于数字化、网络化、智能化的车辆制造。新冷库从基础建设冷媒选型转变为资源整合与运营。新平台整合产品、冷库、冷藏运输车辆等资源,进而构建数字经济时代"互联网+"冷链物流创新模式。

4.3.1 无人化模式

从整个物流线的仓储调配到最终端的配送,全面启用智能化设备,从无人仓、无人机到无人车,为用户提供更高效、流畅的商流物流信息流。无人机作为智慧物流的重要代表,用于物流领域主要是为了解决农村地区的物流运输特别是农产品运输问题,扩大物流覆盖领域。与传统的陆路运输相比,无人机航线直线距离相对更近,也打破道路条件限制,节省了更多时间、人力,降低了物流成本。以科技实力消除偏远地区的物流盲区,让更低成本、更高效率的空中物流网成为缩小城乡差距的最直接推动力。例如,京东末端级、支线级和干线级"三级无人机"体系应用于配送高附加值产品和京东生鲜,配送全过程采用京东无人机标准物流箱,实现了有人机至无人机的无缝转运,大大节约了中转时间,出色完成"最后一公里"配送工作。值得一提的是,在无人机新科技的应用下,无人机空中点对点配送模式促使贫困偏远地区物流成本高这一难题有望得到解决,将提高配送效率和降低物流成本和人力成本。

4.3.2 物流大数据整合模式

从采购开始,变革三流顺序,首先完成信息处理或大数据分析,由信息带动物流,待商流发生后,物流已经到达末端,大幅度提升时效性,整个流程三流高度融合。加快完善冷链物流基础设施、业务流程和质量监控体系的数字化提升,打造具有行业特色三位一体的冷链物流数字化工程。基于数字化平台服务思想,整合冷链物流资源,与工业互联网、农业互联网、消费互联网深度对接,实现全业务链、产业链的高效数字化运作。积极依托智能化数字平台技术整合中小冷链企业资源,深度应用工业互联网、物联网、人工智能、5G等新技术,全面实现冷链物流所涉及的"采、供、存、配"等全业务要素的数字化运行。依托冷链物流数字化基础平台,构建及数据中心、金融中心和信息中心等在内的综合型业务系统,实现冷链服务产品从采购、收货、检测、包装、分拣、物流配送到消费终端的全链条信息数字化可视化。依托数字化工程提升冷链追溯系统能力,扩大冷链物流产品监控和追溯覆盖范围,实现冷链全程的数字化、可视化、可控制、可追溯。以伊利股份为例,其通过大数据整合冷链资源,通过高标准冷链物流为酸奶保鲜。为了将新鲜的酸奶及奶制品以最快速度送达消费者手中,伊利股份利用大数据整合手段,配合酸奶冷链物流生产运作系统,使酸奶从生产加工到销售终端全过程控制在24小时之内。伊利公司从生产车间、冷库、发货平台一应俱全,大型冷库车与"舱门"无缝对接。冷库车运达发货口过程使用高弹力、无记忆海绵门封设备,实现车仓和发货口无缝对接,使酸奶仓储运输保证2~6℃的全程低温。同时伊利打通了酸奶生产、物流、销售各个环节的数据共享,销售商下达订单后,生产车间经过10小时的收奶、备料、生产、冷冻后将新鲜的奶制品送达冷库车,力求在24小时内送往全国各地的商超货架。以定销定产的流通模式,既保证没有酸奶货品售卖的滞留,也保证消费者拿到手的奶制品的鲜活度。

4.3.3 冷链到门的仓配一体化

由单一的仓、配,向业务多元化发展,从干线延伸至神经末端配送,不断向前端延伸,过渡到真正的云仓,最终实现所有数据和物流资源的共用共享。建设"产地仓+冷链专线"模式进一步打通贫困地区农产品运输通道,有助于实现农产品品控与物流成本双赢的局面。电商企业或者物流企业可以在有条件的贫困地区建设产地仓,农业合作社等生产商就近送货入仓。直接把物流系统接到产地仓,意味着消费者的订单可以直接下发到产地仓库,由产地直接打包成包裹随着冷链车送往全国各地,既保证了原产地鲜果原汁原味的品质,又满足了消费者对新鲜口感的需求。而且使农产品物流集约化、规模化,通过企业具备的运输资源,实现从产地仓向分拨中心、转运中心的多频次、小批量的连续补货,优化备货结构,提升现货率,缩短订货前置期,降低双方物流成本,提升紧急订单处理能力。整合顺丰、圆通、淘宝菜鸟物流等第三方物流,并鼓励物流企业与农村公路客运站加强合作,推动高铁、机场的生鲜农产品便捷通道建设。整合生鲜仓储中心、物流配送中心等,形成实体门店围绕消费者进行资源配置,鼓励新零售企业构建前置仓,完善末端配送网络,拉近物流与消费者之间的距离,保证商品可以做到极速送达、预约送货。以仓配一体化供应链为核心的京东物流,以通过提供快递运输、整车及零担运输、最后一公里配送、仓储及其他增值服务(如上门安装和售后服务)的一体化服务解决方案满足客户碎片化、多元化需求。通过专业化的一体化供应链物流服务帮助企业预测订单,生鲜由于品类的特殊性,它需要更好的冷链物流专业化能力以及基础设施,最大限度缩短源产地与终端客户间的距离,缩减转运次数。有机构测算,预计2025年中国一体化供应链物流服务行业的市场规模将增至3.2万亿元,同时这一市场高度分散且服务水平严重不足,这就为以京东物流为代表的一体化供应链冷链物流服务商带来了巨大机遇。

4.3.4 新鲜直供模式

越过中间环节,产地直接供终端。形成一个实体门店来直接围绕消费者进行资源配置,用最便利的场景来服务消费者,这样拉近了物流与消费者之间的距离,既可以保证商品极速送达,又可以预约送货。同时,新的实体门店让货大量时间都是在路上,大大降低库存与仓储成本,提高了供应链的效率。商品还可以根据消费者的需要个性化地呈现在他们面前,消费者的满意程度大大提高。家家悦的供应链模式以"新鲜直采"为特色,其通过持续整合商品供应资源,并不断上溯源头,与200多家合作社、厂家建立战略合作,实现"新鲜直采""农超对接"的经营模式。基于此,家家悦已经建立了全球化统一直采、集中生产加工、物流统一配送的供应链模式,生鲜直采比例超过80%,生鲜产品深加工能力强,仓储物流设施完善,与国内外厂商建立厂家直供模式,直接对接各供应商也使得家家悦对于货源的把控能力更强、保障了生鲜的鲜活度和安全性,越过层次批发商,削减众多中间环节,降低了生鲜的损耗率,优化了流通环节,形成了强大的成本优势。

4.3.5 跨境全链条运营模式

建设海外仓集货或直采,延伸前端冷链运作能力。通过跨境平台管理,境内外链条对接。对接国家"一带一路"倡议,支持有实力的冷链企业构建跨区域冷链物流网络,积极开展国际冷链物流合作,提升冷链物流企业的国际竞争力。中国冻肉进口大户崂山新协航,在冷链产业互联网的带动下,快人一步打造了国内首个跨境冷链物流一站式智能服务平台"全球优鲜"。依托航空、铁路等大型交通枢纽,使巴西牛肉、新西兰羊肉、越南巴沙鱼等全球各地的进口生鲜食品走向国内消费者的餐桌。2020年至今,平台已为超过410家国外供应商、近500家国内采购商提供了专业化的冷链物流服务,平台进口的肉类、海鲜类冻品货值超过150亿元弥补了国内供应不足,满足居民消费升级的需求。"全球优鲜"打通了海外供应商到国内终端客户的全产业链条,实现了跨境物流可追踪、货源可追溯、数据变资产,提供集进口、航运、报关、仓储、物流、分销、金融等为一体的全链条服务,创新性地构建了协同发展的跨境冷链全产业生态圈,引领中国跨境冷链物流走向数字化。

4.3.6 共享冷链物流模式

物流是共享经济的典型代表领域,共享冷链物流模式是指通过共享冷链物流资源从而实现冷链物流资源的优化配置,提高冷链物流系统效率,降低冷链物流成本,推动冷链物流系统性变革的一种物流模式。通过智慧云仓链接冷库资源,无车承运人整合冷藏运力,最后作用于共享和优化的共同配送。注重冷链设施数字化发展,坚持线下流程再造与线上技术开发协同并进。根据冷链物流设施和冷链运输的特点,以区块链技术作为支撑,引进成熟的区块链技术作为底层技术,对冷链设施数字化体系进行设计,创新建设"冷链"数字化驾驶舱,为推进冷链设施数字化改造夯实基础,为实现中国物流高质量发展变革提供支撑。在互联网、物联网、云计算等新兴信息技术的带动作用下,云仓资源模式作为共享物流创新的典型代表,通过建立云仓系统打通了仓库设施网络节点的互联互通,据此面向用户开放云仓资源,实现实时仓储资源共享。以菜鸟云仓为例,菜鸟基于冷链物流大数据平台的定位,通过平台整合冷链物流资源,提供农产品冷链物流服务。菜鸟搭建的数据平台,以大数据为能源,以云计算为引擎,以仓储为节点,编织一张开放共享的全球化智慧冷链物流网络,为天猫和淘宝各商家提供共享冷链设施资源。在全国范围内有11个中心仓阿里易果旗下的冷链物流安鲜达,专门对接各种B端的冷链配送,在10大城市有11个冷链物流基地。

4.3.7 "多业态融合"模式

冷链物流行业贯通一、二、三产业,始终贯穿于原料供应商到终端消费者的供应链中。"多业态融合"模式是指企业围绕冷链的平台与基础服务能力,多元化发展。通过融合各种业态,推进冷链物流中农产品流通、咨询设计、供给链等生产性服务的融合发展,实现提质增效的同时,发展农村服务业,促进城乡服务业协同发展,提升产业集群持续性创新发展能力和竞争力。北京市平谷首都食材共配中心是平谷马坊国家骨干冷链物流基地的支撑项目,主要为多家餐饮企业提供贮藏、保鲜、包装和运销等服务,是大型餐饮企业的"保鲜库"。项目建成后可实现年蔬菜周转能力3万吨,年配送能力5万吨。将在现有口岸、冷库、普库基础上,将建设食材共配中心、动态储备中心、农产品研发推广中心,为食品、农产品经营企业提供通关、仓储、加工、销售、配送及供应链金融全链条服务,建设"仓栋配+金融+口岸"一站式服务平台。

4.4 冷链物流产业链商业模式构建

4.4.1 农产品冷链产业链商业模式价值主张角度

农产品冷链物流价值主张是冷链物流企业通过将农户或农村合作社生产出的生鲜农产品传递到末端消费者手中,从而实现价值的创造,体现了冷链物流产业链的核心竞争力。冷链物流企业的价值主张主要是使生鲜农产品在生产、加工、运输、储存、包装等物流运作环节中始终保持可控的最佳低温环境,实现向目标消费群体提供生鲜农产品配送服务的及时性和有效性。这主要得益于互联网技术,数据管理层将海量产品信息存储在公共共享云平台,并运用互联网技术实时跟踪,完成农产品冷链物流信息的可视化处理。消费者可以从应用系统及手机端APP全程获取农产品冷链物流信息,打造无缝化消费体验,以最大限度满足消费者对生鲜农产品的个性化需求。同时通过消费者的"评"来促进冷链物流企业服务体系的"建",进而形成差异化优势。

4.4.2 农产品冷链产业链商业模式价值关键业务角度

农产品冷链物流各商业模式的关键业务是以消费者需求为中心,协调农产品冷链产业链中各利益主体之间的关系,打造信息共享、合作共赢及运行高效的生鲜产品流通机制,实现产业链上、中、下游一体化发展,构建利益共同体,最终实现整体利益最大化。"互联网+"背景下,农产品的关键业务包括农产品生产、加工、运输、储存、包装、配送服务,以及网络化系统的开发、平台的运营、商品的放置、库存管理、客户关系管理等,涉及农副产品主要包括肉类、果蔬、乳制品、水产和冷品,冷链物流企业需要以保证这些生鲜产品的品质与质量安全为核心,从关键业务入手,实现生鲜农产品在产业链运输过程中减少耗损、降低成本的目的。

4.4.3 农产品冷链产业链商业模式核心资源角度

农产品物流商业模式的核心资源是大数据技术、物联网技术、低温处理及冷藏技术的融合能力,其中以绿色智能为核心的现代技术,如生鲜保质减损技术、冷链物流技术、智能感知标签、物流微环境参数调控等,有效解决了农产品运输中的损耗问题。运用大数据等现代信息处理技术进行冷链物流信息可视化、全维度分析,将海量冷链物流数据转化为运营信息,通过基础资源层凭借物联网技术进行冷链物流资源汇聚,物理架构层依托数据库技术等软硬件将分散的数据交换资源集成并构建总调度信息管理平台,并通过可视化技术使农产品冷链物流信息透明化。

4.4.4 农产品冷链产业链商业模式合作伙伴角度

农产品冷链物流企业的重要伙伴包括产业链上游的农户、农村合作社,中游的加工生产商、平台中介以及下游的批发商、零售商、餐饮店、消费者等。上游环节进行产品机械化种植（养殖）生产，中游以工业化的理念和方法进行加工，冷链物流企业将生鲜农产品配送至下游批发商、零售商、电商平台、餐饮店、消费者手中。冷链物流企业上、中、下游的重要合作伙伴基于智慧化平台系统上开展种植（养殖）、加工、包装、低温处理、仓储、物流、销售、等多方面深度合作，促进农产品产业链的无缝对接，为顾客提供方便、放心的购买体验，最终实现多方共赢。

4.4.5 农产品冷链产业链商业模式成本构成角度

冷链物流因运输需要低温冷藏的特殊要求，其成本高于普通的常温物流运输。目前来看，预冷环节缺失、经营分散、运输网络落后、缺乏有效的信息管理是我国冷链成本较高的主要原因。由于生鲜易腐农产品的货物流通特性，产地冷库的建设较销地冷库的建设存在的问题更为严重，基础设备短板更明显。在普通物流之外，冷链企业还需要考虑农户或农业合作社企业的成本结构差异，以及因物流服务质量不同而产生的货损、货差乃至经营效率等综合成本。我国常温利润率是为10%，冷链利润率为8%，而发达国家冷链的利润率为20%～30%。未来如何做到控制成本，降低商品损耗率是各企业需要思考的问题，相信这将伴着冷链物流的长期发展逐步得到解决。没有"最先一公里"就不会有"最后一公里"，而预冷作为一种预贮处理方式，是农产品低温冷链贮藏运输必不可少的环节。它在"最先一公里"中扮演着关键角色，又受到农产品产地市场和产地预冷库建设的影响。从整个农产品冷链物流产业链条来看最突出的成本问题体现在中下游的冷链仓储、保存和流通环节。冷库建设成本高、冷藏车等冷链设备的投入大，且冷链技术要求较高，如此一来，物流成本就大大增加了。此外，一旦生鲜农产品的损耗率提高，对于生鲜电商企业而言，又是难以承受之重。

4.4.6 农产品冷链产业链商业模式客户关系角度

冷链物流企业提供全方位、统一化和智能化的客户关系管理（Customer Relationship Management，CRM）服务对于协调公司与顾客在产品和服务上的交互作用、增加顾客黏性具有重要意义，包括客户资源管理和服务水平、提升客户冷链信息跟踪、促进客户参与末端配送等。在农产品电子交易平台的最后一公里末端配送，联合平台中小型物流企业、社区便民店、连锁超市等作为节点共同搭建社区冰箱、城市冰柜等用户自提"个人微库"。客户通过微信或手机APP下单购买生鲜食品后，商家会将生鲜食品配送到"个人微库"的冷柜中，相当于商家直接把生鲜食品送到业主自己的冰箱里。"个人微库"应业主居家生活、物流公司冷链运输困境、商家客户群定位不清晰等需求而生，有效解决了商家、物流公司、业主之间信息不对称的问题。

4.4.7 农产品冷链产业链商业模式渠道通路角度

渠道通路是冷链物流企业通过实现服务将其价值主张传递给消费者的方式，其设计包括广度、长度、深度。冷链物流企业通过电商平台融合客户资源、农产品供应商、渠道网络、物流配送和售后服务等多方面开展农产品产业链的环节服务，可以有效提升冷链物流企业绩效，实现农产品鲜活配送率。生鲜农产品自生产加工之前其自身相关信息便会被RFID读写器、温湿度传感器记录仪等进行详细信息记录与采集。加工出库装车完成后，车上所载产品的单品或者整体包装的电子标签整合至叉车的车载RFID电子标签，完成信息的整合并上传入政府监控与追溯系统。冷链运输、存储过程中,传感器实时感应车内、库内温湿度以及光照环境,根据共享云平台中的历史数据进行分析,以此调整车内农产品的最佳存储、运送环境。同时,车载终端通过移动通信系统与公司的服务器建立联系,互换数据,物流公司或者车队管理者可以直接访问 GPS 以及其他若干实时数据,方便承运人和托运人对货品运输情况的时时跟进,方便追查相关责任,并且在第一时间对冷链车做出相关指示,降低损失。

4.4.8 农产品冷链产业链商业模式客户细化角度

在互联网时代,通过大数据分析,企业全面掌握客户信息,深层了解客户需求并对他们进行具体细分。冷链物流企业的客户群大致可以分为物流基地、大型企业、批发市场、零售商和消费者个体。冷链物流企业可以根据客户规模、个性化需求、地区等基本信息对客户进行分类,以便为其提供契合的个性化服务奠定基础。例如,终端客户是消费者个人还是生鲜农产品零售商、餐饮行业等?他们的冷链配送规模或需求怎样?如终端消费者个人可能更注重生鲜物流配送的及时性和农产品的新鲜安全以及性价比,零售商和餐饮企业可能更注重生鲜农产品的规模效应、农产品的安全性等。

4.4.9 农产品冷链产业链商业模式收入来源角度

在中国冷链物流行业的价值链条方面,中游行业由运输环节(包括干线运输和配送)、仓储环节(包括仓储和装卸)以及其他环节(包装、分拣、贴标等增值服务)构成,其中运输环节所产生的价值最高,约占整个产业价值的 40%。在运输环节多有大型冷链企业依托专业的冷库和设备实现多来源创收;一些大型冷链物流企业通过发展多种商业模式的集成化,大大提高了物理资源和信息化资源的利用率,增加了利润的来源;在末端配送环节,智能化、自动化和无人化的搭建社区冰箱、城市冰柜的使用,也为冷链企业吸纳了更多消费群体,拓宽了收入来源。同时借助大数据技术引入第三方付费机制,使产品和服务的价格更低甚至免费,拓宽了销售渠道,提升了冷链农产品销量。多样的支付方式也使企业资金进账速度提升,大幅度减少了农产品企业所需要资金的时间成本。满足冷链产品安全和物流服务质量的前提下,冷链企业通过降低成本、提高仓储周转率、探索共同配送模式、提高冷链运营管理水平以及利用先进的信息技术构建城市冷链物流配送网络体系的手段,实现企业盈利的快速释放。

4.5 冷链物流商业模式的发展建议

4.5.1 创新冷链物流服务平台的商业模式

新的冷链物流商业模式在其盈利方式及其价值观上已经提出了不同的要求和新的观点,也确立了对冷链物流企业发展的正确价值观取向,在一定的程度上已经可以为冷链物流用户和企业提供更为先进的物流服务感受。随着移动互联网的不断普及和快速发展,冷链物流的企业必须要创新其自身的供应链和经营管理模式,这样才能够保证在市场上谋求快速的发展。随着新型商业模式下冷链物流的平台和商业模式的进一步构建和不断完善,将会在一定的程度上避免冷链物流服务产品功能的同一性和产品的相似性,严禁相互模仿的现象。只有真正成熟、完善的冷链物流产品服务模式才能够在冷链物流市场上平稳地得到长期的快速发展。因此,冷链物流的企业在设计和创建冷链物流平台的时候必须要更加地注重对创新物流产品功能的设计和实现,根据实际市场和具体用户的兴趣和实际的需求,创造更稳定的客户服务类型。

4.5.2 采用服务全覆盖的策略拓宽服务覆盖范围

所谓的覆盖拓展战略,主要是指现有的冷链物流服务企业在其经营和管理的实际过程当中,通过对自身技术和产品的开发和创新,获得其相关的社会经济效益,同时为其相关的用户提供其竞争对手的产品,从而有效地转移其注意力,扩大冷链物流市场的覆盖范围。在其构建有效的冷链物流服务平台以及拓展冷链物流服务的进行过程当中,企业可以通过低价为其用户提供完全免费的服务,逐渐吸引其他用户的关注,实现冷链物流服务覆盖范围的扩大和拓展。由此可以很清楚地看出,有效运用的覆盖拓展策略不仅可以体现在其价格竞争的进行过程当中,还可以体现在其主要物流服务产品所直接产生的一系列冷链物流衍生服务产品和一系列衍生服务当中。通过对现有冷链物流企业和平台价值数据分析信息的有效收集以及进行分析和综合利用,可以在一定的程度上收集和挖掘出冷链物流服务企业的有效产品和相关的价值数据信息,从而达到改善和提高现有冷链物流的经营管理效率和服务质量的目的,以满足不同用户的实际物流服务需求。

4.5.3 以客户的不同需求为切入点创新服务产品

为了促进和实现传统企业当中的冷链运输物流和服务平台的健康可持续发展,冷链物流平台企业和客户应当转变其管理模式,根据企业和客户的实际情况和具体需求,深入地分析和解答客户对于冷链运输和物流的困惑,利用其自身的优势准确、有效地找到企业和客户的切入点,具体开展一系列有针对性的物流产品冷链运输管理服务和改革创新。在企业利用现代化的冷链物流和服务平台企业进行物流产品设计的实际过程当中,应该根据企业和客户的具体需求和有效的切入点,解决企业和客户在传统的企业使用冷链物流的过程当中可能会遇到的一系列困难和相关问题,在企业和客户还没有实现实际的需求之前推出其最新的冷链物流服务和产品,以此来引导更多的消费者通过这种服务方式进行购买。

4.5.4 整合社会资源,实现众包协作

近年来,我国的冷链物流企业与物流服务平台之间的竞争日趋激烈,但冷链物流平台之间的激烈竞争最终并不是以物流公司破产为其竞争的最终目的。不同的物流平台之间通过技术交流等方式开展合作,以实现共同的和谐发展。为了更好地实现更加高效的服务,冷链物流服务平台不仅要充分地依靠平台当中相关硬件资源的帮助和支持,而且还需要通过进行众包平台合作,在较短的一段时间内进一步形成较为高效的物流服务规模和品牌效应,打破其自身所处的困境,有效地整合和分析社会的可用资源,实现不同企业之间的互利合作与共赢。

4.5.5 快速建立扁平化组织结构

为了能够全面地提高扁平化的冷链物流系统和平台的性能和响应速度,企业和用户之间应该尽快地构建一个扁平化的冷链物流组织和结构。具体来说,冷链物流系统和平台的运营商和用户应积极地采用先进的互联网信息技术和先进的现代冷链物流信息系统管理技术,改变互联网的思维和模式。从一定程度意义上来讲,冷链物流系统和平台的建设运营商应当尽快地采用一个扁平化的冷链物流组织和结构,明确其发展的具体方向,不断创新和完善资源整合物流业务的这一模式,不断地探索和完善各种优化物流服务项目。目前,为了能够更好地、准确地满足企业和社会经济发展的实际物流服务需要和满足用户的各种不同的个性化物流服务需求,一些优秀的企业冷链物流系统和平台在短短的几年内就开发和推出了数款不同的冷链物流软件,并对其进行不断的升级以及进行系统优化操作。这样一来,他们能够保证在技术上与时俱进,能够充分地提高企业和用户之间对冷链物流平台的熟悉度。

第五章 冷链物流产业链集中度研究

产业链集中度是针对特定产业而言的集中度,是最能反映一个行业市场结构和产业竞争力的指标,通过对冷链物流产业链的集中度的研究,可以较快地了解冷链行业的全貌。

近年来,我国的经济水平快速提高,人们的生活观念和消费观念也不断发生转变,需求从以往的追求数量化和单一化,转向质量化和多元化。同时随着技术的不断创新升级,信息传播速度的广泛,政府对物流、食物和人们生活方方面面的高度重视,商业模式的多样化繁荣发展,食品安全事故及疫苗事件的发生,冷链在其中扮演着极其重要的角色。冷链物流作为食品新鲜安全的保障和疫苗药品的防护罩在其中发挥着不可估量的作用,冷链物流开始被越来越多的人知道、了解并关注。

5.1 冷链设施设备的集中度

冷链物流涵盖了冷冻加工、冷藏贮藏、冷链运输和冷链销售全过程。冷链行业的繁荣与备受关注会带动冷库、冷藏运输车和速冻设备等冷链设施设备的发展。冷链物流的主要设施设备包括冷库或低温物流中心、生鲜食品加工中心、冷场运输车、超市陈列柜等。而在冷链物流产业链的所有环节中,冷库是最为核心的设备,其投资也是在冷链设备建设的占比中最高的。

5.1.1 冷链设施设备概念

冷链设施设备和技术是冷链物流产业链的基础,贯穿于冷链物流生产加工、仓储、运输配送、终端销售等各个环节的始终。冷链物流的设施设备主要是制冷材料和设施设备供应环节。制冷材料主要是指制造制冷设备所需的原材料。制冷设备主要是指在工厂组装的、由一个或多个间室组成的、具有一定容积和结构、使用自然对流或强制对流、消耗一种或多种能量以获取冷量的隔热箱体。

冷链设施设备按照在流通环节的位置可划分为生产、流通和销售设备三类。生产环节和销售环节主要应用的多为冷库和仓储设备。在流通中主要应用的为各类冷藏车。从最初的研发制冷材料——保温材料、制冷剂,到制冷设备的制造与建设——制冷压缩机、冷藏车、冷藏集装箱、冷冻冷藏库、冷库设备、速冻设备等都是冷链设施设备的组成部分。

5.1.2 冷链的制冷材料——制冷剂

冷库用于降温的制冷剂主要为氨和氟利昂(招商证券,2020)[33],除此之外,随着技术的发展和对环境保护的要求,二氧化碳作为新型环保制冷剂也逐渐应用于冷库的降温中。氨系统一般应用于大型制冷系统(万吨级),采用集中式制冷,设有专门的机房。但由于液氨是具有强烈刺激性气味的无色液体,且具有腐蚀性、容易挥发,化学事故发生率较高,存在较大的安全风险,一旦冷库发生液氨泄漏,将会引起严重的人员伤亡和财产损失。2011年8月,河北省佳绿农产品公司,液氨制冷管道发生爆裂液氨泄漏,造成4人死亡,4人受伤。2013年8月,上海翁牌冷藏实业有限公司,发生氨泄漏事故,造成15人死亡,7人重伤,18人轻伤。事故引起广泛关注,加之近年来新闻传播速度之快、影响之广,发展的重点多集中于提高安全性与降低充注量方面。

氟利昂是用于制冷的主要材料。但由于其排放的气体会对臭氧层和大气环境变暖造成不利影响,面对日渐严峻的环境问题,使用率已逐渐下降。面对时代对环境保护提出的要求,随着技术的不断提升,二氧化碳成为制冷系统制冷剂的替代品的首选。二氧化碳具有高密度和低黏度的特性,流动损失小、传热效果好,并且有着费用低、易获取和稳定性好的优势,最重要的是二氧化碳无毒、不可燃。二氧化碳应用于冷库制冷中,可以与已有的氨与氟利昂分别结合,组成"二氧化碳+氨"和"二氧化碳+氟利昂",可以实现降低充注量、提高安全性、降低环境污染的环保要求。

依据中物联冷链委的数据,目前从制冷剂的比例上看(如图5-1所示),液氨制冷系统占比为69.4%;氟利昂制冷系统占比为29.7%;二氧化碳制冷系统占比极少,仅占0.9%。现今各国保护臭氧、保护环境已经成为一种国际责任。二氧化碳制冷系统逐渐成为一种趋势,在各种老旧冷库的改建中,二氧化碳制冷系统将成为考虑的首选。

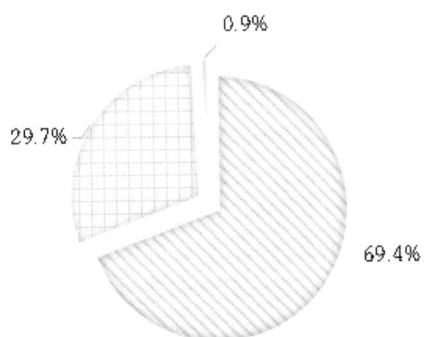

图5-1 制冷剂应用情况
资料来源:中物联冷链委。

5.1.3 制冷系统的心脏——压缩机

压缩机是制冷系统的重要一部分,堪比人体的心脏,影响着整个系统的安全性、可靠性和节能性。压缩机主要有三种分类方法,按照结构划分,可分为转子式、涡旋式、活塞式、螺杆式和离心式;按照电机的密封形式划分,可分为开启式、封闭式和半封闭式;按照应用领域划分,可分为商用制冷压缩机和工业制冷压缩机。

制冷市场上最常用的几种压缩机设备,分别为活塞压缩机、涡旋式压缩机和螺杆式压缩机(如表5-1所示)。

表5-1 压缩机的主要分类及部分品牌

类型	主要应用冷库类型	生产厂家
氨工质压缩机		
螺杆式压缩机	5000吨以上冷库	大冷、烟冷、约克、格拉索、前川
半封闭活塞式压缩机	5000吨以上冷库	大冷、烟冷、约克
氟压缩机		
螺杆式压缩机	5000吨以上冷库	比泽尔、莱富康、开利、汉中、复盛、神户制钢、前川
半封闭活塞式压缩机	2000吨以下冷库及超市制冷系统	比泽尔、莱富康、开利、松下、谷轮
全封闭活塞式压缩机	小型冷冻及便利店	泰康、丹弗斯、美优乐
涡旋式压缩机	小型冷冻及便利店	松下、谷轮
氟压缩机组		
螺杆式并联机组	3000吨以上冷库	科利德、西克、松下、开利、神州、开山、京科伦
活塞式并联机组	2000吨以下冷库及超市制冷系统	科利德、西克、松下、开利、神州、开山、京科伦
小型全封闭冷凝机组	小型冷冻及便利店	组装厂家小型分散
涡旋式压缩机组	小型冷冻及便利店	谷轮、松下、压缩机厂家OEM产品

资料来源:中物联冷链委、招商证券研究报告

其中活塞式压缩机竞争激烈。我国压缩机技术源自对活塞式压缩机的研究,相对来说,各类企业对活塞式压缩机的技术都十分了解,竞争日趋白热化。随着压缩机供给量的增加,很多企业转战门槛不高的活塞领域,大大小小的压缩机厂家层出不穷,产品质量参差不齐,价格战的趋势明显,利润空间也开始不断缩小。主要的生产企业市场占比如表5-2所示。

表 5-2 重点生产企业市场占比

重点企业	企业市场占比%
比泽尔	48
浙江大明	
沃克	
艾默生/谷轮	
雪鹰	19
松下	
京威	
京创企鹅	
雪梅	12
都凌	
富士豪	
莱富康	
其他	21

资料来源:招商证券研究报告

近年来,螺杆式压缩机面临涡旋式压缩机和离心式压缩机的双重挤压,螺杆式压缩机的匹数向着小匹数方向发展,应用范围不断扩大,侵蚀了大部分活塞式压缩机的市场。但由于螺杆式压缩机价格较高,在许多小型应用中活塞式压缩机仍有着较大的市场空间。主要的生产企业市场占比如表5-3所示。

表 5-3 主要的生产企业市场占比

主要企业	企业市场占比%
比泽尔	77
汉中精机	
复盛	
神钢	23
前川	
莱富康	
其他	

资料来源:招商证券研究报告

5.1.4 冷链设备最重要的基础设施——冷库

在冷链物流的基础冷链设备的建设中,主要包含冷库和冷藏车两个部分。其中冷库的建设是冷链物流的起点,是整个物流环节中的重要节点(前瞻产业研究院,2020)[34]。

1.冷链基础设施设备不断完善

早在20世纪50年代,我国开始建造冷冻、冷藏库等设施设备。近年来,在互联网消费的推动下,随着配送方式的升级下,生鲜电商迅速发展,在中央政治局会议提出实施城乡冷链物流基础设施补短板工程、把发展冷链物流提升到同乡村振兴、精准扶贫、产业升级等息息相关层面的政策导向后,我国冷链基础设施建设加速推进,推动了冷库的需求持续走高。

以冷库为例(如图5-2所示),数据显示,在2015—2019年,我国冷库总量逐年上升。从2016年的全国冷库总量约4200万吨,到2019年的全国冷库总量约6053万吨,2018—2019年仅一年的时间新增库容就达815万吨。然而,纵然冷库容量增长迅速,但相较于巨大的冷链运输需求仍然存在较大的增长空间。

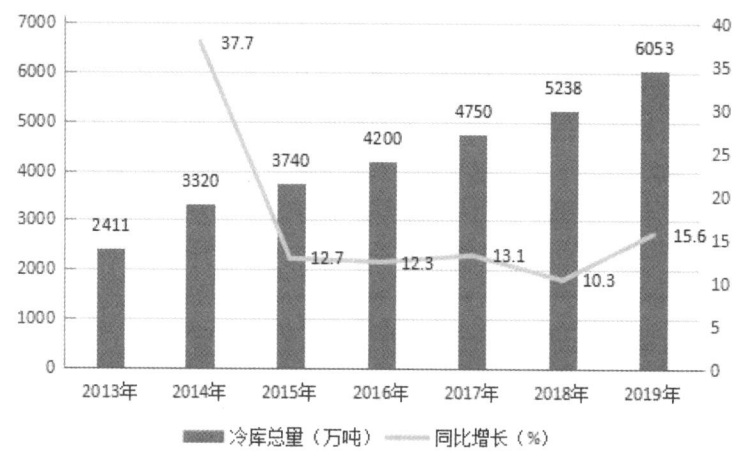

图5-2 2013—2019年全国冷库总量增长情况

资料来源:中物联冷链委。

2.区域分布不均匀

我国的冷库库容区域分布不均匀,差异化比较明显。如图5-3所示,多数集中在华东地区,2019年华东地区冷库容量达1898万吨,占全国总容量的36%,相比于华南地区的545万吨、华北地区的629万吨和华中地区的723万吨高出了3倍左右,相比于东北地区的419万吨、西南地区的509万吨和西北地区的472万吨,高出了4倍左右。因为华东地区靠海,经济较为发达,人民生活水平较高,相对需求量较大,对带动当地的冷链基础设施的建设作用是相当显著的。华东地区的市场基本饱和,冷库设施数量的集中表明华东地区是未来需依托冷库发展的重要场所与焦点。东北地区由于自身天气环境、地理位置的限制,对行业发展相对不利。西北、西南等地区冷库市场缺口较大,是行业发展的重点区域。

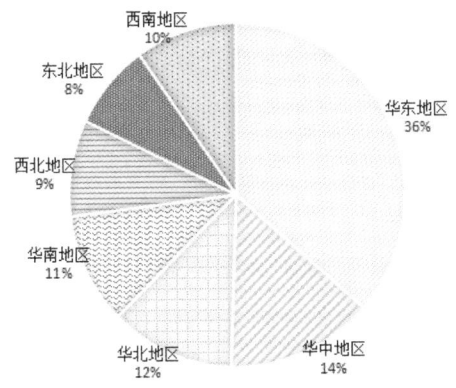

图 5－3 2019 年中国冷库容量分布
资料来源：中物联冷链委。

3.基础设备有待提升

从冷库的仓储结构上看（如图 5－4 所示），我国的冷库多为平库和楼库为主，分别占比 47.29% 和 46.52%，坡道库极少仅占比 6.19%。据调查，现存的冷库大部分是早期的批发市场、国有企业建设，冷链物流设施存在规模小、存量设施占比低、结构不合理、库内的自动化水平低等问题。冷库设施功能较为单一，不能满足多样化、个性化、精准化的市场需求。现有的冷库设施在冷链作业过程中温控设备使用率不高，预冷、仓储、配送等环节冷链设施水平不一致，上下游协同效率低，导致冷链存在"断链"的危险。

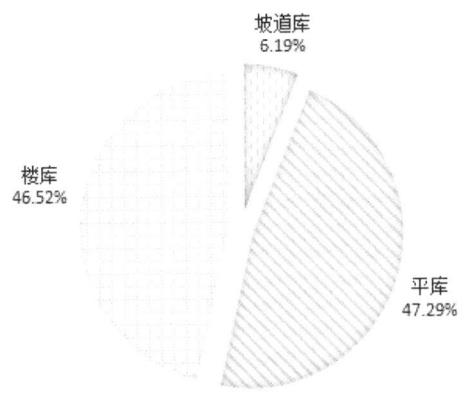

图 5－4 冷库结构情况
资料来源：中物联冷链委。

4.国内外现状对比

冷库在整个冷链物流节中，属于重要的节点。冷库按照使用目的可分为两类：一类是交易型，位于农贸市场基地；另一类是周转型，如第三方仓储、配送中心等。我国冷库产业虽在近年来取得了巨大的进步，基础设施在不断地完善，但与发达国家还是有着一定的差距（前瞻产业研究院，2020）[35]。

单从人均冷库方面来说，我国仍比较落后。从人均冷库容量维度上看（如图 5－5 所示），我国的冷库总量虽然与发达国家美国相近,但我国人均冷库拥有量很低,人均拥有量只占美国的1/4。与国外发达国家相比,我国人均冷库拥有量仅为1个单位。日本冷库总量约为3300万立方米,人均冷库拥有量是我国的3倍,德国人均冷库拥有量是我国的2.5倍,法国是我国的2倍,荷兰是我国的1.5倍,冷库需求仍待满足,有着较大的上升空间。

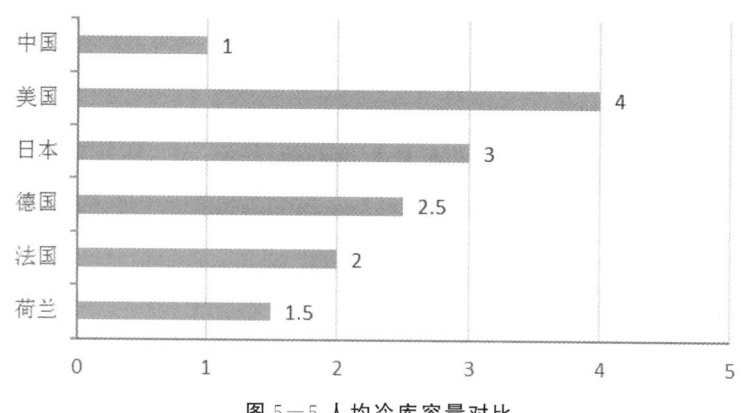

图5-5 人均冷库容量对比

资料来源:中物联冷链委。

5.1.5 冷藏车的集中度

近年来,随着我国经济的持续稳定发展,居民生活水平的逐步提升,电子商务行业的发展以不可忽视之态势席卷而来,其中新鲜果蔬、乳制品、水产品等产品都需要冷链物流来保证其产品质量,这带动了我国冷链物流市场的快速发展。而冷藏车作为其核心运输装备,市场发展态势良好(方红燕,门峰,2020)[36]。

1.冷藏车概述

冷藏车,是用来运输冷冻或保鲜货物的封闭式厢式运输车。广义上讲,它是专用车市场中的一个细分市场,用于专门运输易腐货物的汽车,是公路冷藏运输的主要工具。常用于运输冷冻食品、奶制品、新鲜的蔬菜水果、疫苗药品等。

冷藏车的分类可以按照功能、车型容量以及制冷方式进行不同维度的划分。按照功能来划分,冷藏车可以分为保温车、冷藏车、保鲜车以及专门用于运输医药的医药运输车等;按照车型容量来划分,冷藏车可以划分为轻型冷藏车、重型冷藏车、中型冷藏车和微型冷藏车。其中轻型冷藏车是我国近些年来销量最高的冷藏车车型,市场占比超过65%;按照制冷方式来划分,冷藏车可以分为机械冷藏汽车、冷冻板冷藏汽车、液氮冷藏汽车、干冰冷藏汽车、冰冷冷藏汽车等,在这其中机械冷藏车最为常见。

冷藏车作为冷链运输的专用工具,相比于其他专用车,冷藏车行业具有技术门槛较低、社会需求大、行业内企业分化明显、受无序低价竞争影响大等诸多特点。其中行业内企业分化比较明显,主要表现为低端企业通过改装二手产品以低价进入市场,造成无序的低价竞争,给正规企业带来了较大的冲击,导致市场混乱。

2.冷藏车现状

在冷链物流的基础冷链设备的建设中,主要包含冷库和冷藏车两个部分。如果说冷库的建设是其中冷链物流的起点,是在整个物流环节中的重要节点。那么作为冷链基础设施之一的冷藏车,则是链接各个节点的线,冷链的运输配送处处都离不开冷藏车的身影。

(1)保有量逐年上涨

冷藏车作为冷链物流的核心运输设备之一,随着发展,近些年来一直保持着增长的态势。中物联冷链委统计数据显示如图5-6所示,2013-2020年,我国冷藏车保有量平均保持着近20%以上的增速。近7年间,有5年冷藏车保有量的增速超过20%,最高一年增速达到了28.6%。2020年,我国冷藏车保有量约261000辆,较2019年,增长了46300辆,增速达到了21.6%,预计在未来一段时间内仍有一定增长潜力。

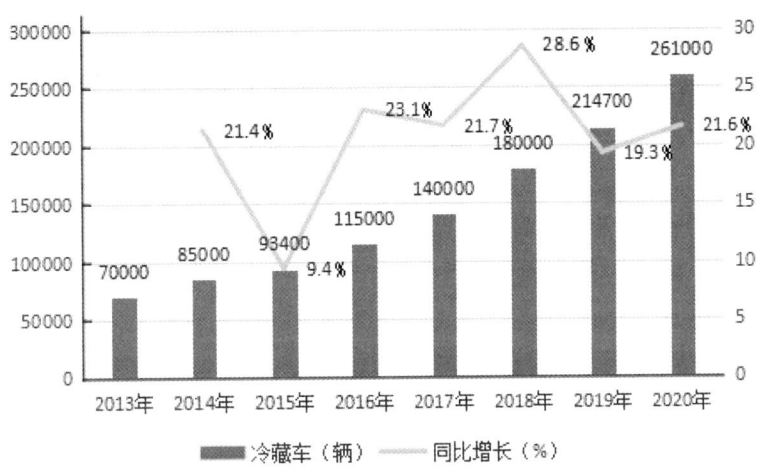

图5-6 2013-2020年我国冷藏车保有量及增速

资料来源:中物联冷链委。

(2)区域增幅有差异

近年来,随着食品冷链、生鲜电商、医药冷链的蓬勃发展,国家对新能源车辆的宣传推广和多省市猪瘟的暴发,多部门出台政策禁止活猪跨省运输,改为白条肉运输,促使冷藏车市场需求快速增长。

如图5-7所示,2015-2020年我国冷藏车市场销量呈增长趋势,且增幅较大,平均增幅达到23.84%。在2017年,冷藏车市场销量更是达到42.40%的增长。2020年我国冷藏车销量为5.62万辆,同比增长16.6%。

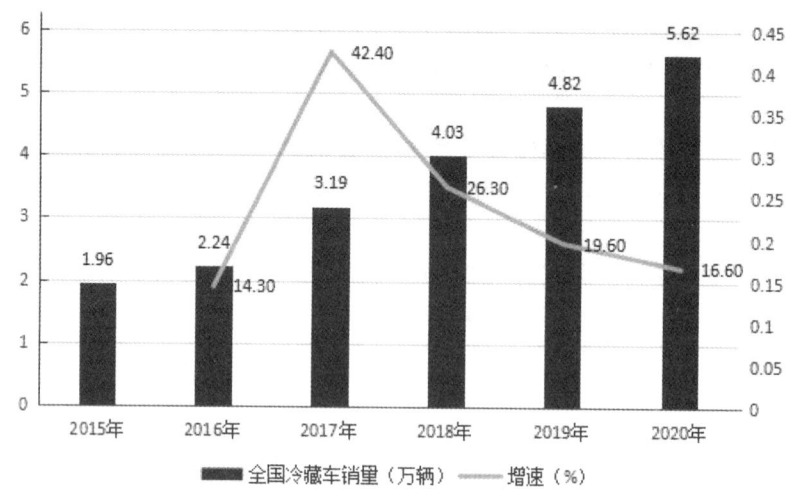

图 5-7 2015—2020 年全国冷藏车销量及增长情况

资料来源:中物联冷链委。

其中,2019 年我国冷藏车市场增长量为 4.82 万辆。从区域分布来看,华东地区冷藏车增长量最高,仅华东地区的增量就占冷藏车市场全部增长的 31.90%。其次是华南、华北、华中地区,增长量占比基本接近,东北地区增长量占比较 2018 年的 8% 有所提升,提升近 3 个百分点。西北、西南地区增长量较少,较 2018 年相比,西南地区下降 0.9%,西北地区上升了 1.4% (如图 5-8 所示)。可见冷藏车增长量受到经济发展不平衡的影响以及区域气候差异的影响。

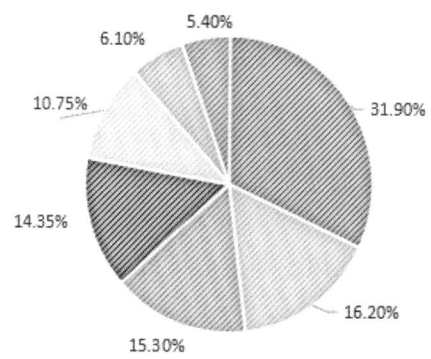

图 5-8 2019 年中国冷藏车市场增幅区域分布

资料来源:中物联冷链委。

(3) 轻型冷藏车备受喜爱

从不同车型容量变化来看,冷藏车市场销量以轻型为主。在 2020 年冷藏车销量结构中(如表 5-4、图 5-9、图 5-10 所示),轻型冷藏车销量最多 38488 辆,占总销量的 68.5%,近七成,超过一半比重,但与 2019 年冷藏车销量占比相比下降了 0.6 个百分点。其次是重型冷藏车销量 13148 辆,占总销量的 23.4%,与 2019 年占比相比增加 0.1 个百分点。中型冷藏车销量 3933 辆,占总销量的 7.0%,与 2019 年占比相比下降了 0.6 个百分点。微型冷藏车销量 618 辆,占总销量的 1.1%,与 2019 年占比相比增加 1.1 个百分点,是占比同比增加最大的细分车型。总结对比来看,轻型冷藏车销量最多,一家独大,相比上一年同比占比呈下降趋势。重型冷藏车占比较小,但也处于增长阶段。虽然微型冷藏车占比最小,但同比占比却是增幅最多的。

究其原因分析,冷链物流日益呈现出订单碎片化的趋势,消费者要求订单配送的及时性等需求方式的改变,导致跨区域冷链零担运量和末端市内配送需求量增加,直接影响了冷藏车不同车型的需求变化。轻型冷藏车成为城市冷链配送的主力,同时,地摊经济的兴起也促进了微型冷藏车销量的增长。

表5-4 2020年中国冷藏车按车型分类

	重型	中型	轻型	微型
2020年销量(辆)	13148	3933	38488	618
2020年占比	23.4	7.0	68.5	1.1
2019年同期占比(%)	23.3	7.6	69.1	0
2020年占比同比增减	0.1	-0.6	-0.6	1.1

资料来源:中物联冷链委。

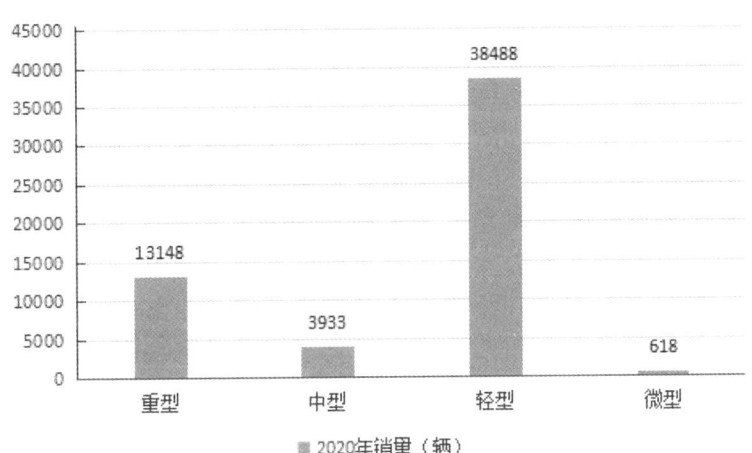

图5-9 2020年按车型冷藏车销量

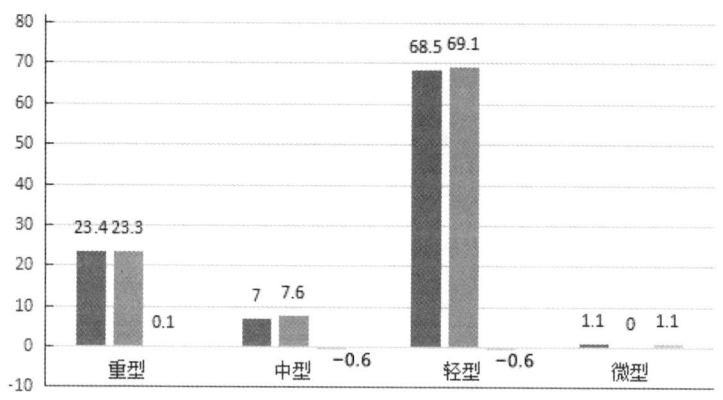

图 5-10 2019 年与 2020 年销量占比对比

资料来源：中物联冷链委。

(4) 竞争格局发生变化

从市场格局来看，近年来，我国冷藏车市场发展迅速并开始向成熟阶段迈进，有不少企业纷纷加入其中，除了传统冷藏车企业之外，还包括一部分商用车厂商。具体来看，目前我国冷藏车企业主要包括：北汽福田汽车、一汽集团、江淮汽车、东风商用车、福田戴姆勒、中国重汽集团济南商用车、湖北程力专用车、东风汽车股份、江铃特专、上汽大通等，前 10 家累计市场占有率高达 87%，相比 2019 年的 84.39%，同比增加了 2.6 个百分点，市场集中度进一步提高，市场垄断程度进一步增加。其中北汽福田独占鳌头，拥有占比超四成的市场份额，牢牢占据着我国冷藏车行业的领头地位，且同 2019 年市场份额相比增加了 1.3 个百分点，霸主地位更加稳固。一汽集团占有 11.1% 的市场份额，同 2019 年市场份额相比增加了 0.6 个百分点，位居第二，但与第一名的北汽福田汽车占比相差较大，相差了 32.5 个百分点。江淮汽车占有 9.21% 的市场份额，同 2019 年市场份额相比增加了 0.31 个百分点，位居第三，相比于第二名的一汽集团少了 1.89 个百分点，相比于第一名的北汽福田汽车少了 34.39 个百分点（如表 5-5 所示）。可以看出，我国冷藏车市场集中度较高。

表 5-5 2019 年与 2020 年我国冷藏车企业销量及市场份额对比

排名	冷藏车企业	2020 年市场份额（%）	2020 年销量（辆）	2019 年市场份额（%）	占比同比增减（%）
1	北汽福田汽车	43.6	24498	42.3	1.3
2	一汽集团	11.1	6237	10.5	0.6
3	江淮汽车	9.21	5175	8.9	0.31
4	东风商用车	7.30	4102	7.2	0.1
5	福田戴姆勒	3.76	2113	3.7	0.06
6	中国重汽集团济南商用车	3.45	1938	3.5	-0.05

续表

排名	冷藏车企业	2020年市场份额(%)	2020年销量(辆)	2019年市场份额(%)	占比同比增减(%)
7	湖北程力专用车	2.34	1315	2.3	0.04
8	东风汽车股份	2.29	1287	2.39	−0.1
9	江铃特专	1.99	1118	2.1	−0.11
10	上汽大通	1.96	1101	1.5	0.46
	合计	87	48884	84.39	2.61

资料来源：中物联冷链委。

(5)国内外现状对比

冷链物流的运输方式有海、陆、空三种。陆地运输是冷链运输的中坚力量。从冷链运输结构分析，中国公路冷藏运输比重为25%、铁路冷藏运输为55%，船运约为20%，相比于欧美发达国家的公路冷藏运输占冷藏运输总量比重60%~80%有着较大差距。

随着基础设施的不断建设与完善，全国各地公路运输网络的联结变得越来越紧密。公路运输凭借其门到门直达目的地、起运快、装卸方便和手续简单的优势，成为各类运输方式之首。伴随着小批量、多批次、多品种的消费者需求，冷链公路运输以强劲的势头快速发展。重型车成为长途冷藏保温运输的主要工具，小型冷藏保温车也作为短途易腐食品的主要运输工具逐渐兴盛。

据中物联冷链委统计，截至2018年底，全国冷藏车保有量为18万台，较上年增长4万台，同比增长28.6%，连续5年增速维持在20%以上。虽然发展环境与发展速度良好，但人均水平与发达国家相比仍相差甚远。就冷藏车千人拥有量来看，美国冷藏车保有量约58万辆，对应千人保有量约1.76辆；日本冷藏车保有量约25万辆，对应千人保有量约2.00辆；而我国冷藏车保有量对应千人拥有量仅0.13辆(如图5-11所示)。

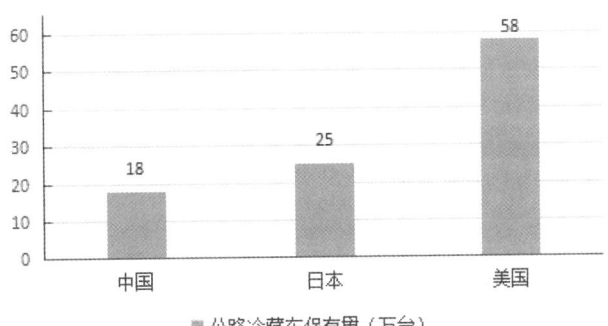

图5-11 2018年中国与发达国家公路冷藏车保有量对比
资料来源：中物联冷链委。

从此数据来看，我国的冷链设施是与发达国家有着较大差距的。这也对我国在冷链运输损失率方面有着较大的影响。目前，欧洲、美国及日本等发达国家的易腐食品冷链运输率已超过90%，冷链流通率为95%~98%，肉类接近100%。而我国的综合冷链流通率只有19%，除水产品冷链流通率41%较高外，肉类的流通率不足发达国家的二分之一，果蔬的流通率仅为22%(如表5-6所示)。

表 5-6 中国与发达国家冷链流通率比较

国家	果蔬	肉类	水产品
发达国家平均水平	95%	100%	95%
中国	22%	34%	41%

资料来源：中物联冷链委。

除此之外，欧洲、美国及日本等发达国家的冷链的损耗率仅为 5%，冷链占总成本比重较低，有着可观的利润。而我国冷链的损耗率为 25%，是发达国家的 5 倍，冷链占总成本的比重高，利润很少，相比于发达国家而言利润相差了 2～3 倍，与发达国家有着较大的差距（如表5-7 所示）。

表 5-7 2019 年中国与发达国家冷链水平对比

国家	常温利润率	损耗率	冷链成本占总成本比重	冷链利润率
发达国家	45%	5%	30%	20%～30%
中国	10%	25%	70%	8%

资料来源：中物联冷链委。

现今，我国很大一部分生鲜农产品仍在常温下流通，部分产品在仓储环节采用预冷的低温处理，但在运输、配送、销售等环节断链现象频发，全程冷链的比率低。生鲜农产品冷链的流通率低，从而导致生鲜农产品的损耗巨大。据估计，每年产后损耗马铃薯约 1600 万吨，水果约 3000 万吨，蔬菜约 2.06 亿吨。如果水果每吨按 6000 元计算，马铃薯和蔬菜每吨按 4000 元计算，折合经济损失约 5920 亿元。按目前单产水平推算，相当于全国生鲜产品每年有 1.23 亿亩耕地及投入和产出被损失掉了。

5.1.6 冷藏冷冻柜的集中度

1.冷柜的概念

冷柜，是冰箱、冷藏柜的另一种称呼。根据不同的属性，可以有不同的分类，按照产品的功能划分可分为冷藏柜、冷冻柜和冷冻冷藏柜；按照制冷形式划分，可分为风冷式、直冷式、风直冷混合制冷式；按照产品样式划分，可分为立式柜、岛柜、子母柜和卧式柜多种样式。商用冷柜是冷柜的一部分，是市场经济的产物。商用冷柜是指商超、冷饮店、冻货店、酒店餐馆等商业经营渠道专卖用于储存冰淇淋、饮料、乳品、速冻食品、食品材料等的冷藏或冷冻冰柜。商用冷柜具有很强的专业性，不仅需要有专业的存储温度的需求，同时对展示性也有着较强的要求。展示性好的冷柜可以有效促进经营者的销售，有利于企业产品的显示和企业形象的宣传。

2.冷柜的现状

（1）市场规模不断扩大，产销趋于平衡

随着近些年，人们的经济生活水平不断上升，对产品质量的青睐推动着冷柜产业不断进步。随着冷链市场规模的扩大，客户需求的提高，双向带动下冷柜等储存市场规模不断扩大。据数据显示（如图 5-12、图 5-13 所示），我国冷柜产销趋于平衡发展，产销率为 100.09%；2020 年我国冷柜产量为 3716.7 万台，同比增长 36.72%；我国冷柜销量为 3720 万台，同比增长 39.74%。

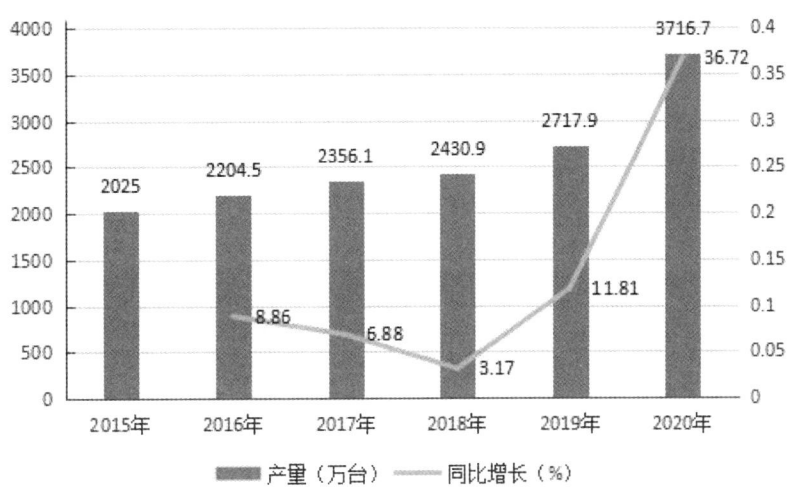

图 5—12 2015—2020 年我国冷柜产量及增速
资料来源：公开资料整理。

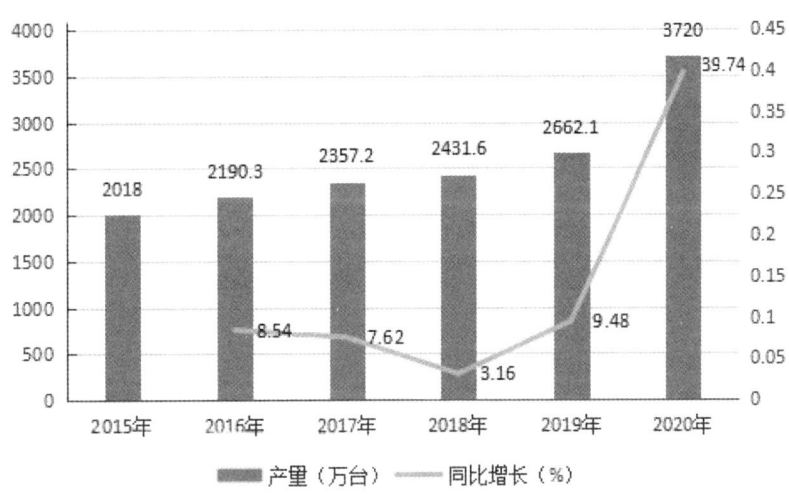

图 5—13 冷柜的销量及增速
资料来源：公开资料整理。

据《2019 年中国冷链设备行业分析报告》与《中国冷链物流行业市场前瞻与投资战略规划分析报告》可知，我国商用展示柜市场规模在 120 亿元左右、冷藏车市场规模 65 亿元左右、冷库制冷机组 55 亿元左右、速冻设备 30 亿元左右、全球冷藏集装箱规模 60 亿元左右（如图 5—14 所示）。

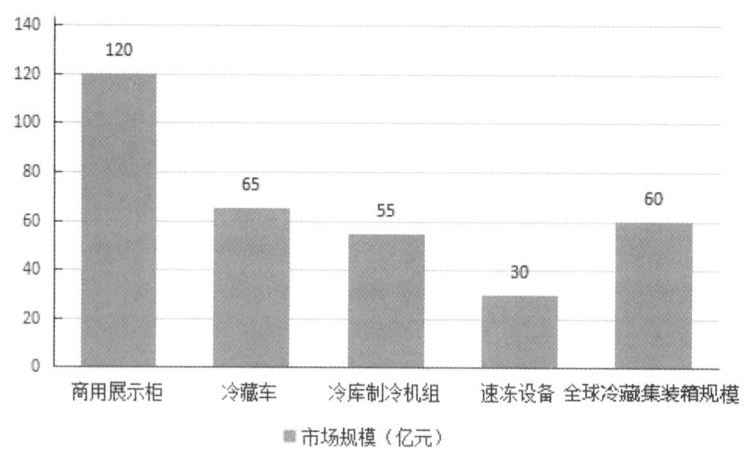

图 5-14 中国商用展示柜市场规模

资料来源：国金证券研究所。

(2) 业务向商用市场转移

伴随冰箱在家庭中的标配普及,2018 年城镇及农村家庭中冰箱的百户保有量分别达到 100.92 台和 95.87 台(国金证券研究院,2019.)[37]。据中国家用电器协会测算,行业保有量已接近饱和,进入存量主导的更新换代时期。家庭低温存储完备下冷柜的家用需求不强,同时在冷链持续推进兴起下,冷柜向商用市场进行转移,商用冷柜在冷柜市场中的占比持续增加。如图 5-15 所示。

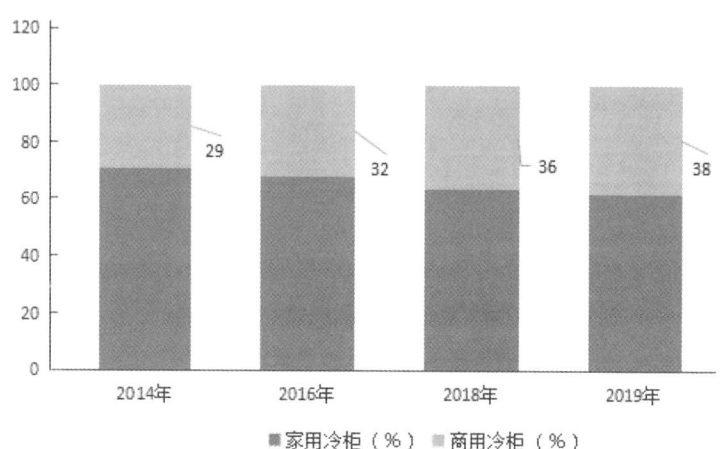

图 5-15 2014—2019 年冷柜市场中商用占比

资料来源：产业在线。

数据显示,2014—2019 年商用冷柜占冷柜市场比例提升了 7% 至 38%。伴随市场需求重心的转移,商用型将进一步增强。

(3) 冷柜厂商头部效应越来越明显

2018 年,冷柜行业的品牌集中度持续提升,头部效应越来越明显。长期专注于研发创新、品牌打造、不断引领潮流的龙头企业,依托在市场中不断沉淀的综合优势实现份额的持续提升,二、三线品牌因为受到成本压力上升、竞争压力加剧的影响,市场份额出现下滑(申港证券

第五章 冷链物流产业链集中度研究

研究所,2020)[38]。国内商用冷柜企业主要有海容冷链、青岛澳柯玛、青岛海尔、星星冷链等。企业大致分为两类,即家电转型企业和专营冷链企业,前者以海尔、澳柯玛和海信家电为代表,后者则以海容冷链、松下冷链、凯雪冷链、星星冷链等为代表,两者各有基础(如表5-8所示)。

表5-8 商用展示柜市场国内企业竞争格局

主要公司	直接公司	公司简介
海尔智家	青岛海尔特种电冰柜有限公司	为海尔智家控股子公司,主营冷藏柜、冷冻柜、厨房冰箱、冰淇淋柜、蛋糕柜等
澳柯玛	青岛澳柯玛商用电器有限公司	为澳柯玛的全资子公司,主要产品包括卧式冷冻展示柜系列、冰船系列、立式冷冻展示柜系列、岛系列、商超便利展示柜系列、立式双层冷藏展示柜系列、立式冷藏展示柜系列
海信家电	青岛海信商用冷链股份有限公司	为海信(山东)冰箱有限公司的控股子公司,海信家电的孙公司。经营范围包括商用冷冻冷藏展示柜、商超陈列柜、冷冻冷藏柜等商用冷链设备的研发和销售
海容冷链	青岛海容商用冷链股份有限公司	主要产品为商用冷冻展示柜、商用冷藏展示柜、商超展示柜等,目前为国内商用冷冻展示柜龙头
凯雪冷链	郑州凯雪冷链股份有限公司	2014年在新三板挂牌,主要产品包括商用展示柜、冷藏车制冷机组、客车空调等系列产品,同时经营制冷设备辅件及汽车零部件
大冷股份	松下冷链(大连)有限公司	日本三洋电机、大冷股份为公司股东,主要产品包括超市陈列柜、商用厨房冷冻冷藏设备、便利店设备、冷库风机设备、饮品展示设备、医疗用冷冻冷藏设备等
星星冷链	浙江星星冷链集成股份有限公司	成立于2010年9月,主要产品包括家用冰箱系列、酒柜系列、冷柜系列

资料来源:申港证券研究所。

其中,在商用冷柜市场上不可忽视的企业是海尔,海尔冷柜全国总销量、国内市场零售量和出口量连续稳居行业榜首,国内市场份额50%以上。重点生产企业市场占比如表5-9所示。

表5-9 重点生产企业市场占比分析

重点企业	企业市场占比	企业优势
海尔开利	78%	大型工程成套能力强、技术理解能力强、售货服务有保证
松下冷链		
海立中野	22%	区域优势、技术储备充足、人员灵活
二商福岛		
其他		

资料来源:招商证券。

5.2 冷链物流企业的集中度

随着居民收入水平的稳步增长、消费水平的不断提高,在互联网的不断普及和便捷化下,人们的生活方式发生了天翻地覆的变化,从传统的菜市场、超市买食品、药店买药等逐步转向越来越便利的线上选购。网购、生鲜电商、蔬果宅配等方式都是当下消费市场的热门选择。新冠肺炎疫情导致人们隔离在家,不能离家购买食品、蔬菜等消费品更是推动了网络化的进程。对于网购、生鲜电商、蔬果宅配等来说,质量是最重要的,而运输环节则是保证质量的重要一环。受益于网络消费的增长,国内冷链物流市场也得到了快速发展。

5.2.1 冷链市场的行业现状

我国是农产品生产、消费和贸易大国,随着城镇化进程的不断加速,农产品生产经营方式也在升级,农业生产、现代化流通和城市大市场的联系越来紧密。

1.国内市场规模快速增长

由于我国冷链起步晚,发展处于相对初级的阶段。近年来,国际层面政策陆续出台,在冷链物流产业发展目标、冷链运输行业标准以及冷链物流供应链体系建设等各个方面给予了指导。政策效应有效地拉动了冷链物流行业市场规模的增长。加之我国电子商务发展迅猛,农产品、生鲜、乳制品等行业订单数量增多,对冷链物流行业需求不断增加,推动我国冷链物流行业市场规模不断快速发展(张喜才,张慧,2020)[39]。

2008年起,中国冷链行业开始流行。2011年国家发展改革委出台了《农产品冷链物流发展规划》,推动中国冷链物流行业市场规模不断增加。中物联冷链委公布资料显示(如图5-16所示),2015—2019年中国冷链物流市场规模持续扩大,年均复合增长率为17.78%,2016年中国冷链物流市场规模增长最快为22.8%。2019年冷链物流行业的市场规模达到3391亿元,比2018年增长505亿元,同比增长17.5%。冷链物流是医药流通中重要组成部分,2020年是波荡起伏的一年,是万众一心战胜困难的一年,随着疫苗的利好消息,未来医疗冷链市场不断扩大,我国冷链物流行业市场规模将有再一步的提升。

图 5-16 2014-2019 年中国冷链物流市场规模变化

资料来源：中物联冷链委

2.需求量逐年上升

居民收入水平不断增加,消费者的食品安全意识也在不断提升,京津冀地区联动发展、粤港澳大湾区成立等区域合作步伐加快,生鲜电商带动国内农产品、冷链食品的产地、加工地和消费市场的重塑作用越发得到显现,冷链需求正在快速增加。在乳制品、禽肉、水产等生鲜产品的运输过程中,冷链物流起到的作用越来越突出。

中物联冷链委公布资料显示(如图 5-17 所示),2016-2019 年中国冷链物流需求量逐年上涨,年均复合增长率为 23.48%,其中 2018 年的冷链物流需求量增长最快,为 27.70%。2019 年我国食品冷链物流需求总量约为 2.35 亿吨,比 2018 年增长 4439 万吨,同比增长 23.52%。尽管受到疫情特殊情况的影响,但在 2020 上半年,我国肉类产品进口量仍比 2019 年同期增长 74.9%,其中全年猪肉进口预计将比 2019 年增加 100 万吨以上。据测算分析,我国冷链物流需求总量能够突破 2.65 亿吨。

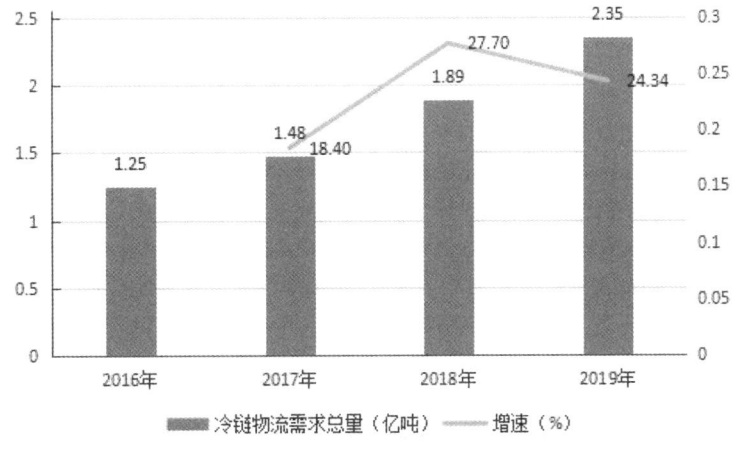

图 5-17 2016-2019 年全国冷链物流需求量

资料来源：中物联冷链委

5.2.2 冷链物流企业现状

当前,我国冷链物流行业正处于高速发展期,但国内冷链市场分散,市场参与者主要为众多区域性或地方性的冷链企业,仍有较大的发展空间。

1.服务模式众多

冷链物流市场的企业众多,依据来源大致可以分为由传统物流企业转型的企业,由生产商自建自营的冷链部门形成的主要负责企业自身业务的企业,看到时代需求成立的专业冷链服务商和国外冷链巨头联手与国内企业设立的合资企业四类。

从冷链物流公司承担冷链物流服务上来看,目前,我国冷链物流企业的分类参照《物流企业分类与评估指标》(GB/T19680－2013)可分为运输型冷链物流企业、仓储型冷链物流企业和综合型冷链物流企业三大类(如表5－10所示)。

表5－10 物流企业分类

分类	介绍	代表企业
运输型冷链物流企业	主要以从事运输业务为主,具备一定的规模。此外还可以为客户提供运输服务及其他增值服务。自身拥有一定数量的运输工具和设备,拥有信息服务功能和应用信息系统可以对运输的货物进行状态的查询与监控	双汇物流、荣庆物流、众荣物流等
仓储型冷链物流企业	相比于运输型冷链物流企业,仓储型冷链物流企业专注于从事仓储业务,且具有一定的规模。可以为客户提供分拨配送、流通加工等服务,以及一些其他的增值服务。自身拥有一定规模的仓储设施设备,自有或租用必要的货物运输工具。还可提供信息服务功能和应用信息系统,可对仓储货物进行状态查询与监控	太古冷链、普菲斯等
综合型冷链物流企业	结合了运输型冷链物流企业和仓储型冷链物流企业的优点,同时补充进了其他的物流服务业务。如可以为客户提供运输、仓储、货运代理、配送、流通加工信息服务等多种物流服务,具备一定的规模。除了传统的服务外,还可以为客户制订系统化的物流解决方案,为客户提供综合物流服务及其他增值服务。拥有自有或租用的必要的运输工具、仓储设施及相关设备,具有一定覆盖面的货物集散、分拨、配送网络,还提供信息服务和应用信息系统,可以对物流服务全过程进行状态查询与监控	招商美冷、上海广德、北京中冷等

随着城市发展,城市居民需求变化的碎片订单化,网络的普及与电商的兴起,企业逐渐向转变发展模式,创新开展物流服务业务,除了运输型、仓储型和综合型,更是出现了城市配送型、供应链型、电商型和平台型等物流服务模型,竞争激烈(如表5－11所示)。

表 5－11 冷链服务模式

服务模式	介绍	代表企业
城市配送型	主要以从事城市低温仓储和配送一体化业务为主,其冷链物流车穿梭在城市的大街小巷	
供应链型	围绕核心企业,通过对信息流、物流、资金流的控制,从采购到终端整个过程提供低温运输、加工、仓储、配送服务,然后由分销网络把产品送到消费者手中,将供应商、制造商、物流商、分销商连成一个整体的功能网链结构	鲜易供应链、九曳供应链等
电商型	主要指的是那些生鲜电商企业自主建设的冷链平台,他们除了自用之外,还可以为电商平台上的客户提供冷链物流服务	顺丰冷运、菜鸟冷链等
平台型	以大数据、物联网技术、IT 技术为依托,融合物流金融、保险等增值服务,构建"互联网＋冷链物流"的冷链资源交易平台	码上配、冷链马甲等

2.市场竞争激烈

冷链市场的竞争者众多。随着需求的不断增加,政府的政策支持,居民消费观念的转变以及消费方式模式的改变,市场上的冷链物流企业数量不断增加。中冷联盟发布的《全国冷链物流企业分布图》显示(如图 5－18 所示),2019 年,我国冷链物流企业数量约 1832 家,较 2018 年增加了 165 家,上涨了 9.89%。

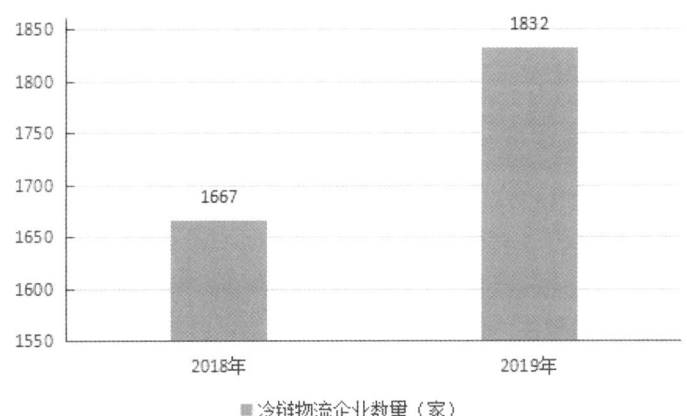

图 5－18 2018－2019 年冷链物流企业数量

资料来源:中物联冷链委

3.区域分布不均

我国冷链物流发展具有明显的地域性(如图 5－19 所示),从区域分布来看,华东地区的企业数量最多,占比企业总数量的 32.26%;其次是华南地区,企业数量占比达 17.74%;华北地区为 16.10%,不足华东地区的二分之一;华中地区为 10.92%,华东地区为华中地区的近 3 倍;排名最后的为东北地区,占比为5.90%,华东地区为东北地区的近6倍。总体排名为华东＞华南＞华北＞华中＞西南＞西北＞东北。虽然东南沿海地区经济发达,且物产较为丰富,东北地区气候冬季时间长,夏季时间较短,但依然可以看出,有着较大的差距。

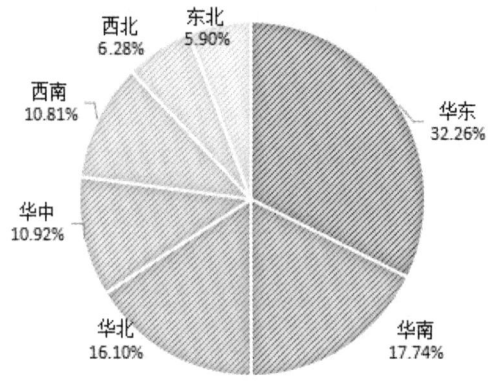

图5—19 2019年全国冷链物流企业区域分布情况

资料来源:中物联冷链委

5.3 冷链物流产业链下游集中度研究

冷链物流产业链的下游主要是冷链物流的终端用户。既包括批发市场、超市、电商等,也包括农户、合作社等。冷链物流产业链下游集中度低,属于高度分散化的市场。大国小农是中国农业的基本情况,根据第三次农业普查数据,全国小农户数量占到农业经营主体98%以上,小农户从业人员占农业从业人员90%,小农户经营耕地面积占总耕地面积的70%。当前,我国农业的经营格局是2.3亿农户,户均经营规模7.8亩,经营耕地10亩以下的农户有2.1亿户。2亿多小农户是中国农业的基础,若小农户利益受到侵害,其所带来的隐患不容忽视。党的十九大报告就提出要"实现小农户和现代农业发展有机衔接",因此不论是随后的中央一号文件,还是中办、国办印发文件,均强调要落实扶持小农户和现代农业发展有机衔接的政策,完善"农户+合作社""农户+公司"的利益联结机制。

在销售端有4469个功能比较完备的大型农产品批发市场,农贸市场2.7万个,超市连锁门店13.8万个,电商平台800家左右,有数以百万计的批发商、经销商。解决农产品销售难问题,要抓住我国构建新发展格局的契机,破除农业小生产与大市场的矛盾。要加强规划引导和宏观调控,适应居民消费升级需求,加强农产品流通体系建设,打通农产品"出村进城"通道。要加强流通基础设施建设,落实用地、用电、资金、税收等支持政策,探索"订单农业+保险+期货"试点,规避农产品价格波动风险。要强化农产品质量监管能力建设,完善相关法律法规和技术标准,落实地方政府监管责任。

5.4 冷链物流产业链的集中度分析

2008年是我国冷链产业步入发展快轨的元年,一批批冷链物流企业自此如雨后春笋般发展壮大。国家有关部门和各地政府对冷链物流业高度重视,相继出台多项产业政策并配套财政资金予以扶持。经过十几年的发展,我国冷链产业从大到小,冷链物流水平得到了很大的提升,已经形成了较为成熟的产业链(头豹研究院,2021)[40]。其中产业链上游为制造环节,包括冷冻装置的制造和冷冻技术支持等;中游环节主要为冷链物流的运输及仓储环节,包括运输环节、仓储环节和其他环节三个方面;下游环节主要为冷链物流的应用领域,主要包括农产品冷链物流、医药冷链物流及化工冷链物流三个方面(如图5-20所示)。

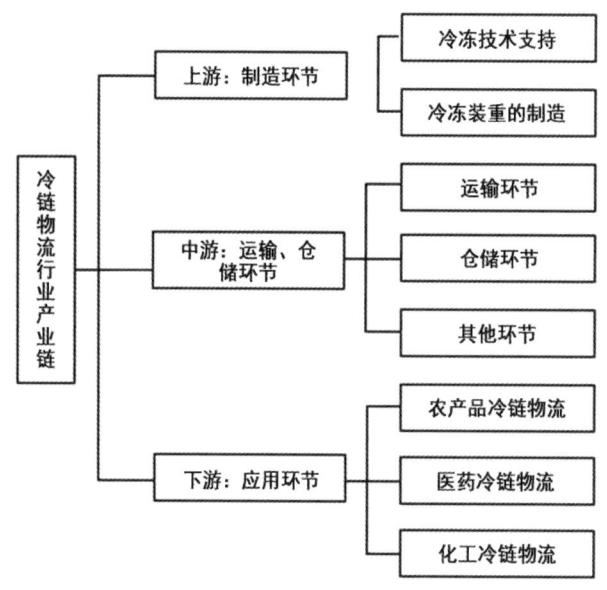

图5-20 冷链物流行业产业链

5.4.1 上游行业集中度较高

我国冷链物流产业链上游行业主要为冷藏设备的制造及技术支持,包括制冷剂的生产、冷藏车的制造、冷库的制造和一般制冷设备的制造。由于冷藏设备归属于特种装备制造,因此具有相对较强的技术壁垒,有一定的发展门槛,行业集中度较高,发展较为成熟。

在制冷剂生产方面,主要企业有巨化股份、三美股份和鲁西股份等;冷藏车的制造主要有福田汽车、一汽集团和江淮汽车等;冷库的制造主要有大冷股份、冰轮环境、四方科技和雪人股份等;一般制冷设备的制造主要有大冷股份、四方冷链、汉中精机和海容冷链等。

1. 大冷股份与冰轮环境：冷库的两大龙头

我国冷冻机设备制造企业的市场格局在 2015 年前后发生较大的变动，由原本的"中国四大冷冻机厂"格局转变为目前的以大冷和烟冷为主导的市场格局。以 2000 年为界，在此之前，沈阳沈一冷冻机有限公司、武汉新世界制冷工业有限公司、大连冷冻机股份有限公司和烟台冷冻机总长并称为"中国四冷"。后大连冷冻机股份有限公司更名为现在的"大冷股份"，烟台冷冻机总长更名为"冰轮环境"，大冷股份和冰轮环境两家企业相继上市以后，沈阳"沈一冷"的冷冻机市场率就被挤占的比较严重，逐渐失去往日的辉煌。2015 年 6 月，大冷股份收购了武新制冷，至此"中国四冷"格局就此演变成了以大冷和烟冷为主导的市场格局。

大冷股份和冰轮环境是我国冷冻机设备行业的两大龙头。大冷股份公司是以经营"冰山"牌制冷设备及其配套辅助机、阀、配件以及冷冻工程所需配套产品为主的国家一级企业。公司生产的冷冻冷藏设备广泛应用于便利店，与盒马鲜生、京东、全时便利、罗森便利等重点客户进行了有效的合作。2018 年上半年，公司将二氧化碳制冷压缩机应用到北京超市发店铺冷链系统中，实现国内超市零售领域二氧化碳临界活塞式制冷压缩机组的首家商用。

冰轮环境原为烟台冰轮，创建于 1956 年，是以低温冷库、中央空调、环保制热、密封技术、精密铸件、能源化工装备等为主导产业的跨行业、国际化运营的大型集团企业。冰轮环境公司业务涉及低温冷冻设备制造及应用系统集成、工程成套服务、广泛服务与食品冷链、物流、医药等行业。除此之外，公司"宽温区高效制冷供热耦合集成系统"荣获 2017 年中国制冷学会唯一的科技进步奖特等奖。"冰轮"品牌入选商务部首批最具市场竞争力品牌。

2. 海容冷链：一流的商用冷链设备供应商

在一般制冷设备的制造中，海容冷链为其中的佼佼者。海容冷链公司成立于 2006 年 8 月，主营产品为商用冷藏展示柜和商用冷冻展示柜，覆盖冷饮、速冻食品、啤酒、饮料、乳业、便利店、连锁超市等众多下游行业，是优秀的商用冷链设备供应商。核心客户包含联合利华、雀巢、伊利、蒙牛、农夫山泉、三全、思念、美宜佳、永辉超市等。除此之外，海容冷链主营业务属于冷链物流产业链的上游产业冷冻冷藏设备制造中的终端设备制造，其中，仅商用展示柜而言，公司的市场占有率就约为 9.4%。

3. 四方科技：速冻设备龙头

四方科技集团股份有限公司原名为南通冷链设备有限公司，是国内综合优势领先的冷链装备制造企业和快速发展的特种集装箱制造企业。主营业务为冷链装备和特种集装箱的研发、生产和销售，主营产品以食品速冻设备为主的冷冻设备和罐式集装箱，产品广泛用于农副产品、食品冷冻的加工及化工、能源、食品饮料等大宗液态货物的物流领域。四方科技是速冻设备的龙头企业，近年来在冷冻设备业务方面实施大客户战略，并加强行业战略合作，与国际知名制冷压缩机制造商日本前川公司合作开发了新型氨/二氧化碳制冷机组，取得了全球塑料网袋领跑者美国英特乐公司直驱技术的中国授权、冷冻类塑料模块输送带的中国独家使用权。

5.4.2 中游行业集中度有待发展

2014—2019年国内冷链业务发展迅速,百强企业营收规模不断扩大,年复合增长率达29.96%。2019年百强企业冷链业务营业收入合计达549.76亿元,同比增长38.05%,占2019年冷链物流市场行业总规模的16.21%,比2018年的冷链物流市场行业总规模占比提高2.41个百分点,百强企业业务营业收入占冷链物流市场行业总规模相较于2016年的9.20%、2017的10.20%和2018年的13.80%逐年增长,表现出冷链市场集中度不断提高,国内冷链市场企业集中度进一步加强。然而,相较于国外发达国家而言,我国冷链物流行业集中度并不高,美国仅五大冷链巨头,就占据全国60%以上的市场,而我国百强企业占行业总规模才为16.21%(如图5—21所示),由此可见,中游行业集中度有待发展。

图5—21 2014—2019年百强冷链企业营业收入及增长率及占行业总规模比重
资料来源:中物联冷链委

1.运输环节为主

在我国冷链物流行业中的价值链条中,中游行业由运输环节、仓储环节和其他环节构成(平安证券,2019.)[41]。其中运输环节主要指的是干线运输和配送。仓储环节主要包含仓储和装卸。其他环节则是包装、分拣、贴标等增值服务。通过数据统计显示,运输环节所产生的价值最高,约占整个产业价值的40%,而仓储环节和其他环节平分秋色,约各占价值链条的30%(如图5—22所示)。

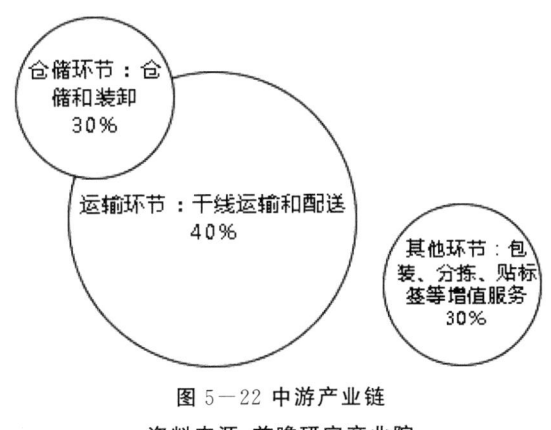

图 5－22 中游产业链

资料来源：前瞻研究产业院

2.百强准入门槛不断上升

近年来，我国冷链物流在各方的支持下快速发展（如图 5－23 所示）。在 2019 年冷链物流百强企业入围门槛营收达到 8961 万元，较上年 2018 年提高 2210 万元，涨幅达到 32.74%，年均涨幅为 26.46%。最高涨幅为 2017 年，达到了 59.99%。除 2016 年受经济形势影响入围门槛营收有所回落外，其余年份冷链物流百强企业入围门槛保持逐年上升，这体现出冷链物流企业竞争越来越激烈，同时整体冷链物流企业都在稳步发展壮大。企业营收水平都在逐年提升，整体冷链物流企业不断发展壮大。

图 5－23 2014－2019 年百强冷链物流企业入围门槛营收情况

资料来源：中物联冷链委

3.行业龙头企业相对稳定

从冷链物流企业竞争格局来看（如表 5－12 所示），在 2020 中国冷链物流百强企业榜上，顺丰速运有限公司、京东物流以及希杰荣庆物流供应链有限公司位列前三。与 2018 年排名相比，顺丰速运有限公司依旧位列第一，京东物流上升一位，希杰荣庆物流供应链有限公司下降一位。整体来看，行业龙头企业相对稳定。

表 5－12 2019 年中国冷链物流企业 TOP10

排名	企业名称
1	顺丰速运有限公司
2	京东物流
3	希杰荣庆物流供应链有限公司
4	新夏晖
5	上海郑明现代物流有限公司
6	上海光明领鲜物流有限公司
7	江苏卫岗供应链管理集团有限公司
8	济南维尔康实业集团有限公司
9	漯河双汇物流投资有限公司
10	江苏苏宁物流有限公司

资料来源：中物联冷链委

4.百强企业中民营企业较为活跃

中物联冷链委统计数据显示(如图 5－24 所示)，在 2019 年中国冷链物流百强企业名单中，民营企业达到 71 家，是冷链物流百强企业的主要组成部分。除此之外，国营企业有 13 家，外资企业有 1 家，合资企业有 9 家，港澳台资企业有 2 家，其他企业有 4 家。这在一定程度上反映出整体国内冷链物流行业的市场开放性与竞争性，同时有着较强的市场活力。

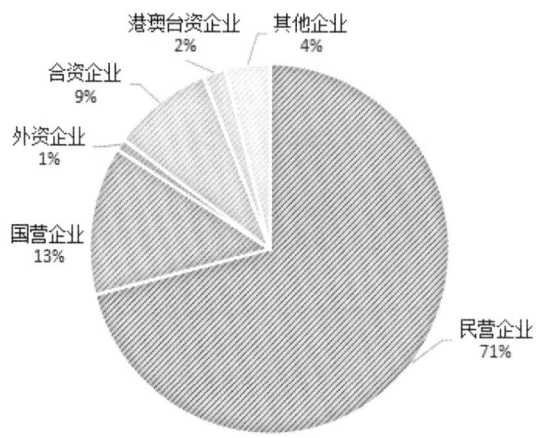

图 5－24 2019 年中国百强冷链物流企业性质结构

资料来源：中物联冷链委

5.区域竞争激烈

按区域入围企业数量排序:华东>华北>华中>华南>东北>西南>西北,其中华东区域入围企业数量最多,是冷链物流最为集中的区域,百强企业达到41家,竞争较为激烈,华东区域中上海市百强企业数量最多,达到21家(如表5-13、表5-14所示)。

表5-13 百强企业区域数

区域	东北地区	华东区域	华北区域	华中区域	华南区域	西南区域	西北区域
入围企业数	6家	41家	19家	15家	14家	4家	1家

资料来源:中物联冷链委

表5-14 省市百强企业数

省市	数量	省市	数量	省市	数量	省市	数量
黑龙江	2家	北京	12家	山东	6家	河南	9家
辽宁	4家	江苏	6家	内蒙古	2家	湖北	3家
天津	1家	上海	21家	宁夏	1家	重庆	3家
河北	3家	广东	7家	山西	1家	湖南	3家
安徽	2家	海南	2家	四川	1家	福建	3家
香港	1家	江西	2家	浙江	1家	深圳	4家

资料来源:中物联冷链委

华东区域性优势进一步显现(如图5-25所示)。东北区域排名较上年进步一位,区域整体行业营收能力提升较为显著。

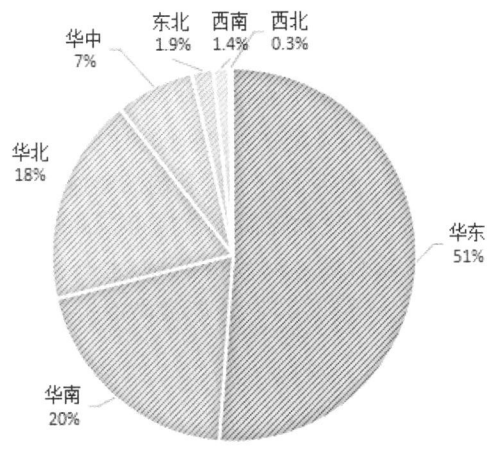

图5-25 区域百强2019年冷链业务营收占比
资料来源:中物联冷链委

整体来看,国内冷链物流市场企业竞争较为激烈,行业集中度虽有待提升,但在逐渐增强中,区域竞争主要聚集在东部沿海及中部农产品主要产区。

5.4.3 下游应用中农产品占据主流

在下游应用方面,冷链物流的适用范围包括人们生活的方方面面:从初级农产品的蔬菜、水果,肉、禽、蛋,水产品、花卉产品等,到加工食品中的速冻食品、禽、肉、水产等包装熟食、冰淇淋和奶制品、巧克力等,再到快餐原料,甚至药品、疫苗等特殊产品,都离不开冷链物流。

在这么多的消费需求应用中,不同行业需求量是不同的。随着我国人均收入水平的不断增长,居民对生活质量的要求也越来越高,对肉类、禽蛋、水产品、蔬菜、水果等主要农产品的新鲜度要求更高,推动了我国农产品冷链物流领域的快速发展。在所有的冷链物流需求中,食品的冷链需求最多,高达90%。医药与化工则分别占比9%与1%(如图5-26所示)。

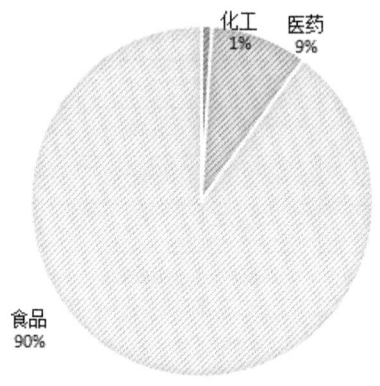

图5-26 2019年全年冷链物流不同行业需求量占比情况
资料来源:中物联冷链委

1.农产品冷链物流

农产品冷链指水果、蔬菜、肉类和水产品等商品从生产、贮藏运输、销售到最后消费前的各个环节,都始终处于规定的低温环境下,最大程度上保证产品的品质和质量的一项系统工程,主要包括冷冻加工、冷冻贮藏、冷藏运输及配送、冷冻销售四个方面。

中物联冷链委通过对水果、蔬菜、肉类、水产品、乳制品和速冻食品这六大类食品的年产量进行统计,数据表明2019年我国水果冷链物流需求总量为5480.17万吨,蔬菜冷链物流需求总量为6489.23万吨,肉类冷链物流需求总量为4577.68万吨,水产品冷链物流需求总量为3823.32万吨,乳制品冷链物流需求总量为1658.83万吨,速冻食品冷链物流需求总量为1279.42万吨(如图5-27所示)。

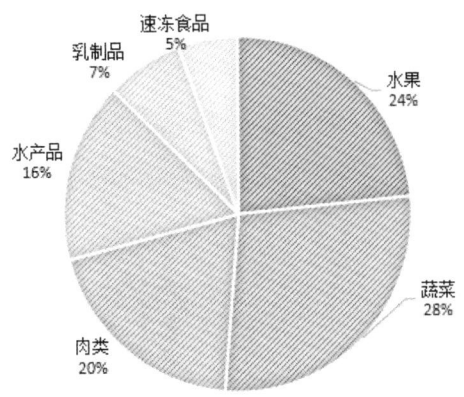

图 5－27 2019 年不同类型冷链物流需求情况
资料来源：中物联冷链委

2.医药冷链物流

医药冷链物流，是冷藏冷冻类、易腐类医药产品在从生产、加工、储藏、运输、配送、销售，到消费者的过程中，各个环节始终处于特定的温度范围，以保证医药品质量，同时降低储运损耗，控制时间、节约成本的一项系统工程。冷藏药品的储运比较特殊，对温度、湿度、见光度等都具有特定要求。疫苗类制品、注射针剂、口服药品、外用药品、血液制品等需要低温条件下储运的药品，都属于医药冷链物流的范畴。

近年来，我国医药冷链行业获得了快速的发展。中物联医药物流分会资料显示，2019 年中国医药冷链销售总额约为 3395.03 亿元，与 2018 年相比，同比增长 20.09%。2020 年销售规模已达到 3903.4 亿元。

从细分产品占比来看（如图 5－28 所示），医疗器械（IVD 除外）有 485.34 亿元、疫苗有 450.99 亿元、血液制品有 350.00 亿元、体外诊断 IVD 有 748.5 亿元、其他生物制品有 1360.2 亿元。生物制品（包含疫苗、血液和其他）占比达到 63.7%，其中疫苗占 13.30%，血液制品占 10.30%，其他 40.10%。

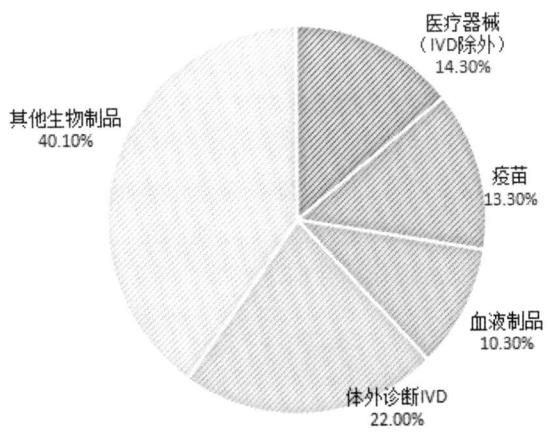

图 5－28 2019 年中国医药冷链市场细分产品结构
资料来源：中物联冷链委

第六章 冷链物流产业链延伸研究

6.1 冷链物流产业链延伸的背景

我国人口众多、消费市场广阔，冷链物流作为一项贯通冷链产品供应链全过程的活动，在保障产品质量、延伸产品保质期方面有着不可替代的作用。随着经济的发展，人民生活水平的不断提高，人们对生鲜食品、药品等的时效性、高品质等要求逐渐提高。这对冷链物流企业来说既是机遇也是挑战。根据中物联冷链委的统计，在2020年我国冷链物流的需求总量将会达到2.4亿吨，并且冷链物流的市场规模也达到了4698亿元（如图6-1所示），与上一年相比增加了1307亿元，同比增幅约为17.6%。由此可见，近年来我国冷链物流市场需求规模不断扩大，冷链物流业发展较为迅速。但是由于我国冷链物流起步时间较晚、基础较为薄弱，导致冷链物流企业的发展具有"小、散、弱"的特点，并且越来越多其他行业的企业加入冷链物流业，这使得冷链物流企业面临的形势越发严峻。同时随着跨境电商的发展、新的物流模式不断出现，亟须加快推进冷链物流发展，推动行业转型升级，更好地满足经济社会发展和人民群众追求更高品质的需求，发达的冷链物流业是现代社会前进发展的重要保证[1]。

---

1 国务院办公厅.中共中央 国务院关于深化改革加强食品安全工作的意见[EB/OL].http://www.gov.cn/zhengce/2019-05/20/content_5393212.htm,2021-07-13.

近些年来,国家出台多项政策提及冷链物流产业,一方面对于冷链物流产业发展目标、冷链运输行业标准以及冷链物流供应链体系建设等方面给予了指导;另一方面,在药品、乳制品、农产品等冷链物流的下游产业相关政策中对冷链物流产业建设提出了需求。这些政策的出台表明冷链物流产业作为保障食品和民生安全的重要手段,已深度融入各产业链的核心环节当中,整个冷链产业的价值和地位越发凸显。在2019年的《中共中央国务院关于深化改革加强食品安全工作的意见》中明确指出严把流通销售质量安全关。建立覆盖基地贮藏、物流配送、市场批发、销售终端全链条的冷链配送系统,严格执行全过程温控标准和规范,落实食品运输在途监管责任,鼓励使用温控标签,防止食物脱冷变质。督促企业严格执行进货查验记录制度和保质期标识等规定,严查临期、过期食品翻新销售。严格执行畜禽屠宰检验检疫制度。加强食品集中交易市场监管,强化农产品产地准出和市场准入衔接。可以看出,冷链物流行业需要从原来的只注重规模与价格,新企业不断涌现的"野蛮生长"期,转向重服务、重标准、重质量的新发展时期。

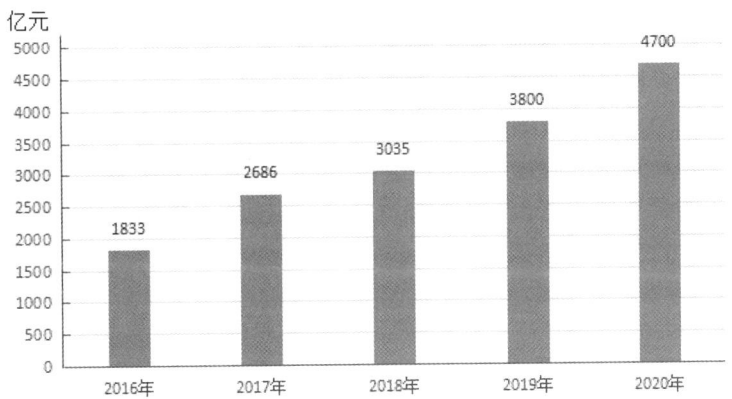

图6-1 2016—2020年冷链物流企业市场规模及预测

6.2 冷链物流产业链延伸现状与动因

6.2.1 冷链物流企业发展现状

产业链的基本形态是具有关联关系如经济、科技、原材料等关系的不同产业部门通过相互作用而形成的串珠状的上、下游产业(陈曦,2018)[42]。目前冷链物流产业链延伸主要有三种形式,一是在某一个或多个发展较为成熟完备的产业的基础上,利用企业拥有的技术、资金、经验等特长,在新的市场需求出现时延伸出的新的产业部门,扩大原有的经营范围。有利于冷链物流企业通过自身原有的制造能力、渠道、专业知识等获取融合优势,即两个或两个以上的市场或业务能够带来的收益远远大于单一市场或业务。这种方式有利于冷链企业寻找到新的市场增长点,开拓新业务,利用已有品牌与形象进军其他市场,节约了成本。二是各个从事的产业专业类似的企业为了避免过度竞争与统一话语权而组成的战略联盟、企业联合、收购兼并的横向产业链拓展。横向拓展对资金的要求较高,在冷链物流产业这个资产专用性非常高的行业之中,横向拓展可以为龙头企业带来先进的科技、设备、人力、资金等资源,实现产品与服务的差异化,大幅度提升企业受益。三是处于不同地域或不同产业链层次的企业出于提高竞争力,减少交易费用等目的进行的提高纵向一体化程度与关联关系。在前向一体化方面,获得下游企业的所有权或加强控制权,冷链物流行业下游为主要为农产品冷链物流、医药冷链、化工冷链三个方面,近些年来,上述领域增长迅速,有力地推动了冷链行业的发展,冷链物流企业通过加强对下游企业的控制,提升了企业竞争力,有利于自身发展。在后向一体化方面,冷链的上游企业大多是冷链设备的制造商与冷链技术的支持者,后向一体化有利于冷链物流企业控制关键技术或设备的成本,提高供应的可靠性,确保冷链企业日常业务的高质量稳步进行。我国冷链物流产业发展时间较短,尚处于起步阶段。

我国冷链物流始于20世纪60年代,当时主要通过在大城市兴修冷库,然后运用铁路和水路冷运等方式来满足人们对肉类食品的需求,直至20世纪90年代,我国经济因改革开放迎来了快速发展时期,为了更好地满足人们对冷藏冷冻产品的需求,政府进一步推进冷链物流的发展,冷链设备设施逐渐完善,这时冷链物流才从真正意义上开始了在我国的发展。根据中冷联盟统计,目前市场上冷链物流企业有两三万家,且多为传统的冷库仓储、运输公司,经营的业务较少,盈利能力较弱——整个冷链物流行业的平均净利润率在3%左右,可见我国冷链物流企业还存在较大的发展空间,目前产业链方面存在以下问题。

1.价值链低,企业利润率较低,差距较大

实现利润最大化是企业一直以来的追求,但是目前我国冷链物流企业的利润率仍处在一个较低的水平,根据50家冷链物流企业的利润数据来看如图6-2所示,大部分企业的利润率低于10%,15家企业的利润率处于10%~20%之间,3家企业利润率处于20%~30%之间,处于30%～40%和大于50%的企业均为两家;然后我们还可以从图6-3看到,企业利润率最高的达到了79.9%,最低的为-56%,43家企业利润率低于20%,由此可见企业与企业间的利润率差距较为明显。

此外,为了更好地了解冷链物流企业的盈利情况,本书以股票概念是"冷链物流"且主要经营业务中含有冷链物流企业经营的五个环节中的部分环节、企业排名位于冷链物流企业年度排行榜前50这两个条件为依据,收集了3家上市公司的财务数据和经营状况报告。虽然分析的企业数量较少,但由于我国冷链物流发展较晚,目前冷链物流行业的上市公司数量较少,且大多为冷链装备生产企业,主营冷运业务的上市企业只有寥寥几家,所以基于这3家上市财务数据的分析还是具备较强说明性的。从3家上市公司的财务数据如图6-3所示,我们可以看到2013—2016年3家企业净利润额呈逐年递增的状态,2017年有所下降,且净利润额差距较大,经营业务环节数量为4的海航冷链的净利润额值远高于经营业务环节数量为3的辉源机械与小田冷链,企业与企业间的发展不平衡。同时,针对2017年企业利润下降的原因进行分析,发现主要是由于随着冷链物流市场需求规模的扩大,吸引了大量资金雄厚的企业进入,如顺丰、苏宁等企业,导致市场上的服务与价格的竞争越发激烈,而此时3家企业为了应对激烈的市场竞争环境,都做出了进行规模扩张的决定,进一步推进企业一体化,以增强企业自身竞争力,提高企业绩效。

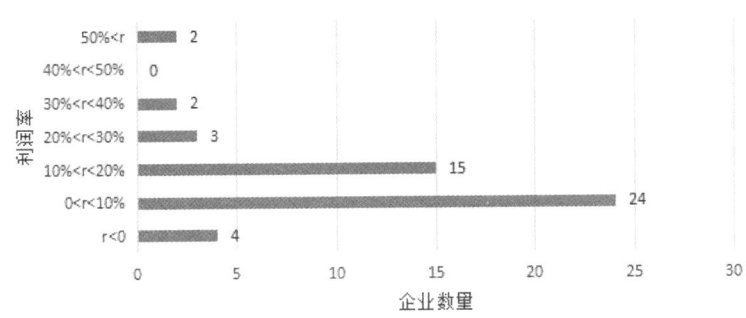

图6-2 冷链50强利润率分段分布图

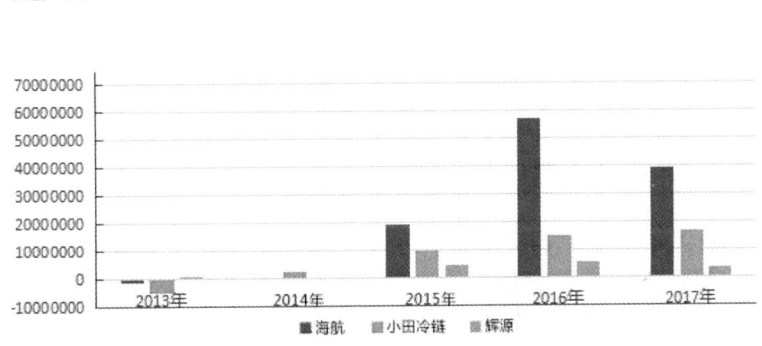

图6-3 2013—2017冷链上市公司净利润额情况

2.空间链窄,企业各自为战,分工体系不明确

对于冷链物流产业链下游应用行业来说,冷链行业大体分为食品冷链、医用冷链及化工冷链等。根据商务部流通发展司2017年数据,在整个物流市场中冷链需求占比约为3%。在这之中,食品、医药及化工冷链占比分别为90%、9%和1%。食品需求为核心主体。我国国土面积广阔,不同地域气候差异极大,这也就导致了我国农产品极具地域特色,东南沿海的水产品、南方亚热带特色水果、北方的肉制品等,都需要冷链物流的支持才能实现跨区域跨季节销售,所以我国冷链企业的分布与分工极具地域特色,难以突破资源禀赋,冷链企业多为区域性企业,业务单一,没有形成规模效应如图6—4所示。冷链行业现有分工体系发展不充分,限制行业发展效率,从中国物流与采购联合会的统计数据来看,我国90%的冷链企业是区域性的,大部分企业仅在特定领域运输部分产品,导致行业集中度偏低。与发达国家相比,我国冷链行业分工体系的发展尚不完善。美国冷链物流市场的分工非常明确,各方参与者各司其职、环环相扣,运输方只负责提供运输卡车及司机,将货物运送到指定地点;仓储方只负责在确定时间进行卡车卸货,将货品存放到指定温度的冷库中;维修公司只负责根据求救电话进行抢修;冷链平台则需要负责联系以上各家公司,从而完成整个冷链链条的节点连接。相比之下,我国冷链物流行业专业化的分工体系尚未形成,大部分企业提供"一揽子"服务,即所谓综合供应链服务,导致浪费了部分储藏和运输资源,冷链物流企业难以形成跨区域的联合,产业链布局与延伸难以突破地域限制,紧密的多环节冷链物流合作难以达成。

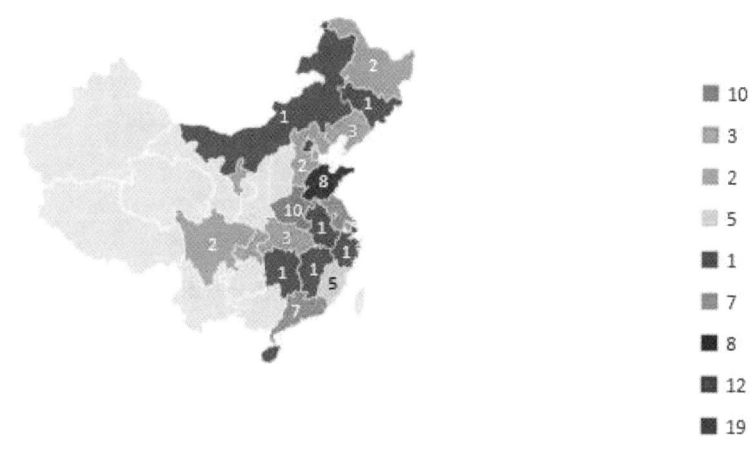

图6—4 2019年我国百强企业分布图

3.服务链短,企业竞争力弱

服务链为冷链物流产业链上各个企业主体提供技术支持、市场销售信息分析、融资金融服务等相关服务。这些服务应该是系统的、全面的、精准及时的网络链条。在冷链物流企业发展所需要素指标中,交通、土地、人才、金融资本、技术支持都是服务产业链形成延伸出的。在我国冷链物流链条长、环节多,涉及发展改革、农业农村、商务、交通运输、海关、市场监管等多部门职责,行业监管条块分割、信息共享不足,尚未形成全链条"闭环"监管体系。以生鲜农产品冷链物流为例,从生产到消费者手中,涉及国家发展改革委、国家市场监管总局等多个部门,在

生产环节、加工环节、贮藏环节、运输环节、销售环节、流通环节等均出现多部门职能交叉或冲突现象。如国家发展改革委和商务部都有对冷链流通发展未来规划的职能；国家市场监管总局和农业农村部、商业部关于市场监管、发展规划等职能冲突；交通运输部和公安部对冷链车辆监管方面的安全、车辆许可方面无统一标准。国家市场监管总局冷链物流的仓储、运输缺乏明确标准依据，基本上还是一片空白。科学技术部和工业和信息化部相比其他部门来讲，对冷链参与较少，在大数据时代，应该利用科技和信息使冷链更加现代化、信息透明化，使冷链有据可依。并且在冷库安全问题上，公安部并无明确规定，也并未单独记录关于冷库的信息档案。自然资源部和城建部在土地等自然资源利用审批等方面存在不同的标准，在厂房、冷库、市场等建设上程序烦琐甚至冲突。新建冷链设施往往面临用地难、用地贵、融资成本高等突出矛盾和问题。冷链物流行业投资规模大、回收周期长的特性，使得金融机构通常对冷链物流企业放贷意愿不强且利息很高，导致物流冷链企业融资困难。同时，物流设施占地面积大，土地作为稀缺资源，在项目建设中往往遇到物流用地审批难的现象，影响项目的整体建设和运营。冷链物流企业反映，由于土地指标为稀缺资源，物流行业对地方税收贡献较小，冷链基础设施用地限制条件普遍较高，导致物流企业拿地困难。多数企业反映购置冷链车、建设冷库等投资较大，金融政策支持力度不够。交通方面限制严格，货车限行时间、区域加大，高速公路收费站林立，增加了货车运输时间。人才支持方面，冷链专业人员获得难。目前，开设冷链专业的学校少，冷链物流运营供应链长，上下游环节多，跨多个行业，冷链物流管理除了需具备一定的物流知识，还需要了解冷链工程、加工工艺、信息技术和供应链管理等方面的知识，复合型人才供给不足，无法满足冷链行业的迅速发展，真正具备理论基础又有实际业务能力的高级管理人才较少，冷链物流体系建设迫切需要加强人才队伍建设和专业人员的培养。这些要素的供给不足都导致了物流企业难以迈向现代化与专业化，企业的竞争力较弱。

4. 业务链短，企业功能相对单一

目前我国冷链物流企业类型多样，主要有运输服务、冷库运营、区域配送、综合性服务等类型的企业。其中运输服务型企业以货物运输业务为主，为顾客提供站到站、门到站等服务；冷库运营型企业主要从事仓储业务，亦可提供配送、加工等服务；综合性服务物流企业则可以为客户提供仓储、运输、配送、加工等多种物流服务。根据中物联冷链委最新统计如图6-5所示，其中运输服务企业和冷库运营企业占比分别为31%与24%，综合性服务企业仅占10%。在本书统计的50家企业中如图6-6所示，也是大多开展了仓储、运输、配送等业务，分别占92%、78%、72%，提供加工服务的仅占18%。其中太古冷链就是典型的以仓储为主要业务的冷库运营型企业，许昌众荣、双汇物流等则是典型的运输型企业，而能够提供多种物流服务的企业较少，只有10家企业。

综合以上数据，可见目前冷链物流企业多为运输服务型与冷库运营型企业，冷链综合性物流服务企业较少。而目前在整个冷链物流业发展较好的恰恰是能够提供多种物流服务的综合性冷链企业，且取得优异成果的企业大多是跨行业进入冷链物流业的资金较为雄厚的企业，例如，顺丰2014年成立冷运事业部，之后全面布局转型综合性物流服务企业，集冷链仓储、运输、配送、加工等物流服务于一体，2017年在生鲜和医药两大业务板块取得瞩目的成就，使得冷运业务成为顺丰增速最快的主要业务之一。因此冷链物流企业为了增强自己的竞争力、提高企业绩效，可以试着向集加工、运输、配送、包装、仓储等物流服务于一体的综合性物流服务企业转型。

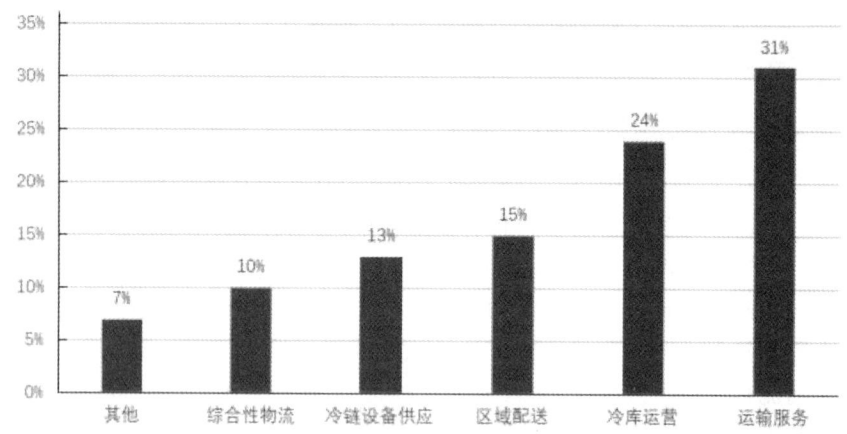

图 6-5 冷链物流企业类型分布图

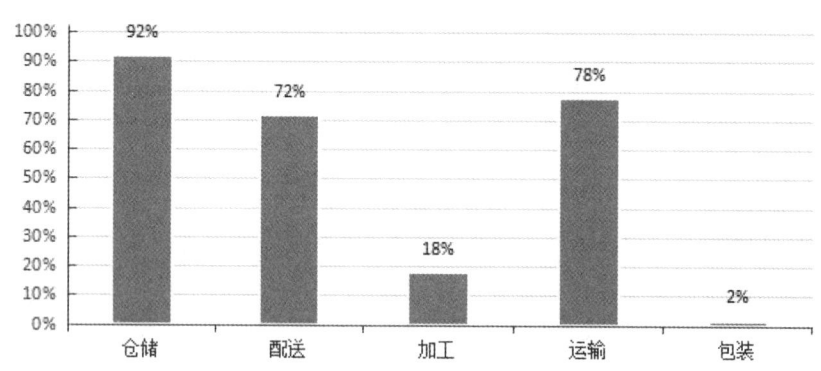

图 6-6 冷链 50 强各项业务开展情况

6.2.2 冷链物流产业延伸动因

冷链物流企业实施产业链延伸是为了提升自己的市场竞争力,以达到提高企业经营绩效的目的。为了达到这个目的,企业要解决经营过程中遇到的种种问题,主要从以下两方面入手:一方面是增强企业自身能力,确保在经营过程中的稳定以及高效率,提高自己的服务水平;另一方面是为了应对激烈的市场竞争环境,企业要扩大自身规模,获得规模效应,降低成本,获取竞争优势,增强自身在上下游间的控制力,提高自身的市场竞争力。

1.价值动因

冷链物流业进行产业链延伸战略的目标主要是增加企业自身的能力与价值,提高企业自身竞争力。冷链物流行业需要进行产业链延伸的前提条件有两点:第一,冷链物流企业通过产业链延伸,可以提升自身价值,获取更大的市场份额,在市场竞争中取得优势,获得较高的运营效率,形成进入门槛。第二,产业链的延伸所获得的收益必须大于所花费的成本,也就是成本效益原则。

冷链物流产业链延伸价值最为直接的体现则是其产品与服务的价值提升与综合成本的降低。如果冷链物流企业内实行产业链延伸,收购兼并类似企业把仓储、运输、配送等环节都置于自己的管理之中,可以便于企业对自身运营进行综合考虑。既有利于充分调动企业资源,提高设备利用率,实现资源的优化配置,又有利于提高企业的物流保障,从而减少产品损耗。在向上下游延伸的过程中提高了自身的议价能力,节省了中间环节,使得冷链物流企业能够提高获得的利润。同时可以提高进入壁垒,随着冷链物流企业产业链延伸的实施,企业可以控制更多的关键的资源和渠道,从而让行业新进入者望而却步。而且冷链物流本来就是一个高投入的行业,进入该行业所需资本较多,实施收购兼并也就意味着更大的投资规模,进而提高了进入壁垒。

在冷链物流产业链中,上游为提供材料、设备、技术支持的企业,中游为提供冷链运输、仓储、配送服务的企业,下游为食品冷链物流、医药冷链物流、危化品冷链物流等应用。冷链物流产业链的收益形成类似于"微笑曲线",上下游企业为收益的高点,而中游企业处于"微笑曲线"的低位,其利润率非常地低。在价值的驱动下,冷链物流企业的产业链朝两端进行延伸,以获得更多的收益。

2.市场驱动动因

在提升冷链物流企业的自身价值,获得更多利润之外,冷链物流企业进行产业链延伸也是基于市场的需求的增加。在经济的发展过程中,消费者需求逐渐成为企业开始产业链延伸的动因之一,靠企业自身生产进行推动的形式逐渐被消费者拉动的模式所取代。近些年来冷链物流产业链的下游应用需求不断增加,成为驱动产业链延伸的重要动因。

随着人们收入与生活水平的上升,生活节奏的加快,生鲜电商市场规模快速突破。据艾瑞咨询数据,2018年我国生鲜电商交易规模达2045.3亿元,同比增速56.3%,并预计2022年可达7054.2亿元,4年CAGR为36.2%,以低温肉奶制品、新鲜果蔬、水产品等为代表的生鲜产品宅配概念引领零售市场风潮。消费者更加青睐于具有更高品质与安全的低温肉奶与速冻产品,速冻食品因便利性广受欢迎,近年来行业销售收入处于稳健增长阶段。平安证券研究报告显示,2018年我国速冻食品行业销售收入达1149亿元,是2010年的近3倍。同时因为政府引导集中屠宰,屠宰集中度快速上升,政策引导"运猪"向"运肉"转变,逐步减少活猪长距离跨省(区、市)调运。推行猪肉产品冷链调运,加快建立冷鲜肉品流通和配送体系,实现"集中屠宰、品牌经营、冷链流通、冷鲜上市",意味着其生产和销售环节规模效应得以发挥,从而加速对各大猪肉生产商冷链物流的布局。在医药冷链方面,随着人口老龄化与生活水平的提高,人民对医药产品的消费意愿增强,消费能力提升,医药行业快速发展。而作为医药运输的重要途径之一的医药冷链也因此得到了快速发展。未来,随着二胎政策的进一步落实、疫苗类药品需求量进一步增加,药品冷链市场将继续保持较快增长。数据显示,2013-2017年,全球医药冷链行业的市场规模从5.0亿美元增长至8.0亿美元,年复合增长率为12.8%。除行业自身需求推动以外,我国医药冷链物流近年来政策趋严,驱动冷链物流行业进一步发展。在2016年出现的重大卫生安全事故"山东疫苗事件"曝光之后,得到了全国各个有关单位关于疫苗安全与医药冷链运输的极大重视,国家陆续出台了多个规范药品流通环节的文件;各流通公司也积极响应,例如,国药物流专门成立了冷链事业部等。随着疫苗"一票制"以及监管趋严,这两年我国医药冷链运输规范性得到极大提高,规模也相应增大。以我国医药商业协会的数据为例,其941家样本医药物流企业的冷藏车数量从2016年的1879家增长到2019年的2856家。预计未来医药冷链运输范围将进一步扩大。

3.企业成长动因

产业链延伸可以推动企业业务的成长,是企业扩大规模最直接、最有效的手段,实现在原有业务环节基础上的价值链延伸,则可以增加产品的附加价值,为顾客提供更多的增值服务,进而吸引更多的顾客,提高自身的市场占有率,扩大规模,实现企业的成长。

在我国冷链物流的发展过程中,存在着加工企业为核心的冷链物流模式,依托大型冷冻批发市场型冷链物流模式,连锁零售节点为主导的冷链物流模式。这些冷链物流模式均为"半程"冷链,经营的业务环节较少,提供的多是仓储、运输类的服务,少数企业提供加工、包装等服务,技术水平不高,保鲜水平低,存在着一定程度的空间局限性与时间滞后性,消费者的体验差,从事企业多,竞争压力大,利润微薄。这些企业面临着激烈的市场形势,发展艰难。随着经济社会的发展,以第三方冷链物流企业为核心形成的冷链物流模式、平台型现代冷链物流发展模式、租赁型现代冷链物流发展模式开始发展,从事这些模式的企业往往不仅仅从事传统的仓配业务,还向交易撮合、冷链物流在线支付、冷链供应链金融、冷链保险服务、冷链行情指数发布、客户管理、押金管理、保证金管理、收费及成本管理、信息咨询、物流服务、仓储配送、全程运输、电子商务结算等综合服务业务拓展,避免了恶性竞争,扩大了经营范围,利润源得到了拓展,有利于企业的未来发展。

4.风险性动因

对于冷链物流企业来说,保障产品的质量是企业运行的核心。随着冷链物流企业产业链的延伸,逐渐把加工、仓储、配送等环节的运营掌握在自己手中,有利于企业加强对各个环节的控制,对整个流程进行统一的、标准化的管理,使企业运营更加可靠,从而产品的品质保障得以进一步提升。

冷链物流企业在运行的过程中会和其业务价值链上下游中的很多企业进行交流合作,这些企业出于维护和获取更多利益的目的,可能会产生投机行为,对一些重要的信息进行隐瞒,例如,设备存在故障、为了节省成本而不按标准规范操做(中途关闭温控)以及内部管理出现问题等,这都会导致冷链物流企业自身的效率以及信誉产生问题。所以如果冷链物流企业对各个业务环节采取自主经营或更紧密的联盟,减少外部交易环节,就可以减少运营过程中的不确定性,降低投机风险以及规避其他企业毁约或不当操作导致的不能按时完成客户委托的违约风险。

5.协同效应动因

协同效应就是指企业在进行合并之后在各方面实行的资源配置与运营决策中共同努力所获得的效益。简单地说,就是产生"1+1>2"的效果。协同效应一般应用于资源的互补,这些资源是与企业正在生产的产品或提供的服务和市场相对应的,实现形式通常包括技术转移与经营活动共享。

在冷链物流行业中,可以通过三个方面来获得协同效应:第一,在冷链物流企业对其他同行业企业进行兼并或收购后,企业从流程设计、技术支持、终端销售人员进行统一配备,进行兼并后的企业的资源与能力得到时间与空间的有序化与优化排列。第二,在企业兼并或收购之后,企业的信息、人力资源、产品类别、支持技术、运营模式、产销渠道、品牌商标、融资渠道得到了共享。企业内部的资源与能力发生转移、互补与扩散,改变了企业的整体能力。第三,冷链物流产业链延伸还可以产生企业外部的协同效应,且大多通过产业集群表现出来,有利于整个产业链企业实行资源的有效整合,从根本上降低整个行业的运营成本,提高产业链内的企业绩效与价值(王子娴,2016)[43]。

6.3 冷链物流产业链延伸模式

在冷链需求和市场模式不断变化的大背景下,很多企业积极探索和布局,开创新的冷链物流产业链延伸模式,抢抓新的市场机遇,彰显了企业活力。比如,G7 和日本丸红成立合资公司,专注于智能冷链车队资产管理服务,他们的优势在于基于物联网的冷藏车信息管理技术。双汇和冷王、开利、东风、解放、中集、红宇六家企业达成战略合作,计划 3 年时间投入 3 亿元新增 850 台运输车,打造冷链版的"滴滴",双汇物流的优势在于双汇集团的业务支撑,以及自身遍布全国的冷链运输网络。此外,顺丰冷运、京东冷链、苏宁物流、领鲜物流、万纬冷链、宇培供应链、郑明物流等也在进行全国性的网络布局,这些企业的共性是母公司实力雄厚,或为行业龙头或为上市公司。唯捷城配、九曳供应链、餐北斗、信良记等先后获得融资,获得资本市场青睐。此外,欧洲最大的冷链物流集团 N & K Spedition 于近日宣布正式进军中国市场,未来将在中国七大区建构全套冷链物流设施,N & K Spedition 进军中国,总投资金额将超过千亿元人民币。由此可见,从物流服务向供应链乃至产业链的不断延伸,不断创新冷链产业发展模式,才有更大的发展空间[1]。

6.3.1 生产加工企业＋冷链物流

随着社会需求的扩大,生产加工的专业化程度不断提高,以及国家高度重视冷链产品加工产业的科技发展问题,涌现出一大批以产品生产加工为主要经营业务的企业,产品加工企业为核心的冷链物流产业链延伸模式出现并形成(张喜才,李海玲,2020)[44]。一般而言,大型的生产加工企业规模庞大,涉及的流程、环节多,资金雄厚如图 6-7 所示。因此大多数生产加工企业是生鲜农产品产业链的核心企业,具备相当的市场影响力。其上游为原材料、产地供应商、农业经纪人或批发商,下游直接面对超市、电商、批发市场等消费市场。生产加工企业提供的冷链服务可以将整个供应链串联起来,提供配套的设备设施,建立起一个能够满足冷链需求的现代化的冷链物流服务系统。在满足自身需求的同时还可以提供给其他需要冷链服务的企业。

---

1 又一冷链巨头浮出水面,新希望旗下鲜生活冷链 2018 营收超 7 亿[EB/OL].https://www.shangyexinzhi.com/article/112829.html,2021-07-13.

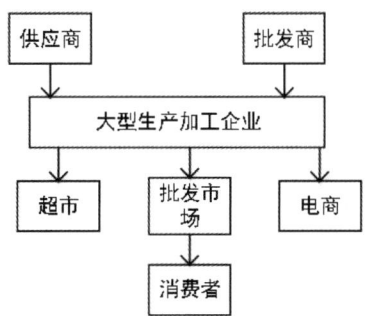

图 6－7 以生产加工企业为核心的冷链物流产业链延伸模式

新希望集团就是其中的代表。新希望集团成立于 1982 年,是中国农业产业化国家级重点龙头企业,中国最大的饲料生产企业,中国最大的农牧企业之一,拥有中国最大的农牧产业集群,是中国农牧业企业的领军者。目前业务涉及农牧行业、食品快消、农业科技、地产文旅、医疗健康、金融投资等多个领域,农牧与食品是核心主业。经过不断整合行业资源,新希望集团于 2016 年发起成立鲜生活冷链物流有限公司,起步于竞争残酷的低温乳业快消行业,这是一家定位为能够提供全程冷链仓配供应链服务,整合中心区域冷链物流网络优势资源,打造高覆盖、高效率、高标准的专业冷链供应链企业集团。目前为餐饮、食品生产、线上线下生鲜零售等企业,提供物流供应链优化、城市仓配物流、供应链金融、食材代采、分销网店直接服务等一站式服务,是国内最大的城市共同配送第三方冷链物流公司。

鲜生活冷链物流有限公司资本充足、实力雄厚、冷藏资源丰富,目前鲜生活冷链自有高性能冷链车辆 4000 余台,整合社会冷链车辆 10000 余台,城际对流运输干线覆盖 28 个省市自治区。鲜生活冷链推出了多批次、小批量的零担定点定时的专线物流服务,目前全国共开通一百余条干线,涵盖七大地区。其冷链云仓覆盖全国 23 个城市,总面积超 20 万平方米,实现存储、包装、分拣、初加工、中转等功能。城市配送区域覆盖全国 20 多个主要城市,城配当日达 30 余城市,次日达 600 余城市。鲜生活冷链全国 37 家控股公司覆盖全国 20 多个主要城市,服务于 7000 余家餐饮客户,配送终端门店超过 3 万个,配送生鲜食材超过 100 万吨/年,覆盖全国服务 5 亿人口。鲜生活冷链 2018 年营业收入为 76312 万元,净利润为 365 万元,截至 2018 年 12 月 31 日,鲜生活冷链总资产为 39837 万元。新希望集团董事长刘永好在亚布力中国企业家论坛 2021 年特别峰会上表示:鲜生活冷链物流有限公司(鲜生活)的估值超过百亿元,未来不排除单独上市的可能性[1]。

鲜生活冷链物流有限公司还注重跟上时代发展趋势,考虑到随着国民生活水平的提高,对于食品的要求不仅仅为安全与价格低廉,追求更高层次的口感与品牌,所以对食品物流在数据科技、设备技术科技、运营管理科技等方面提出了更高的要求。在新希望集团的大力推动下,鲜生活冷链牵头成立"鲜生活物流科技研究院",搭建物流科技研发平台,在物流数据科技、设备技术研发、物流运营管理等方向实施技术攻关,推进产研互动,落地创造价值[2]。

---

[1] 新希望旗下冷链物流融资 6 亿,背后草根知本不草根[EB/OL]. https://mp.weixin.qq.com/s/d8o6UuuuHZuYXsplivTMvA,2021－07－13.

[2] 新希望成立鲜生活冷链物流科技研究院[EB/OL]. http://www.feedtrade.com.cn/livestock/pigs/2020－08－25/2276448.html,2021－07－13.

6.3.2 电商+冷链物流

目前,国内出现了众多以电子商务为依托,整合国内冷链物流行业资源的冷链物流信息服务平台,实施"电商+冷链物流"的产业链延伸,成为现代平台型冷链物流发展模式的孵化器。

作为电子商务平台的运营者,想要扩大市场规模,抢占新客户,除了加大资金投入,扩大自身运营规模之外,最重要的一个因素就是能够为消费者提供稳定的高质量的冷链物流服务,只有不让冷链物流成为电商发展的制约因素,这样才能够保障电商产品的质量安全,推动电商进一步发展。而为电商提供冷链物流的服务模式从原来的单纯依靠第三方冷链物流模式转变为多种模式,如自建物流模式、自建物流同第三方物流结合模式、消费者自提模式、自建物流与便利店结合模式等如图6-8所示。

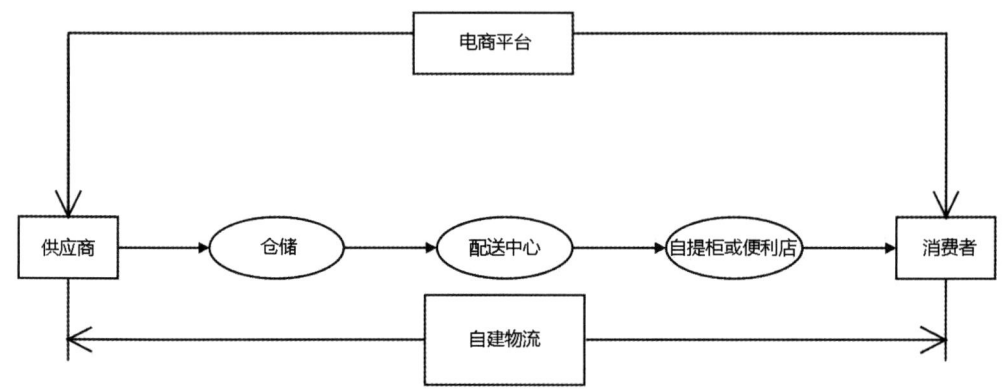

图6-8 "电商+冷链物流"运营模式

依托电商平台进行生鲜冷链产品的经营并不是近期才有的创新,国内生鲜电商正式发展于2012年。2012年6月1日,顺丰旗下的生鲜订购平台——顺丰优选公布正式运营,生鲜产品是其主营业务。同年6月,亚马逊中国选择与"鲜码头"共同合作,一同试水该领域,进入7月,京东宣布生鲜频道的开发,随即而来的还有无数电商平台企业加入冷链行业大军(汪瑜,2016)[45]。大浪淘沙,到了今天,能够在市场上占有一席之地的企业必定有其过人之处,京东就是目前的代表性企业,京东物流早在2014年开始打造冷链物流体系,2018年正式推出京东冷链。京东冷链是一个核心产品和科学技术的冷链服务式平台,京东冷链致力于生鲜产品和医疗物品,具有基于冷链存储网络、冷链输送网络、冷链流通网络的"三位合一"集成的冷链服务功能。此外,还构建了F2B2C全过程和全场景的一站式冷链服务平台,实现了商品和消费者之间的安全交付。这一切成果都要归功于京东的自建式物流配送体系,即京东自己形成冷链物流配送体系,客户在网上交易平台上下单之后,公司自行配备配送人员,从而满足客户的需求。这类供应模式需要强大的资金链,并且资金周转率要比较大,随着京东商城的订单与日俱增,一般的物流配送体系已经无法满足可持续的需求,因此,京东商城在自行建立物流配送的同时虽然耗费了大量的资金,但是后期也因为此模式的物流管理获利颇多,在诸多方面领先对手。首先在基础设施与配送站点方面:在冷链仓储上,京东生鲜在全国拥有10大专属冷库,覆盖深冷层(-30℃)、冷冻层(-18℃)、冷藏层(0~4℃)、控制温度层(16~25℃),对各个温区的温度和湿度实时监控和管理,配送全面保证商品质量;京东新鲜冷藏配送覆盖60多个全国大中城市,243个城市覆盖全程温制,4142个配送点和自提站;京东生鲜在核心城市实施"211"配送后,又进一步推出"夜配"(22:00—19:00)服务,和"精准达"(送货时间精准到2小时以内)服务,全方位缩短了生鲜的配送时间和提高了配送效率。在保障冷链各个环节的运营上京东搭建起了冷链全流程智能温控体系,实现了对生鲜商品在仓运配各环节的温度变化、运输速度、配送时效等进行全面监控。尤其是在温度控制上,通过智能温控硬件设备,采集仓库、冷藏车、保温箱的温湿度信息,与生鲜产品要求的温湿度进行比对,出现异常可以及时预警,进行处理,全面提升了冷链全程管理能力,有效降低了生鲜产品的损耗,实现了"0断链""0腐损",保证了生鲜食品安全(谢美娥,高倩,陈秀云,2021)[46]。

如果说京东是自建冷链物流体系的领导企业,那么盒马鲜生就是OTO模式中的佼佼者。OTO是一种新型的线上线下结合的电商营销模式,是Online to Offline的缩写。其目的是让互联网成为线下交易的平台,随着移动支付平台例如"支付宝""微信"的发展,给电商平台企业涉及其他适合线上交易的行业提供了契机,盒马鲜生于是应运而生(杨天雨,周玉新,2020)[47]。盒马鲜生是阿里巴巴旗下的产业,是阿里巴巴对线下超市完全重构的新零售业态,截至2021年6月,全国门店数达214家。近年来,盒马鲜生不仅利用线下门店销售产品,也将线下门店作为吸引用户消费,从而引导流量转向线上的有力抓手。目前,盒马鲜生日均线上销售占比超过60%。盒马鲜生与传统生鲜经营者不同,虽然拥有不少线下门店,但是却认为门店只是交易的起点,并非交易的终点,终点应该是线上交易的生鲜电商平台,而门店的作用不仅是销售交易的场所,更是展现盒马的生鲜产品,与消费者进行互动,最终赢得消费者信任的手段,从而让顾客打消顾虑,更加放心地在线上购买。盒马虽然没有京东坚如磐石的能够服务于冷链全环节的自建冷链物流体系,但是借助于OTO模式的独特销售方式,同时有着线上线下、前店后仓的运营模式,其标准化的价格与门店同步,配送范围内定时送达,且货源较全等。盒马还抓住了年轻人这个特殊的群体,干净卫生的环境,快速的配送物流,甚至于其身上的互联网标签,都十分符合年轻人的喜好。这些优点使盒马在如今竞争激烈的生鲜产品销售市场中占有一席之地(贸易经济,2021)[48]。

6.3.3 第三方冷链物流+中央厨房

2017年,中央一号文件提出了关于"大力推广中央厨房餐饮门店"的产销模式,农业农村部也在全国范围内积极探索并扩展基于中央厨房模式的冷链物流新模式。由此,开启了中央厨房型现代冷链物流发展模式的新浪潮(王伟栋,2019)[49]。

中央厨房主要是指由餐饮连锁企业建立的,具备独立场所及完善设施,集中完成食品成品或半成品加工制作,并直接配送给餐饮服务单位的单位。由于中央厨房的定位即全部直营店用冷藏车实行统一采购和配送,所以中央厨房模式中的农产品商品要具有一定规格的包装样式、可以实现远距离配送、拥有较长的存储期以及最好适应不同程度的冷链运输条件等特点。此外,这种冷链物流模式往往具有鲜明的行业特点:首先,在满足供给侧战略的条件下,针对不同的细分市场,由国家支持、各行政主管部门搭台建立的规模化的中央厨房通过一致化采购、生产、配送等环节进行产业链细分并获得集聚效应。其次,通过兼并、整合冷链物流中小企业以及联合上下游优质供应商和渠道商合作,形成有影响力、有实力的大企业,打造中央厨房为核心的精益化供应链管理体系。设想在未来,人们可以通过中央厨房型现代农产品冷链物流发展模式来打造各个小区内部的社区厨房,只要消费者在网上下单,就可以直接在社区厨房中取货(见图6-9)。既解决了冷链运输过程的全链条问题,从而保证产品品质,又减少了配送的中间环节,在时间和空间上更具灵活性。而作为餐食工业化的重要的现实应用,中央厨房拥有统一采购、规模生产等优势,在包装、配送等环节实施严格的标准化管理,目的是最大限度地保障产品的生鲜程度,节省时间,减少大量的采购成本以及运营成本。实现这些目的的前提是拥有一个服务于此的高质量冷链物流体系。首先在中央厨房模式前端,以农产品的生产商为主体,对于原材料进行预冷以及向采购商进行冷链运输。在中央厨房的中端,需要将采购的食材存入冷库或冷藏车间进行冷链仓储,这部分还需要根据食材对于温度的要求不同而设置不同的标准。在加工过程中还需要将生鲜、冻食、鲜肉、蔬菜、粮油、调料等各种物料由冷藏车间送往加工车间。在中央厨房模式末端,在食材到达配送中心之后,需要从配送中心进行冷链配送,进行运输环节的低温控制,之后到达如火锅店、企业事业单位食堂、快餐店、连锁酒店等餐饮服务单位,餐饮服务单位本身也需要一定的冷藏设施来储存这些成品、半成品食材,最终经过处理被顾客消费(张倩倩,李学工,2019)[50]。

在中央厨房长期经营过程中需要具备高效化的物流配送中心,连锁餐饮企业的中央厨房一般和配套的第三方冷链物流运输中心合作,承担日常食品加工生产及生鲜成品半成品的物流运输。然而对于大多数中小型餐饮企业来说,自建中央厨房耗费资金与人力过多,根本无力承担,在这样的背景下,"共享"型中央厨房运营模式正在兴起。共享型中央厨房一般是以冷链物流园区为依托,由冷链园区负责建设和经营,连锁餐饮企业只需要以租赁的形式获取中央厨房的使用权即可。从前端的原材料采购,到中央厨房内部的收货、存储、拣货、配送一系列操作,均可委托冷链物流园区完成,当然餐饮企业也可以选择仅仅租赁场地自行管理。针对连锁餐饮企业较为核心或保密的食品加工部分,在中央厨房租赁一定区域进行加工即可。在该区域,冷链物流园区在规划和设计时已经按照餐饮加工标准进行了基础设施建设,餐饮企业仅需在此区域布局加工设备进行生产即可。这种模式下,餐饮企业完全能够实现集中采购、规模管理、统一配送,高度实现资源共享,并享受到更为专业的第三方冷链物流服务,实现冷链物流轻资产运营,同时还能够保证自身核心技术的私密性[1]。

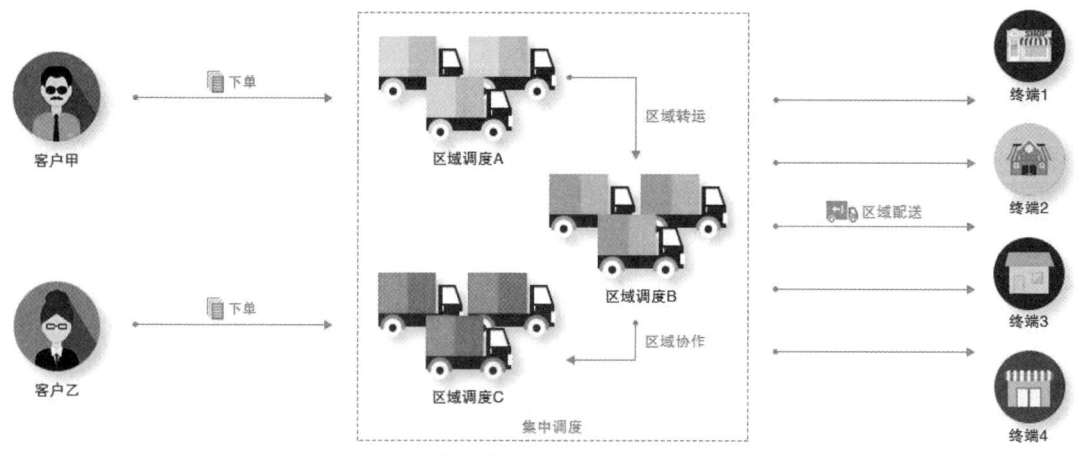

图6-9 中央厨房型现代冷链物流发展模式

---

1 共享型中央厨房正在兴起,餐饮冷链如何顺势而为?[EB/OL].https://www.sohu.com/a/215911546_100000002,2021-07-13.

以济南市山东凯瑞商业集团中央厨房产业园"22城"项目为例,这是全国第一个示范性加工配送产业园,也是全国规模最大的餐饮门店配套服务项目。项目总占地面积近百亩,建筑面积近10万平方米。涵盖蔬菜加工、肉类加工、生鲜调理、料包加工等八大区域[1]。董事长赵孝国表示,"22城"项目是为了建立一个国家级的全国共享厨房,让餐饮行业迈入标准化,省去餐饮企业前端的菜品采购、运输、粗加工等工序,力图为每道菜都赋予品牌化的灵魂。中央厨房产业园"22城"项目的服务对象十分广泛,包括了养老院、中小学、企事业单位、写字楼及航空、铁路、高速服务区并且向每个餐饮服务单位提供成品与半成品。目前年生产加工能力达1.8万吨,辐射半径600公里,覆盖京、津、冀、鲁、苏、豫六省市,年产值可达50亿元。凯瑞商业集团立志突破传统餐饮行业的困局,为行业赋能,打破传统餐饮模式的壁垒,利用大数据和区块链技术,实现从种植生产到加工配送的一站式、一体化服务,解决传统餐饮行业中长期存在的垃圾分类、运输环节治理、门店标准化、物业费、用工难等亟待解决的痛点问题[2]。

6.3.4 第三方冷链物流+供应链

伴随着国民生活水平的提高,人们对于食品消费在质量、口感、安全性上有了更高的要求,冷链需求快速增加,生鲜食品企业蓬勃发展,由于大多数企业缺少资金与精力,同时也没有必要建立自己的冷链物流服务体系,第三方冷链物流服务企业应运而生,为众多生鲜食品企业提供专业化的冷链物流服务。(1)生鲜产品的质量安全需要从产品的采摘、预冷、入库、运输、加工、配送、分拣等多个环节,全方位的把握与控制,任何一个环节的温度控制没有做好,出现了断链,都会导致食品质量受到影响。(2)消费者的生鲜需求的不稳定性与冷链资源有限固定之间的矛盾,有的时候出于成本方面的考虑,小规模单个的生鲜订单往往采用与常温订单相同的模式,加上工作人员可能缺少对订单的了解,没有第一时间处理生鲜订单,使生鲜产品错过了最佳配送时间,对影响产品品质产生不利影响。(3)在"最后一公里"环节中,对于时效性要求较高,需要第三方冷链服务商投入较大的成本,而第三方冷链服务商需要通过承接更多的订单来取得规模效益。(4)由于道路交通安全法规等条例,电动自行车或三轮车在很多城市难以通行,交通限行与堵塞,都在很大程度上加大了"最后一公里"准时配送的难度。这些原因导致了虽然有丰富的冷链设施设备,可食品质量安全事故还是频发,这不仅是食品质量本身问题,更多的是人为的因素导致,尤其是生鲜电商冷链物流重数量、轻质量的方面问题,严重影响了消费者身体健康。所以,积极探索冷链物流产业链延伸模式对民生乃至国家有着非常重要的现实意义。第三方冷链在一定程度上解决了专业化问题,例如,降低了物流成本,提高了配送效率。但作为整个供应链的其中一员,基本上没有向客户提供整个供应链服务。随着社会变得更加复杂与多变,第三方冷链的综合能力与集成技术难以适应用户的需求,客观上要求提供综合服务的供应链企业的出现已迫在眉睫。提供综合服务的供应链企业,又叫"第四方冷链物流",在供应链上的作用,通过整合第三方冷链企业,打破传统商业运营模式,将现代前沿科学技术融合起来,在物流管理中构成一个供应链再造模式表现出来。通过第四方冷链,重新平衡

---

1 打造济南千亿级餐饮食品产业供应链"22城"项目[EB/OL].https://xw.qq.com/cmsid/20201208A0382L00,2021-07-13.

2 山东凯瑞商业集团董事长赵孝国:加快打造千亿级供应链体系"22城",做餐饮界"国潮"[EB/OL].https://sd.china.com/shangye/20000940/20210328/25401266.html,2021-07-13.

供应链的整体战略和各个参与者的市场战略、提高供应链的管理技能、创造供应链之间的新的协作机制,第四方冷链向用户提供更加全面的供应链解决方案,这对生产企业和商业企业来说是难得的发展机遇(全喜龙,2021)[51]。

第四方冷链物流的代表企业"九曳"供应链,这是国内第一家第四方冷链物流企业。九曳供应商打造了一个生鲜供应链服务平台,将第三方冷链物流商进行整合,通过"分仓+落地配""原产地直运"等形式,共同为客户提供全面的供应链服务和解决方案。这样一来,会将第三方冷链的资源进行充分利用,周转迅速、时效性高,从而可以减少物流成本,同时可以进行生鲜产品溯源。在具体操作上,九曳供应链选择冷链物流企业进行合作,将冷链物流的车辆进行整合,对物流企业的人员进行培训,提高他们对九曳的系统操作和B2C操作能力,这样既可以不增加各方的投入,又能让工作人员掌握操作方法,并快速复制到全国物流网络。同时在质量安全把关方面,九曳设立了严格的标准化流程,包括生鲜产品入库仓储、分拣、包装方面,值得一提的是,九曳根据不同的产品的大小与体积来确定不同的包装尺寸,并加以分类,这样既在很大程度上减少了出入库的时间,也减少了包装的浪费,符合绿色冷链的理念。在运输过程中,由九曳出面,整合涉及的冷链运输资源如冷藏车和冷藏箱,并将运输干线分门别类,涉及电商专列、同城专列、城际专列和航先达等多种,能够在很大程度上减少运输时间,提高运输效率。在运输的温控问题上采用先进的TMS系统来进行实时监控与温度控制。在生鲜冷链物流的配送痛点"最后一公里"上,九曳通过自身的生鲜平台,融合中通、韵达等多家物流服务商,为消费者提供多样化的服务与选择[1]。

6.3.5 快递物流+冷链物流

"一骑红尘妃子笑,无人知是荔枝来。"这一句脍炙人口的唐诗表明快递物流与冷链物流的结合由来已久,我国古代就已经出现了快递冷链的萌芽,在当时这种方式付出了极大的成本,且主要是满足贵族阶级的奢侈生活需要。而到了现代,随着经济发展与生活方式的变革,生产力大大提高,民众对于类似生鲜食品的需求使快递冷链模式走入了寻常百姓家。

2014年9月,顺丰集团正式推出"冷运"新品牌,瞄准食品生鲜配送市场。2016年7月,中通推出"优鲜送"服务,发力冷链配送。2016年10月,圆通正式启动"2016大闸蟹项目",进军冷链市场。2017年4月,申通快递投资成立上海申雪供应链管理有限公司,快速拓展冷链业务。"快递物流+冷链物流"发展模式正在遍地开花,而冷链正在成为快递公司的重要布局方向。

那么,快递企业为何要进军冷链物流行业呢?首先,快递公司的利润来源极其单一,能够提供的服务环节较少,进入门槛低,竞争压力大,成本已经压缩到一个非常危险的范围,而冷链物流门槛较高,整体平均毛利率为15%~20%,学习成本与规模效益比快递更加明显。所以相对于以其他模式参与到冷链物流的企业来说,快递企业的产业链延伸的动机是最强的。其次,冷链物流市场巨大,而相对于巨大的市场来说,能够提供服务的第三方冷链企业却又存在企业集中度不高,规模普遍较小,从我国冷链物流企业来看,几乎没有类似于发达国家那样的占据大量市场份额的冷链龙头企业。而相对于规模较小的第三方冷链企业,龙头快递企业不仅拥有雄厚的资金与巨大的规模,更重要的是快递企业手里拥有着众多配送站点,熟悉配送路

---

1 大白菜.九曳供应链是什么快递?九曳供应链如何服务客户?[EB/OL].https://www.sdongpo.com/xueyuan/c-23162.html,2021-07-13.

线,在解决"最后一公里"的冷链配送问题方面有着得天独厚的优势,对于快递时效性的追求,为冷链物流服务提供了基础。快递巨头进军冷链,有利于发挥更大的规模效益,出现比原有基础上更大、服务更为全面的冷链物流服务巨头,在冷链行业这样一个很大程度上依靠规模效应来获取利益的行业,"快递+冷链"的模式有利于减少整体供应链成本,提高整体效益。最后,在大部分快递企业的客户中,电商都占有举足轻重的地位,当电商平台向生鲜食品、药品方面拓展业务时,如果快递企业不及时跟进,发展自身的冷链运输配送能力,就难以跟上电商平台发展的脚步,满足客户的需求,就不可能拥有长期为其服务的能力,所以快递企业向冷链物流拓展是其必由之路。

以顺丰为例,顺丰是一家直营制的快递龙头企业,除了传统的快递业务,顺丰的新业务包括时效业务、经济业务、重货业务、冷运业务、国际业务、同城配业务。据公司半年报,2021年上半年顺丰冷链业务(含食品冷运及医药物流)整体实现不含税营业收入37.20亿元,同比增长14.79%。其中冷运服务分为食品冷运服务和医药冷运服务两部分如表6-1所示。冷运食品服务包括生鲜速配、大闸蟹专递、冷运到家等服务,以快速高效的服务质量来保证客户的需求;医药服务包括医药常温、医药专递、医药仓储等服务,专业团队的全程监控,保证了医药物品的安全性和储存环境。多种类的冷运服务,给不同需求的客户提供了更为精准的寄递服务。

表6-1 顺丰速运业务介绍

冷链服务	服务类型	服务特性
食品服务	生鲜速配	保时,保鲜,快速理赔
	大闸蟹专递	保时,保鲜,快速理赔
	冷运到家	全程冷运,新鲜速达
医药服务	医药常温	专业团队,环境保障,专用物料
	医药专递	时效保障,全程温控,专业包装,GPS认证
	医药仓储	覆盖全国,专业存储,全天监控

顺丰相对于其他竞争者拥有诸多优势。在运输方面,目前顺丰速运提供多达14种冷链服务,主要覆盖食品和医药两个领域,生鲜速配服务在中国大陆地区运输时间整体不超过3天,并严格把控跟进各个环节,保障生鲜的品质;针对配送食品的种类不同,如易腐食品、冷冻食品等,在全国44个城市之间提供冷运到家服务,为客户提供门到门的派送服务,解决好易腐及冷冻食品的"最后一百米"问题。设备方面顺丰同样优势明显,顺丰冷运业务目前有接近120条食品干线,拥有并运营50座以上的食品仓,仓库面积超过22万平方米,拥有国内先进的自动化制冷降温设备,进口计算机实时监控温度系统。顺丰拥有冷藏车800多辆,还有一万辆以上的外包储备冷藏车,且可实现车厢多温区控制温度,实时监控运输过程中的温度。此外,研发并提供专业的包装解决方案,申请国家专利36项,食品生鲜类包装方案60多套,设备数量丰富,研发及技术实力突出。

6.4 冷链物流产业链延伸的绩效评价

6.4.1 供应链运作参考模型介绍

不同行业有不同的供应链模式,对供应链模式进行描述的模型也很多,而 SCOR 模型(Supply Chain Operation Reference-model),即供应链运作参考模型,是当今国际上在构建、优化和诊断供应链方面做得最好的工具。SCOR 模型是于 1996 年由两个波士顿的咨询公司 PRTM 和 AMR 成立的供应链协会(SCC)提出的,如今已经被多个国际大企业所采用,如英特尔和戴尔公司等;在我国,华为、联想公司也已加入 SCOR。

SCOR 是第一个标准的供应链流程参考模型,其基本思路是将业务流程重组、标杆管理及最佳业务分析集成为多功能一体化的模型结构,是供应链的诊断工具。SCOR 使企业间能够准确地交流供应链问题,客观地评测其性能,确定性能改进的目标,并影响今后供应链管理软件的开发(N KSHETRI,2014)[52]。

SCOR 模型几乎包括了商业、制造业等所有行业。从供应链的上下游链条来看,SCOR 模型覆盖的范围从供应商的供应商到客户的客户。具体来说,包括所有与客户之间的相互往来,从订单输入到货款支付;所有物料实体的传送,从你的供应商的供应商到你的客户的客户,包括原材料、在制品、成品、配件、设备、软件等;所有与市场之间的相互影响,从对总需求的把握到每项订单的完成;退货的管理(陈彬馨,2008)[53]。

6.4.2 SCOR 的流程模型结构

SCOR 模型依靠标准化、模块化的流程结构来定义与分解供应链,按照流程的详细程度可以分成四个层次,每个层次都可以用来分析企业的战略运营,如表 6-2 所示。

表 6-2 SCOR 的流程模型结构

	层次	描述	示意图	含义
SCOR 模型 (项目范围)	第一层	基本流程层	计划/采购/生产/配送/退货	第一层定义的范围和内容。此处设立了竞争目标的基础
	第二层	配置层		企业可以从种核心流程类型中选择构造自己的供应链,据此实施运作战略
	第三层	流程元素层		企业微调建立的运作战略,同时定义企业在选定的市场上成功的竞争能力,包括:流程要素定义、流程要素信息输入与输出;标杆应用;最好实施方案;支持最佳实践的系统能力
模型之外	第四层	实施层		特定的供应链管理系统,定义了企业取得竞争优势以及变化的方案

表 6-2 中,第一层为定义层,包括计划、采购、生产、配送、退货 5 个基本流程,定义与规范了企业业务的基本范围与内容以及企业所要达到的目标,是企业做出战略决策的依据。第二层为配置层,把第一层的 5 个流程分解成为 30 多个核心流程,企业可以根据自身需要选择流程来构建理想的供应链。第三层为流程元素层,可以根据第三层的核心流程进一步加以细分,提供企业改进其供应链所需要的信息以及提高供应链绩效所需的计划(陈序明,2005)[54]。

由表 6-2 中可以看出,除了基本的三层结构之外,还有第四层——实施层,这一层并不是 SCOR 模型所规定的标准化流程,而是由工作人员根据自身需要对于流程元素层进行的进一步的划分,工作人员可以依据自身的工具制定具体的业务流程。如果依旧不能满足需要,工作人员可在此基础上继续划分第五层乃至第六层。

6.4.3 基于 SCOR 模型的冷链物流产业链延伸构建

由于 SCOR 模型首先是为制造业企业提出的,而冷链与制造业供应链存在着较大的差别,而同时又要具备评价产业链的能力,故需要对原来的 SCOR 模型进行修改,使之适用于冷链物流企业。我们依据 SCOR 模型,同时结合冷链物流自身特性,建立了新的改进模型,如图 6-10 所示。

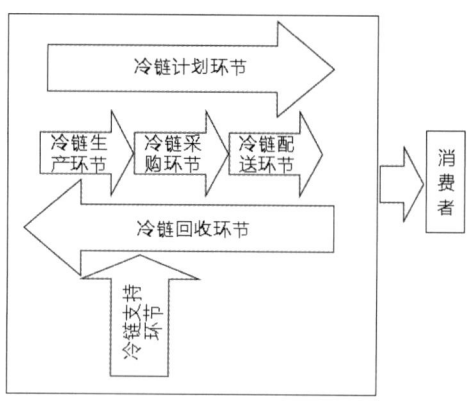

图 6－10 基于冷链企业的 SCOR 模型

6.4.4 构建 SCOR 模型第一层次

在 SCOR 模型中,第一层次是基本的流程层,定义了范围与内容,包括了计划、采购、生产、配送、回收五个基本流程,加入了一个支持环节,表示对其他流程的支持作用,各环节分别用字母 P、S、M、D、R、E 来表示,具体含义如表 6－3 所示。将冷链物流特点同 SCOR 模型相结合,要求企业从一开始就要从整个产品与服务周期整体思考,从生产到回收处理的所有因素,包括从质量、成本、需求、冷链资源的整合优化利用,到废弃物的回收处理利用。

表 6－3 SCOR 模型第一层次指标

序号	基础流程	编码	含义
1	计划	P	根据企业的目标与战略,统筹规划企业的基础业务流程
2	采购	S	依据计划进行对产品与服务的购买
3	生产	M	依据计划进行生产
4	配送	D	根据计划对半成品或产成品进行运送
5	回收	R	根据计划将客户退回的产品、半成品等逆向运送给上游供应商,以及包装物、废弃物的回收处理
6	支持	E	对于整个供应链流程在人力资源、技术、金融、交通、土地等方面的支持,贯穿了整个业务流程

6.4.5 构建 SCOR 模型第二层次

SCOR 模型第二层次是在第一层次指标的基础上对于基础流程元素的细分,依据冷链物流产业链的实际特点,选取了 21 种第二层次指标,并设定了标准化的流程模式,见表 6－4。

表 6－4 SCOR 模型第二层次指标

序号	编码	流程
1	P1	总体计划
2	P2	采购计划
3	P3	生产计划
4	P4	配送计划
5	P5	回收计划
6	S1	采购的产品或服务
7	S2	采购的供应商
8	M1	生产环境
9	M2	生产技术
10	M3	生产预冷
11	M4	包装要求
12	M5	生产工人
13	D1	冷链运输
14	D2	冷链仓储
15	R1	不合格产品的回收
16	R2	包装的回收
17	E1	技术支持
18	E2	金融支持
19	E3	人力支持
20	E4	交通支持
21	E5	土地支持

SCOR 模型第二层元素是在第一层元素基础上的细分，具体包含了 21 个细节流程，具体内容如下。

1.计划流程

计划是企业在分析客户需求、市场未来发展、企业自身状况的基础上，结合自身的目标与战略，制订总体计划。再根据总体计划制订各个层次中的分计划。

P1 总体计划：制订企业在未来一段时间的总体规划，利用企业各项资源进行整合优化来达到企业的目标与愿景。

P2 采购计划：根据总体计划来确定未来一段时间的采购方案，为企业正常的经营活动提供保障。

P3 生产计划：根据总体计划来确定未来一段时间的生产方案，合理利用现有资源进行生产。

P4 配送计划:根据总体计划来确定未来一段时间的配送方案,合理利用资源进行线路规划与选址,提高客户满意度。

P5 回收计划:根据总体计划来确定未来一段时间的回收方案,及时合理应对出现退货情况。

2.采购流程

对于冷链物流企业而言,采购就是对于产品服务的选择以及供应商的管理。

S1 采购的产品或服务:这是一般企业的第一步,首先根据自身业务确定采购的流程与标准,然后根据市场行情确定采购的数量与价格。在既满足市场需求的基础上又不会造成浪费。

S2 采购的供应商:供应商选择与管理是采购的核心,在冷链物流产业链中,供应商是否有明确的冷链物流意识,是否遵循相关标准在很大程度上影响着冷链物流的质量。

3.生产流程

生产流程是企业按照制订生产计划来进行的,包括产品加工、产品包装、出货等工作。

M1 生产环境:冷链物流对于各个环节有着严格的要求,生产环境的卫生状况与安全对于冷链物流产品的安全性与质量有重要影响。

M2 生产技术:生产技术是生产流程的核心环节,不仅影响了企业的生产效率与利润,还在产品的质量安全与环境保护方面有重要作用。

M3 生产预冷:由于冷链行业的特殊性,需要全程对产品进行冷藏保鲜,预冷环节是其中关键一环。

M4 包装要求:产品的包装贯穿了冷链的生产、加工、运输、销售等过程,合理的包装不仅要能够维护产品的质量与生鲜度,更要符合绿色冷链的理念。

M5 生产工人:由于冷链行业的特殊性质,对于工人的考察不仅要考虑他们的操作技能的熟练程度,更应该关注他们自身的卫生与健康。

4.配送流程

D1 冷链运输:冷链企业在运输过程中应该秉持着节约资源、绿色冷链的原则,合理规划运输路线,调配运输车辆,安排运输时间,在保障产品质量与安全的前提下节省成本。

D2 冷链仓储:由于冷链产品对于温度要求较高,所以应该在经济性与安全性的原则下,全程保持冷链仓储,尽可能地降低产品的损耗。

5.回收流程

R1 不合格产品的回收:对于整个冷链来说,由于生产、保鲜、温控、运输损耗、不合理的仓储等原因,不合格的产品的产生在所难免,这时就需要对不合格的产品进行回收。

R2 包装的回收:在冷链产品中为了运输配送过程中的方便性与安全性,同时保障产品的温度在一定的范围之内,往往需要对产品进行包装,包装物的及时回收处理是实现绿色冷链的必要条件。

6.支持流程

E1 技术支持：冷链物流由于自身特性，往往比一般物流在服务方面有着更加严格的要求，这就需要在冷藏技术、温度控制技术、视频识别技术等方面得到支持。

E2 金融支持：冷链物流行业投资规模大、回收周期长的特性，使得金融机构通常对冷链物流企业放贷意愿不强且利息很高，导致物流冷链企业融资困难。如果冷链物流企业想要延伸产业链、扩大规模，就需要大量的资金支持。

E3 人力支持：冷链物流运营供应链长，上下游环节多，跨多个行业，冷链物流管理除了需具备一定的物流知识，还需要了解冷链工程、加工工艺、信息技术和供应链管理等方面的知识，这就需要各个层次方面冷链人才的支持。

E4 交通支持：在冷链运输配送过程中，可能会由于当地政府限行政策、环保压力、收费站的设置造成运输不及时，车辆运输效率不高、利用率小。这就需要企业获得交通方面的支持。

E5 土地支持：由于土地指标为稀缺资源，物流行业对地方税收贡献较小，冷链基础设施用地限制条件普遍较高，导致物流企业拿地困难，这就需要获得土地方面的支持，促进冷链物流活动的更好开展。

6.4.6 构建 SCOR 模型第三层次

SCOR 模型的第三层次是流程元素层，是在第二层次的基础上对于第二层次元素的进一步划分。如企业各项资源的投入与输出和绩效评价。SCOR 模型提供了一般的评价指标，类似于资金、供应链的灵活性、成本各个方面。但是由于冷链物流企业的特殊性，需要构造更加有针对性的评价指标体系。

6.4.7 平衡计分卡(BSC)模型介绍

平衡计分卡 BSC(Balanced Score Card)是于 20 世纪 90 年代由哈佛商学院会计学教授罗伯特·S.卡普兰及复兴集团总裁大卫·P.诺顿一起提出的一种绩效评价体系，是一种系统的战略管理体系，目的是促使企业长期稳定的发展。并且将财务层面、客户层面、内部经营层面、学习与成长层面 4 个层面作为评价指标，其结构模型如图 6—11 所示，分别代表了股东、客户、员工三个利益相关者。能够做出对于财务指标与非财务指标的绩效评价。

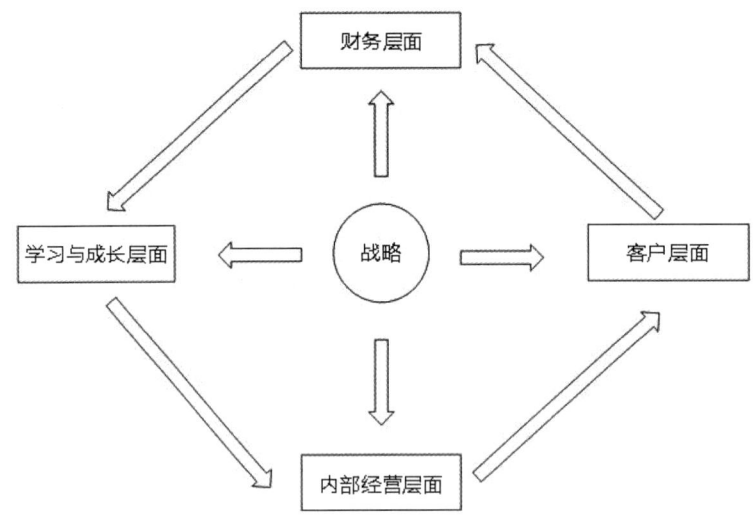

图 6-11 平衡计分卡结构模型

其中四个维度指标含义为：

1.财务层次

企业成立之初的目的就是实现稳定、长期、持续增长的盈利，使企业所有人获得回报与收益，财务层次是衡量企业运营结果的最终指标，所以将其作为绩效评价的首要指标。

2.客户层次

客户是要求企业提供产品或服务的主体，企业需要通过不断变化自身政策战略来响应客户的市场需求，这是企业能够在市场上长久生存发展、站稳脚跟的原因。平衡计分卡在客户层次给出了四个指标：市场份额、客户满意度、客户获得率及客户保有率。

3.内部流程层次

企业的内部流程是企业实现正常运营，满足顾客需求，维护细分市场乃至盈利的基础，也是企业在面对组织架构、业务流程、内部制度出现问题时改善的着眼点，在面对企业的业务目标与战略难以实现时，可以通过对内部流程的合理构建以实现变革与进步。

4.学习与成长层次

企业想要获得长期的盈利与增长，学习与成长是企业未来实现自身价值、获得成功的重要因素。只有保持学习与成长，才能使企业保持竞争力，不断与时俱进，推动企业发展。可以通过员工满意度、员工保持率、员工培训和技能等指标来评价。

平衡计分卡的四个指标层次相互联系促进，企业最终要实现财务指标，为此要满足客户需要，扩大市场份额，为此又需要提高企业内部流程绩效，而提高企业内部流程质量又应以企业不断的学习与创新为基础。平衡计分卡不仅能有效克服传统的财务评估方法的滞后性、偏重短期利益和内部利益以及忽视无形资产收益等诸多缺陷，而且是一个科学的集公司战略管理控制与战略管理的绩效评估于一体的管理系统。

6.4.8 SCOR-BSC 模型的适应性分析

产业链延伸是一个复杂的系统性工程,不仅局限于纵向内涵式延伸、横向外延式延伸,还可能是纵横结合的复合式延伸。产业链的延伸要分析技术来源,技术创新能力,新市场的开拓能力,新业务的管理能力,生产要素的获取能力,资金融资能力,与原业务的衔接能力,熟练工人的来源,核心技术人才的来源,新产品的市场竞争能力,价格、成本,质量,客户关系,市场进入渠道、成本,获利能力,资源环境生态因素,产业生态环境,研发、设计、服务、材料供给,销售渠道等。冷链,本身就是一种特殊的供应链,只不过对流通服务有着更加严格的要求。这就要求对于冷链物流产业链延伸的评价不仅要全面,更要有具体的可量化的指标(朱洪瑞,牛楠,刘家顺,等,2016)[55]。

SCOR 模型是当今国际上在构建、优化和诊断供应链方面做得最好的工具。通过对计划、采购、生产、配送、回收 5 个方面的综合分层绩效评价,为企业未来发展与预测提供了可操作性的指标。几乎可以适用于任何行业的供应链体系构建,具有普适性,为不同性质与经营范围的企业之间的交流比较提供了通用指标。在业务流程范围提供了全面的指标体系,可操作性强,十分具体,在评价绩效标准化的问题上做出了尝试,企业管理者可以通过判断来提出改进方案。但是过于关注具体的流程评估,对于整个供应链的整体评价较为缺乏,整体的宏观指标尚未确定。关注的内部流程不够全面,除了采购、生产、计划、配送、回收之外的流程的考察指标缺失,例如财务资金、人力资源等环节,且指标纷繁复杂、数量多,对于冷链物流的针对性不够,最后 SCOR 模型仅仅着眼于企业内部流程,对于上下游的供应商、企业的联盟合作伙伴、客户等主体之间的联系并没有充分的指标加以评价,要对其他指标加以引进、调整与改进。而 BSC 模型能够从战略角度做出评价,为企业未来战略提供指导,并且提供了全方位、立体化的评价方向,能够做到对企业的外部环境、市场形势、商业政策、内部流程、自身制度、财务、未来发展等多方面的把握与评估,以帮助企业实现长期稳定的成长。但也存在着定性指标较多,难以量化,缺少具体的通用流程,实施落地困难,灵活性差等问题。因此本书将 SCO 模型同 BSC 模型相结合,在此基础上结合冷链物流产业链做出指标上的调整与扩充,力求做到既有宏观的评价指标,又能够提供具体的评价指标。本书所使用的 SCOR-BSC 模型如图 6-12 所示。

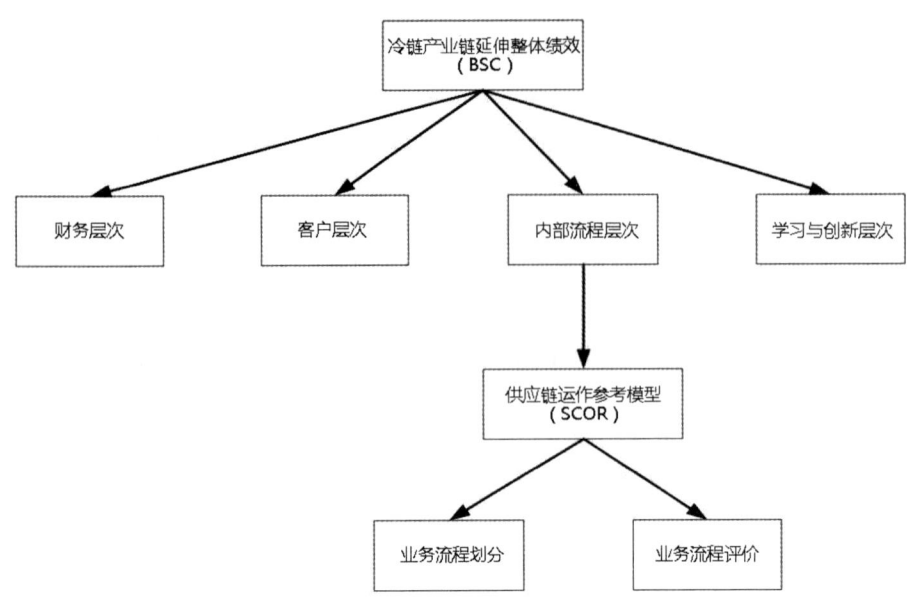

图 6－12 SCOR－BSC 产业链评价模型绩效构建

SCOR－BSC 模型基于两个模型的特点,分别吸取了它们的模型优势,又能够弥补各自模型的缺点与不足。既能够从整体上制定产业链评价的宏观指标,又具备对于细化的流程分解的能力;既能够在全局层次上评价产业链,又具有细节流程的可操作性。SCOR－BSC 模型可以使管理者在把握全局发展的同时了解冷链业务流程,对于具体问题做出改进,以使冷链物流企业往企业战略的发展方向前进,评价内容如表 6－5 所示。

表 6－5 SCOR－BSC 的评价内容

产业链层次	任务	关键问题	关键因素
财务层次	整个产业链上的企业的价值收益最大化	产业链上的不同企业是否能够实现自身价值	产业链的整体利润回报
			不同节点企业之间的交接配合
			成本与资金流动得到合理的控制
客户层次	客户的需求得到足,客户能够效用最大化	能否及时为客户提供高质量的冷链物流服务	快速响应客户的需求
			维护客户关系
			深入挖掘客户潜在价值
内部流程层次	所有流程运作合理化,能够随着企业的战略目标调整而调整	企业现行的运作流程是否能够提升产业链的核心竞争力	控制内部流程的运营的成本
			合理化流程环节
			提高产业链的韧性与柔性
学习与创新层次	增强产业链的可持续发展与创新能力,维持并不断扩张产业规模与市场占有率	产业链是否具有长期稳定的发展与创新能力	员工能力与素质的培养
			学习与创新文化的形成
			产业链企业之间的交流与合作

6.4.9 SCOR－BSC 模型的冷链物流产业链延伸评价体系构建

针对冷链物流企业产业链延伸情况构架了基于 SCOR－BSC 模型的指标评价体系，在产业链的财务、客户、内部流程、学习与创新四个层次作为一级指标，并将这四个层次的一级指标划分为 12 个二级指标以及 32 个三级指标，具体结构与指标如图 6－13 所示。

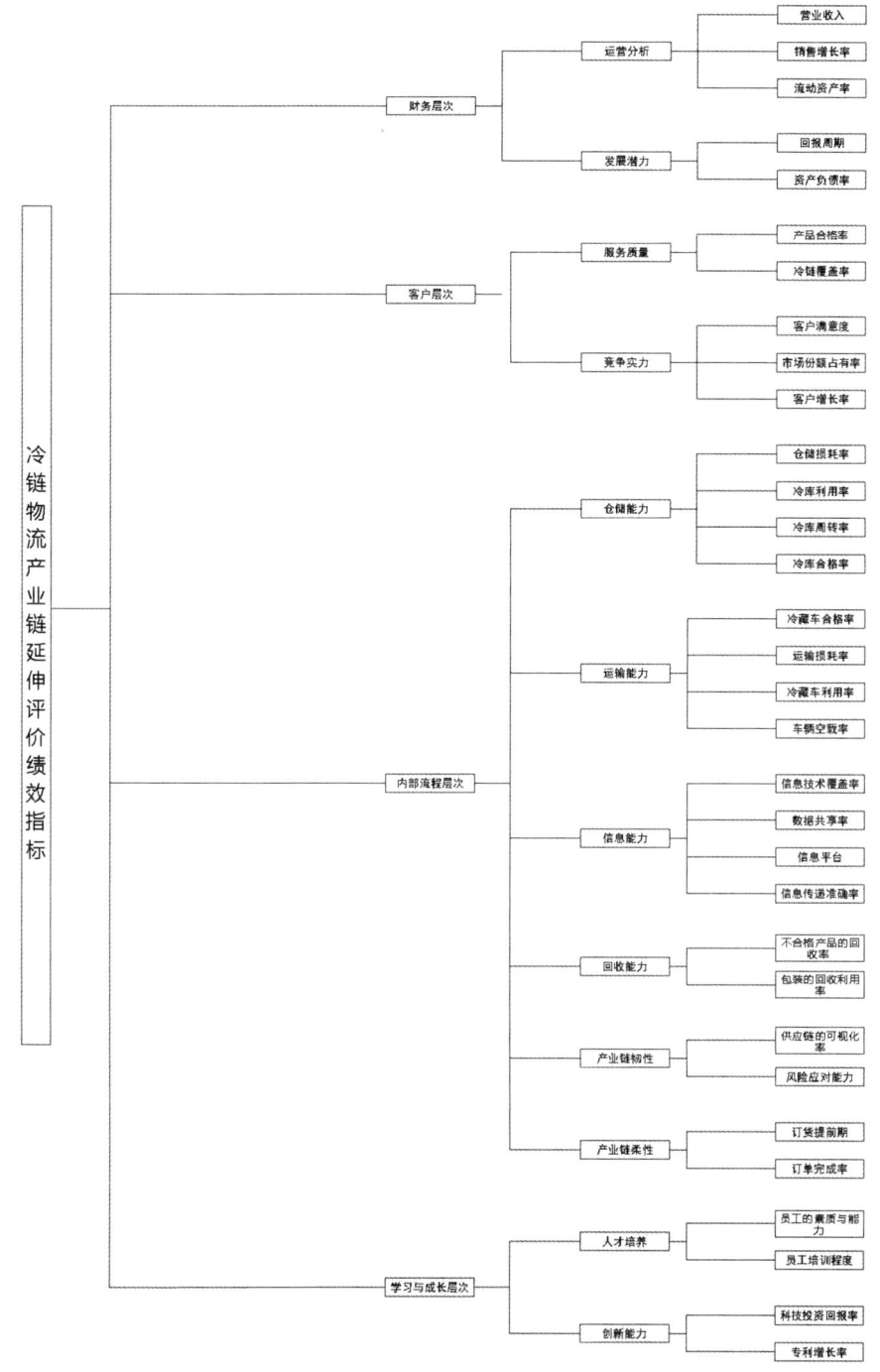

图 6－13 冷链物流产业链延伸评价绩效指标

冷链物流产业链延伸评价的第三层绩效指标的具体含义与计算方法如表6-6所示。

表6-6 冷链物流产业链延伸绩效评价第三层指标量化方法

序号	三级指标	含义	计算方法
1	营业收入	产业链的所有企业从事主营业务或其他业务获得的收入	产品销售量(或服务量)×产品单价(或服务单价)
2	销售增长率	冷链物流产品或服务的销售情况	(本年度的销售额-去年度的销售额)×100%
3	资产流动率	流动资产占产业链企业总资产的比例	(流动资产/产业链企业总资产)×100%
4	回报周期	计算项目投产后在正常生产经营条件下的收益额和计提的折旧额、无形资产摊销额用来收回项目总投资所需的时间	收回投资资金的日期时间-投入资金的日期时间
5	资产负债率	负债资金占企业总资产的比重	(总负债/总资产)×100%
6	产品合格率	合格的产品或服务占总的提供产品或服务的比重	(合格产品数量/总产品数量)×100%
7	冷链覆盖率	在整个冷链过程中能够严格执行冷链标准的时间占总时间的比重	(冷链覆盖时间/总时间)×100%
8	客户满意度	客户对于提供产品或服务的满足程度	定性指标
9	市场份额占有率	冷链产业链提供的产品或服务占市场同类产品或服务的比重	(产业链企业的产品或服务的市场份额/总的市场份额)×100%
10	客户增长率	新增长的客户数量占往期的客户数量的比例	(新增客户数量/上期的客户数量)×100%
11	仓储损耗率	损耗的产品数量占仓储产品数量的比例	(损耗产品数量/仓储的总数量)×100%
12	冷库利用率	对于冷库的利用水平	(已经利用的冷库面积/总冷库面积)×100%
13	冷链周转周期	说明冷库的管理水平与冷链产品的流通速度	当月发出库存商品/[(上月库存+本月库存)/2]在×100%
14	冷库合格率	达到标准的冷库数量占总冷库数量的比例	(合格冷库数量/总冷库数量)×100%

续表

序号	三级指标	含义	计算方法
15	冷藏车合格率	达到标准的冷藏车数量占总冷库数量的比例	（合格冷藏车数量/总冷藏车数量）×100%
16	运输损耗率	运输过程中损耗的产品数量占运输产品总数量的比例	（运输过程中损耗的产品数量/运输的产品总数量）×100%
17	冷藏车利用率	对于冷藏车的利用水平	（已经利用的冷藏车数量/总冷藏车）×100%
18	车辆空载率	对于车辆运力的利用	（车辆空载里程数/车辆行驶总里程数）×100%
19	信息技术覆盖率	冷链产业链中信息系统的覆盖程度	定性指标
20	数据共享率	冷链产业链的节点企业分享的信息数量占总体得到信息数量的比例	（分享的信息数量/总信息数量）×100%
21	信息平台	冷链产业链中信息平台的构建的完善程度	定性指标
22	信息传递准确率	准确进行信息传达的情况	（准确信息的传递次数/传递信息的总次数）×100%
23	不合格产品的回收率	不合格产品的回收情况	（回收的不合格产品数量/不合格产品的总数量）×100%
24	包装的回收利用率	包装的回收情况	（回收的包装数量/总的包装数量）×100%
25	供应链的可视化率	对于产业链的上下游的把握与了解情况	（了解与掌握的供应商数量/总供应商数量）×100%
26	风险应对能力	产业链在面对风险时的应对情况	定性指标
27	订货提前期	采购订单下达到物料采购入库的全部时间	采购入库的日期时间－采购订单下达的日期时间
28	订单完成率	完成的订单数目占总订单数目的比例	（完成的订单数目/总订单数目）×100%
29	员工的素质与能力	员工的学历、技能，从事专业岗位的能力	定性指标

续表

序号	三级指标	含义	计算方法
30	员工培训程度	员工参加培训的水平	(员工培训次数/行业内同岗位平均培训次数)×100%
31	科技投资回报率	冷链技术的创新对于企业盈利的影响程度	(科技投资带来的回报收益/科技投资的研发费用)×100%
32	专利增长率	一定时期内产业链专利的成长情况	(一定周期内新增专利数目/总专利数量)×100%

6.5 冷链物流产业链延伸建议

6.5.1 企业层面

1.选择合适的产业链延伸模式

冷链物流企业在决定实施产业链延伸前,要根据企业内外部的环境、自身能力等情况慎重考虑,因为虽然它可以为企业带来好处,但凡事有利则有弊。冷链物流具有高投资的特点,企业在产业链延伸的过程中,需要大量的资金的投入,获得回报也需要一定的时间,对于企业的发展来说有一定的风险。并且众所周知,产业链延伸的模式可以分为横向延伸和纵向延伸两种模式,每种模式还可以进一步地细分为合资关系、投资自建、兼并等模式,所以冷链物流企业应该结合自身的实际情况,确定企业自身可以承受的业务环节数量,选择适合自己的经营模式,循序渐进地发展纵向一体化,以实现企业的可持续发展。

2.优化资源配置,管理创新

随着产业链延伸的实施,业务范围扩大,企业可以利用的资源由此增加,此时资源的重新配置是企业面临的主要问题,企业应该有计划地、系统性地对资源进行重新配置,并且不断优化资源配置。此外,随着业务范围的扩大,不管是在规模上还是结构上,都意味着企业管理难度和成本的增加,因此企业需要对公司治理结构进行改善,创新管理方式,加强人才培养,打造一支专业化的管理团队,提高全员素质,防范和化解公司的内部矛盾,让企业成员上下一致、齐心协力地向着企业既定的目标发展,为提高企业绩效而努力。

3.运用先进冷链物流技术设备

冷链物流企业要进行产业链延伸,提高效率,提升企业绩效,离不开装备、技术的支持,企业可以采用环保材料、环保节能制冷工艺、节能和蓄能设备,提高自主研发能力,发展冷链专用运输车辆、仓储智能货架等。充分运用物联网、人工智能、大数据等互联网技术,加强对冷链物流各环节的监控和质量保障。

4.以顾客为导向,提升服务水平

冷链物流企业在产业链延伸的过程中,应该树立"以消费者为中心"的理念,在加工、仓储、运输、配送、包装等环节中,保证产品的高品质以及配送的时效性,展现自己的优势,让顾客满意,最终实现企业绩效提高的目标。

6.5.2 政府层面

1. 加强基础设施建设

冷链物流企业发展过程中,需要运用众多的设施和设备,例如,存储产品的冷库、加工产品的工具、运输过程中需要的冷藏车等。这些设施设备的建造需要大量的资金,对于冷链物流企业来说,单是经营一种业务所需投入的资金已经较多,若企业实施产业链延伸,自主经营多项业务,这时企业要投入的资金单靠企业自身是难以负担的。因此相关政府部门应该充分运用现有的财政资金,进行冷链硬件设备的建设和改造升级。

2. 支持企业融资,加大资金补贴

冷链物流企业可以为食品和药品的安全和品质提供良好的保障,具有公益性,政府应当为冷链物流企业的发展创造一个良好经济环境。

冷链物流企业在产业链延伸经营过程中,需要大量的资金投入,根据中物冷链委最新统计,88.2%的企业有融资需求,政府可以适当地放宽融资的条件限制,支持信誉较好的以及目前发展状况较好的冷链物流企业通过发行公司债券、企业债券等债务融资工具以及上市等多种方式拓宽融资渠道。尤其是支持企业上市这一块,政府还可以为上市的冷链物流公司提供资金支持,在其纵向一体化经营的过程中给予较多的资金补贴,从而推动企业的发展,增强其在保障食品、药品等产品安全和品质方面的能力。

3. 制定行业标准,规范冷链物流市场

目前不规范的市场秩序、行业标准的缺乏对冷链物流企业的绩效提升都会造成不利影响。这需要政府出台政策,制定行业发展标准,使冷链物流市场规范化、标准化发展,主要是要避免冷链物流企业间的恶性竞争,促进市场资源的有效配置,实现整个行业的繁荣发展;以及对冷链物流企业的各个环节的操作制定统一标准,减少损耗,并以此更好地保证产品的质量和安全,使其更好地服务于社会。

第七章 冷链物流产业链的优化升级研究

7.1 冷链物流产业链优化升级背景

冷链物流行业作为现代物流行业的重要组成部分,近年来,我国冷链物流行业的市场规模逐年扩大(匡思莉,戴小红,2021)[56]。2019年,我国冷链物流行业的市场规模约3391亿元。2020年初受新冠肺炎疫情的影响,各行业均受到压制的情况下,冷链物流却坐上了发展的快车。Quest Mobile数据显示,2020年春节期间,生鲜电商行业日均活跃用户规模达到1009万,较2019年春节大增91.46%,较2020年平日增长29.86%。后疫情时代需要立足国内经济大循环,促进冷链物流产业链优化升级。近年来,尤其是2020年,政府对冷链物流的政策意见出台非常密集,对冷链物流建设发展密切关注,一系列相关政策意见的出台都给中国冷链物流行业的发展带来比较好的政策环境。整体来看,国家层面的行业政策主要围绕冷链基础设施建设、冷链食品安全防范、行业疫情防控要求、冷链追溯平台建设等几个方面展开,逐步推动整合冷链物流市场供需、存量设施以及农产品流通、生产加工等上下游产业资源,提高冷链物流规模化、集约化、组织化、网络化水平,并且不断完善行业管理规范,进一步细化法律法规对冷链销售者安全主体责任的相关要求,监管力度逐渐加强,引导冷链物流行业企业规范经营,有利于行业长期健康发展。

7.2 冷链物流产业链优化升级必要性

7.2.1 居民消费水平升级

根据 SIF（苏宁金融研究院）对全国居民实物消费、服务类消费、消费升级业态、苏宁消费升级等指标体系的综合分析后提出的消费升级指数情况，国内居民消费升级综合指数从 2013 年的 0.341 上升至 2019 年的 0.378，年均增速约 1.73，反映出我国居民消费水平加速攀升，由基础性的生存消费逐步向精神消费转变，越来越重视对健康生活方式的追求。随着中国城镇化进程的推进和居民可支配收入的不断增长，消费升级浪潮势头愈加猛烈，居民消费呈现多元化趋势，消费结构正在被不断优化和重构。目前国内人均年水果消费量不足 60 公斤，相比较发达国家人均年消费 100 公斤，国内水果消费还有较大增长空间，水果冷链需求有待进一步挖掘。国内消费者对于蔬菜的需求逐渐从昔日的数量型向今日的质量型转变，更为健康、营养的需求日益显现，尤其是对绿叶菜的需求增速较快，从而也增加了对冷链物流的需求。中国已经成为水产品市场最大的消费国家，冷藏、冷冻是水产品的主要流通形式。受猪瘟疫情和政策导向影响，国内猪肉供应转向进口，从现在的以"运猪"为主，调整为以"运肉"为主，冷鲜肉将成为肉类消费主流，肉类冷链物流运输市场发展空间巨大。

7.2.2 新业态拉动产业变革

生鲜行业具有需求同质性、消费主体呈现年轻化趋势、基础设施差、门槛高起步晚、侧重区域发展、标准化程度低、大部分为非标品、需要冷链保鲜等特性。消费者对食品安全、食品质量及营养愈加关注，对于食品产地需求日益多样化，消费场景从线下转向日益复杂的线上线下相结合模式。消费者在生鲜平台下单成为主流消费模式，从而倒逼上游冷链仓储运输型企业未来朝着依托平台式物流服务商的方向转变。这些消费行为的变迁助推了食品进口、生鲜电商、新零售等新兴业态的迅速崛起，也从多个维度对冷链物流行业的服务提供商提出了新的要求。餐饮后端工业化水平持续提升，带来的明显变化就是对前端扩张赋能的显著提升。应对经济社会发展带来的挑战的过程，也为冷链物流行业拥抱新技术、新产品从而完成产业链优化、变革带来良好机遇。另外，随着供给侧政策导向的影响，冷链物流标准建设也将进一步完善。

7.3 冷链物流产业链的关键环节分析

冷链物流行业是随着科学技术的进步、制冷技术的发展而建立起来的。从整个冷链物流的产业链来看,上游为材料和设备供应环节,中游主要为冷链物流的运输及仓储环节,下游为冷链物流的应用环节。具体的冷链物流产业链流程如图7－1所示。

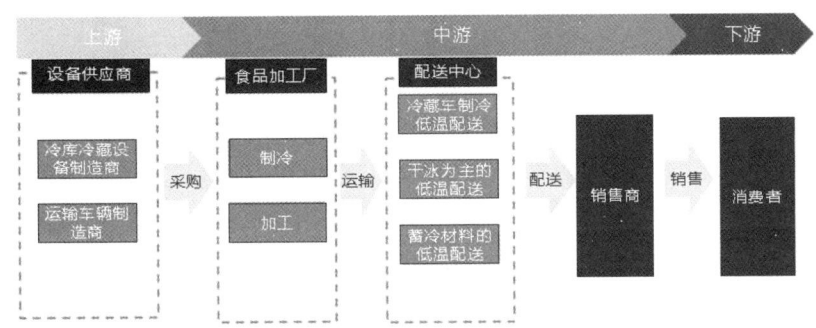

图7－1 冷链物流产业链流程

7.3.1 冷链设施建设与生产环节

冷链物流产业链上游环节主要涉及冷链基础设施设备的建设与生产。预计到2023年,生鲜电商市场交易规模将超过8000亿元。随着生鲜电商的崛起,冷链物流成为生鲜电商发展重要的支撑力量。冷藏车、冷藏箱、智能冷库等冷链物流设施与设备作为冷链的关键力量,在新冠肺炎疫情之前就不断发展,疫情后随着我国对于食品安全及溯源的强力合规化和标准化推进,冷链市场规模的不断增长,其市场需求不断扩大,商机无限。从企业角度,在冷链物流产业链的上游包括冷库、冷藏车和冷机等设备制造企业以及制冷剂等原料生产企业,其中制冷剂生产代表企业有巨化股份、三美化工、鲁西化工等。冷藏车制造代表企业主要有北汽福田、一汽集团、江淮汽车、东风商用车等。冷库制造企业主要有大冷股份、冰轮环境等。其他一般制冷设备制造企业包括大冷股份、四方冷链、海容冷链等。

1.冷库建设

从冷库建设规模来看,在2015年国家层面提出实施城乡冷链物流基础设施补短板的要求后,我国冷链基础设施建设加快推进。国家商务部数据显示,2019年全国冷库总量约6053万吨,新增库容814.5万吨,同比增长15.6%。如图7－2所示,中商产业研究院预测,2021年我国冷库总量可达7322万吨。从人均冷库面积来看,根据国际冷藏仓库协会(IARW)数据,2018年美国人均库容面积达到0.49立方米,日本为0.315立方米,加拿大为0.316立方米,中国仅为0.132立方米,反映出国内冷库建设规模还有待进一步扩张。受经济发展的地域性特点影响,北、上、广等冷库需求量较大的城市,冷库稀缺,而局部省市又存在冷库盲目过量建设,导致冷库供大于求。我国冷库在华东地区最为集中,2019年,华东冷库容量占到了全国总容量的42.03%;其次是华中、华北和华南地区,其冷库容量占全国总容量的比例分别为18.24%、11.61%和8.88%;西南、西北和东北地区冷库容量较少,占比均低于10%,分别为7.31%、4.17%和7.76%。

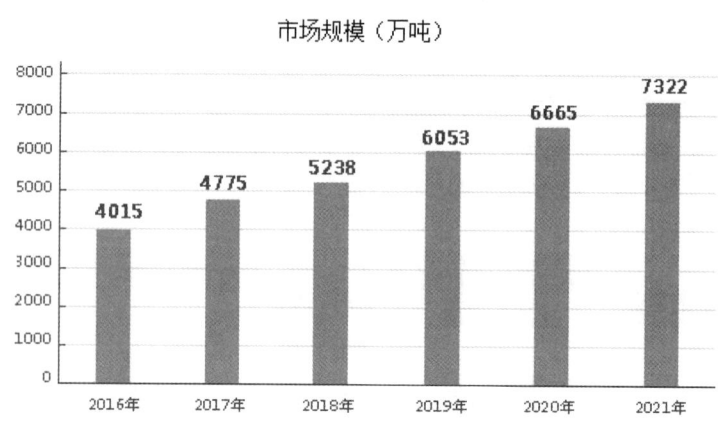

图7-2 2016—2021年中国冷库总量统计及预测

根据冷库应用的特点,冷库主要可以分为生产型、产地型、市场型、城市配送型、区域分拨型等类型。城市配送型冷库优先考虑距离市中心或客户最近、交通最方便的位置,在规划时考虑配送功能要多于储藏功能,占比约为27%;区域分拨型冷库主要服务于区域分拨中心,其服务半径大,在规划时考虑储藏功能的权重要大于配送功能,占比约为20%;生产型冷库具有较大的冷加工能力和一定的冷藏容量,一般用于肉类联合加工厂和乳制品联合加工厂等,占比约为12%;产地型冷库主要用来对刚采摘、处理的生鲜农产品进行预冷处理,一般离生鲜及农产品的产地较近,主要用途为储藏,占比约为12%;市场型冷库主要以农产品批发市场配套建设的冷库为主,占比约为13%。

2.冷藏车

冷藏车是指用来维持冷冻或保鲜的货物温度的封闭式厢式运输车,冷藏车是装有制冷机组的制冷装置和聚氨酯隔热厢的冷藏专用运输汽车,冷藏车可以按生产厂家、底盘承载能力、车厢型式来分类。如图7-3所示,中物联冷链委数据显示,2019年全国冷藏车保有量为21.47万辆,较2018年增长3.47万辆,同比增长19.28%。主要是受到"运猪"改"运肉"政策调整,导致冷链肉挂车市场销量大幅上升。从增长量来看,2019年,华东地区冷藏车增长最高,其次是华南、华北、华中地区,增长量占比基本接近,西北、西南地区增长量较少。从增速来看,2019年华东地区增长放缓,西北、东北、华南地区增长加快,拉近区域分布不均的情况,但区域差距依旧很大。经济发展不平衡以及区域气候差异是造成我国冷藏车增长量分布不均衡的主要原因。

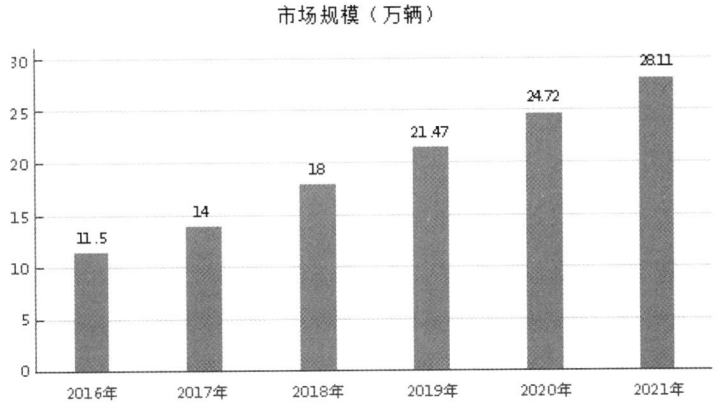

图 7-3 中国冷藏车保有量统计及预测

7.3.2 冷链物流运输与仓储环节

冷链物流中游包括运输型（包括干线运输和配送）、仓储型、综合物流以及其他参与冷链物业业务企业。其中仓储型代表企业有太古冷链、大昌行、普菲斯等，运输型代表企业有华欣物流、中集冷云、浩嘉冷链等，而综合型企业作为当下冷链物流行业发展主流，代表企业包括顺丰冷链、京东物流、荣庆物流等。运输和仓储在冷链物流产业链中游占据主要地位。

1.运输环节

冷链物流运输涉及公路运输、铁路运输、水运、海运、空运多种运输方式。各运输行业的持续增长，带动货运能力不断增长，驱动冷链物流行业向前发展。根据中物联冷链委数据，2019年公路冷链运输主要货物运输量为 20880 万吨，占比达到 88.97；铁路冷链运输主要货物运输量为 232 万吨，海运冷链运输主要货物运输量为 1881 万吨，航空冷链运输主要货物运输量为 278 万吨。不同运输方式占比情况如图 7-4 所示。

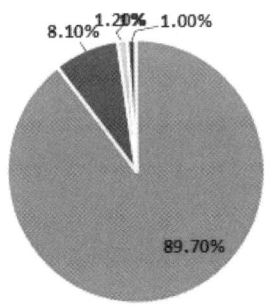

图 7-4 冷链不同运输方式占比情况

目前国内生鲜农产品的运输方式主要分为公路、海运、铁路、航空四种方式，不同的运输方式适用于不同的品类，并展现出各自的优势，具体如表 7-1 所示。

表 7-1 不同运输方式对比情况

运输方式	主要品类	优势分析
公路	生鲜冷冻食品占到总量的80%,包括肉类及制品、水产品、果蔬、乳制品和速冻产品	相对灵活,短距离时效性强,在短途货运集散方面优势明显
海运	主要是进口肉类、水产品及东南亚水果等	适合大批量进出口冷链物流,大大降低运输成本
铁路	主要是果蔬、水产品等	高铁货运冷链班列运输具备大运量、全方位、安全高效、能耗低、环境影响小的运输优势
航空	主要是跨境生鲜食品、花卉等	时效性强、效益较高

虽然冷链各种运输方式之间存在竞争,但目前正逐渐由以公路为主导的模式转向多式联运的协同发展,采用产地直发、多地协同等运营模式,以及"航空+高铁+公路运输"等多式联运的冷链运输新方式,充分发挥各种运输方式的优势特色和组合效率。例如,生鲜电商企业如天猫、京东、苏宁、安鲜达等企业,将澄阳湖大闸蟹、烟台大樱桃、茂名荔枝、仙居杨梅、潜江小龙虾等原产地生鲜,通过航空、高铁、公路等途径消除"最后一公里"送达消费者。

2.仓储环节

冷链物流企业除拥有自营冷仓外,还和多方供应商建立协同或共配仓库,如苏宁物流2019年中国冷链自建和协同仓达到46座。共仓冷库中应用的管理系统、作业流程、培训工作和物流冷链相关配套基础设施则由冷链物流企业提供,通过缩短中间环节,实现产地直销。根据产品特性、市场和储运的实际需要,规模较大的仓储保鲜冷链设施,可配套建设强制通风预冷、差压预冷或真空预冷等专用预冷设施,配备必要的称量、除土、清洗、分级、愈伤、检测、干制、包装、移动式皮带输送、信息采集等设备以及立体式货架。

目前冷链物流仓储中主要使用三种冷库。一是节能型通风贮藏库。在马铃薯、甘薯、山药、大白菜、胡萝卜、生姜等耐贮型农产品主产区,充分利用自然冷源,因地制宜建设地下、半地下贮藏窖或地上通风贮藏库,采用自然通风和机械通风相结合的方式保持适宜贮藏温度。二是节能型机械冷库。在果蔬主产区,根据贮藏规模、自然气候和地质条件等,采用土建式或组装式建筑结构,配备机械制冷设备,新建保温隔热性能良好、低温环境适宜的冷库;也可对闲置的房屋、厂房、窑洞等进行保温隔热改造,安装机械制冷设备,改建为冷库。三是节能型气调贮藏库。在苹果、梨、香蕉和蒜薹等呼吸跃变型果蔬主产区,建设气密性较高、可调节气体浓度和组分的气调贮藏库,配备碳分子筛制氮机、中空纤维膜制氮机、乙烯脱除器等专用气调设备,对商品附加值较高的产品进行气调贮藏。

7.3.3 冷链物流应用与消费环节

冷链物流下游的应用领域分别为商超、加工厂和终端消费者。乳制品冷链应用企业包括蒙牛集团、伊利股份、光明乳业等;生鲜农产品冷链应用企业包括安井食品、三全食品、新希望等;冷饮冷链应用企业包括蒙牛集团、伊利股份以及联合利华等。以蒙牛集团为案例进行冷链产业链下游环节阐述。

内蒙古蒙牛乳业(集团)股份有限公司已在全国建立多个生产基地。拥有液态奶、酸奶、冰淇淋、奶品、奶酪五大系列。蒙牛的主要产品有巴氏消毒奶、酸奶、液态奶、灭菌奶和各种奶粉,其中巴氏消毒奶和酸奶的货架期最短,冰淇淋和奶粉保质期长。蒙牛是冷藏运输商中较早实践"全程冷链物流保障"的企业,在"奶牛—奶站—奶罐车—工厂—超市"这一运输序列中,均采用低温、封闭式的运输。出厂后,在运输过程中,则采用冷藏车保障低温运输。在零售终端投放冰柜,以保证其低温产品的质量。

由于超市对低温产品的要求是出厂3天内必须送达商家,否则退回处理。通过与大型超市联合直接送达超市,如图7-5所示,避免在运输过程中的鲜奶变质。随着合作的进展,与客户建立起的合作关系趋向稳固,以及经验的不断积累,通过对生产商自由冷链物流资源、社会资源和自身资源的不断整合,建立起科学的、固定化的冷链物流管理和运作体系。

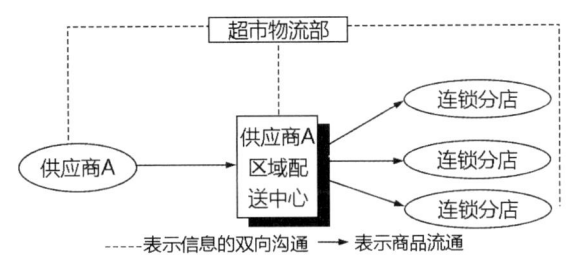

图7-5 连锁超市配货模式示意图

目前蒙牛集团冰品业务与京东冷链达成合作意向,蒙牛依托京东冷链覆盖全国的冷链仓网布局与冷链B2B核心骨干网络,为消费者提供更便捷、高效、优质的一站式冷链服务。根据合作内容,京东冷链将为蒙牛全国13个工厂的冰淇淋与冰皮月饼,提供从工厂端到经销商端的全程冷链干线运输服务。此外,双方还将在仓配一体的冷链供应链领域展开合作,对蒙牛后续上市的冰皮月饼在京东以及垂直电商等线上渠道的库存进行统一管理,减少商品搬运次数,降低仓储配送成本,确保消费者能够在更短时间内享用到新鲜美味的冰皮月饼。这也是自2016年以来,蒙牛通过京东全程冷链实现低温酸奶业务配送及其低温品类全国化布局后,又在冰淇淋业务上的再度联手。同时,蒙牛利用京东冷链卡班一站式送货入仓的增值服务,蒙牛可以通过绿色通道实现商品快速交仓的需求,大大缩短入仓周期。这对于双方而言,是一次创新的合作升级,不但有助于提升整个冰品行业的冷链配送水平,甚至将服务辐射到冷链体系还不完善的三、四线城市及农村市场,从而为消费者带来更优质、更新鲜的冰淇淋产品和更便捷、更高效的服务。

7.4 冷链物流产业链优化升级模型

7.4.1 培育现代冷链物流产业链市场主体

培育壮大冷链物流市场主体是推动现代冷链物流产业高质量发展的基础。在政府扶持的基础之上,更需要积极培育壮大冷链物流企业,促进企业联合、产业联动,增强企业市场竞争力,构建多样化冷链物流产业生态。可以将冷链物流园区作为载体,引导企业延伸冷链运输服务功能,有效拓展冷链物流仓储运输上下游配套产业体系,推动产业多元化发展,逐步形成产业链优势。通过政府投资,在村集体建设仓储保鲜冷链物流设施,租赁给产业协会,提升反季节生鲜的仓储保鲜供应能力,有利于降低生鲜农产品物流损耗和经营风险和壮大了村集体经济,从而提高当地农民收益。不断推进冷链运输企业做大、做强,不断完善生鲜运输和销售配送网络,结合物联网、大数据等新兴技术,强化自身冷链物流体系建设,带动并提升社会整体冷链物流发展水平。

7.4.2 冷链物流产业链优化框架

从概念上来看,产业链是一种链条式关联形态。这种形态形成的基础是各产业部门之间具有一定的技术经济联系和时空布局关系。从范围上来看,产业链是从产业组织建立、产品生产过程到产品价值实现流程的统一,包含了动力供给、原料生产、研发技术、中间品和终端产品制造,并囊括了流通和消费等环节。产业链优化的内涵是指通过当代科技和先进组织方式对产业链进行优化,提升产业链的高端链接能力、自主调节水平和国际领先的竞争力。产业链优化的外延可以从产业链整体优化和产业链运转方式优化两个角度来进行分析。

1.现代冷链物流产业链整体优化

产业链可以进一步分解为供需链、空间链、价值链、企业链四个维度。从产业链整体优化角度来看,其优化在供需链上表现为能够实现连接效率和安全的均衡,在空间链上表现为能够实现区域布局的集聚与扩散协调,在价值链上表现为能够实现各环节的价值增值,在企业链上表现为能够实现上下游的协同有序分工,通过以上四个维度的优化来最终实现现代冷链物流产业链整体优化。

(1)冷链物流产业链供需链

在需求市场总量方面,随着社会经济的发展和进步,智能农业和农村电商得到大力发展,居民消费意识不断改变,生鲜食品安全日益受到重视,这些必然推动冷链物流需求呈现几何增长态势。此外,我国城乡结构不断调整变化,居民收入水平不断提高,城镇居民基数逐渐扩大,人口集聚效应不断显现,城市消费结构和居民生活质量得到进一步改善,居民购买力不断释放,为冷链物流的发展提供了坚实基础。农产品消费除本地化外,也越来越多地进入全国市场和国际市场。因此,对生鲜农产品冷链物流的需求也将不断上升。在生鲜农产品的需求结构方面,消费者逐渐倾向于崇尚健康、绿色、低碳的消费文化,对消费类农产品的需求不断上升。由此,冷链物流的供给也向蔬菜、奶、水产品和新鲜水果所需专业性服务倾斜。

然而,与市场需求相对的供给侧尚未完全匹配,呈现供需矛盾的现状。冷库容量不断扩容,从2013年的一库难求到2018年的激烈竞争,冷库空置率达六成,冷库竞争企业纷纷以补贴形式抢市场。反观冷藏车市场,却没有得到资金的热捧,仍然是冷链物流的短板。在互联网技术的积极推动下,生鲜电商带动农特产品走向全国,也带动冷链物流服务水平的提高。但是生鲜电商的进入市场使得产品源头很难控制,且平台售卖的产品价格并没有比实体店更低,反而因冷链物流配送、仓储等环节,比消费者预期的更高。与传统物流相比,从基础投入、时效性、链条延伸情况、信息化技术等方面进行对比,生鲜冷链物流投入大、技术要求高、建设周期长,生鲜农产品时效性要求高、损耗大,逆向物流的生成率高,需要强有力的信息化技术支持。因此,市场力量不均衡、农户或个体储运者在物流供应链中的利益难以得到保障。

在冷链物流产业链供需链方面,实现物流环节衔接的有效与安全具有迫切性。冷链物流安全性与时效性相互影响又是内在统一的。安全性是指被运输的温控商品应在从运输的开始至运输的结束,其品质始终得到保证,在运输过程中货物的各项理化指标均符合相应标准的要求。而时效性是指被运输的温控商品应在指定的时间段内被准确运输到指定的目的地。对于安全性与时效性的权衡渗透进冷链物流的各个环节之间。

优化运输温度,要求冷链运输的食品一般都对温度有较严格的要求,若运输过程中温度达不到要求,则会加快食品变质的速度,导致食品失去价值。当然,运输温度也不是越低越好,过低的温度会对部分食品的性质产生影响,同时低温使储存设备能耗过大,会增加运输成本。因此应该根据食品安全性结合运输成本考虑,选择最佳温度范围。

一般而言,生鲜冷链物流分为定时配送和定量配送,其中定时配送利用工作人员进行工作安排,但备货难度大,而定量配送时间不固定,时间制定及把握上更困难,但备货较容易,因此冷链物流模式可根据生鲜食品的具体性质要求决定。优化配送时间,配送时间一方面决定了产品的销售辐射范围,另一方面也决定了食品的品质及安全性,应该根据食品特性进行权衡考虑,保证在最佳配送时间内达到最大销售半径,提高食品的经济效益。收货操作是占整个配送过程比重较大的一个部分,同时又是比较容易能够缩短时间的一个过程,因此可以通过区分开收货时间或时间窗等方式缩短收货作业时间。

食品冷链物流库存策略优化方面,由于食品库存过程中其品质在不断发生变化,同时库存过程本身不能创造价值,冷链物流成本高。因此对于需求量较大的冷链物流食品,应采用高频次低批量的方式,有利于保证产品质量,对于需求量较小的冷链物流食品,可适当提高采购批量。出货时,采用"先进先出"的原则,即库存时间最长、安全性最低的先出。另外,目前食品企业大多没有能力建立独立的冷链物流配送系统,而食品冷链物流配送流程涉及的企业较多,环节复杂,因此国家相关部门应介入并建立健全相关法律及行业标准,监督物流企业的工作过程。同时应该学习国外系统的物流管理知识,引进先进的冷链物流技术,配备更高级的冷藏运输设备,培养专业管理技术人才。

(2)冷链物流产业链空间链

产业集聚的雏形最早源自马歇尔提出的经济外部性,通过劳动力市场、中间投入品、技术外溢等提高竞争力,进而促进经济增长。其次,韦伯在区位论中将空间地理因素考虑到产业发展的因素中,认为专业化水平、市场需求及基础设施水平对集聚形成影响较大。可以从内源性与外源性两方面来看产业集聚。产业集聚内源性主要体现在以马歇尔提出的外部性、规模经济的基础上,结合产业发展达到一定阶段后,企业内部生产线专业化水平不断提高,流程分工愈加明晰,且共同的生产资源在空间范围内互利共享,降低交易费用,提高产业效率,形成了区际差异,促进了产业在地理空间层面的集聚。产业链各环节组织在生产分工的安排下,形成专业的行业组织联盟,通过组织程度的集中,引领要素在核心区域内积聚。在此基础上,通过规模扩张,发挥规模效应。产业集聚产生的外源性动力主要来自资源禀赋优势、政策驱动、资本驱动三方面。资源禀赋上,受区域资源禀赋优势,当地产业发展具有先天的自然竞争力,资源可获得性高、成本低、收益高,进而吸引其他关联产业向中心区域转移,形成资源引导型产业集聚区,如临港经济集聚区、海湾贸易集聚区等。

  基于以上分析,在冷链物流产业集聚效应中,同时具有空间集聚和产业集聚的双重集聚性。目前,困扰我国冷链行业健康发展多年的旧格局——冷链物流区域发展的不均衡,整体表现为东强西弱、城强乡弱。自党中央、国务院提出西部大开发的战略方针以来,我国中西部地区与经济相对发达的东部地区在冷链物流领域的差距在逐步缩小,但相较于其行业,中西部地区的冷链物流尤其是农产品冷链物流仍然还很落后。冷链物流的"东强西弱"是我国冷链物流区域发展不均衡的第一个表现。例如,盛产土特农产品的河南辉县太行山区、陕西白河县秦巴山区等地,由于生鲜农产品不易保鲜和运输,通常只能快递一些干果类的食品。内蒙古是农畜产品生产大区,主要农畜产品为牛羊肉。据统计,内蒙古的牛肉、羊肉产量分别约占全国的22.3%和9.5%,其绿色有机和地理标志农产品总量1600多万吨,均居全国前列。但是,内蒙古的冷链物流建设相对滞后,冷链物流输出能力不足以支撑农畜产品的运输。内蒙古中部地区向外输出产品以土豆为主,目前的冷藏存储率和冷链运输率却仅为30%和15%,而且冷链运输能力严重滞后于冷藏存储能力。在内蒙古西部,冷链物流输出产品主要为瓜果类,包括西红柿、水果、玉米、蜜瓜等农产品,但是农产品产地终端冷库建设投入不足,目前冷藏运输率仅为5%,因此蜜瓜等保鲜要求较高的农产品难以保持最佳品质。近年来,农产品冷链物流这一行业短板正在逐渐缩小,但还远远跟不上农产品上行的需要。即便对于一些经济较为发达地区的农村来说,冷链物流仍是一块短板。在生产环节,只有不多的产地有农产品加工企业。由于缺乏专业的、标准化的果蔬采后预冷、分级、包装生产设施,多数企业加工出来的产品包装落后,缺少严格标准的果品分级,产品附加值低。由于冷链仓储中的操作不当和冷链产品的可追溯性差,造成了农产品的易腐坏率高。过去相当长一段时间,农村农产品的分级、包装、储藏、运输整个体系都比较落后,尤其是产品商品化处理能力较弱,冷链物流就更为落后。

  国内地区间在产业发展水平、技术高低以及要素禀赋结构等方面都存在着明显的梯度差异,产业首先在梯度高地区得到发展,然后向梯度低地区扩散。但是,增长极理论认为低梯度区域完全可以充分利用生产要素禀赋优势吸引高梯度地区的先进技术和资金实现跨越式发展,并认为在落后地区建立增长极是实现区域经济协调发展的有力工具。冷链物流产业相对弱势地区建立增长极可以在依托禀赋优势的基础上,从关注农产品上行通道和优化农产品冷链物流节点布局方面入手。完善农产品上行冷链物流体系方面,将农产品按品类进行区分,果蔬类依托源头产地种植区,配套建设冷藏冷气库,完善冷链加工配送装备,形成具有特色性的瓜、菜、果、花等农产品冷链物流体系,减少采后损耗。肉禽类推广应用活禽宰杀温控供应链模式,保证宰杀、流通、消费环节的冷链数据全程可追溯,建立家禽产品冷链产、储、运、销保供体系,保障供给质量。水产品类推动企业与第三方物流企业建立深度供应链合作关系,推动水产品主产区建设冷链物流基地,完善超低温储藏、运输、包装和加工体系。布局村级冷链物流节点方面,在特色农产品优势区和生鲜农产品主产区内选择重点村,支持家庭农场、农民合作社等建设村级仓储保鲜保活设施,布局贮藏窖、冷藏库、预冷库,采用移动式快速预冷设备,配备农产品商品化设施设备,解决冷链物流"最先一公里"问题。围绕农产品生产重点镇(街道),提升、新建、田头市场,配备农产品预冷、分拣包装、保鲜、冷藏冷冻及冷链运输等设施设备,提升冷链储运效率。重点升级改造、农产品批发市场冷链物流设施,规划建设市公益性农产品批发市场、智慧物流园、供应链物流港等冷链物流基地。

(3)冷链物流产业链价值链

农产品价值链作为一种新型系统管理模式,能够在满足流通主体效用的同时提高农产品生产和冷链流通效率,实现农产品价值链分工优化,促进农产品流通企业升级。农产品流通过程中各个价值环节有机整合形成农产品流通价值链,价值链不断延展的过程也伴随着农产品价值的不断增值,生产、设计、流通加工、营销及售后服务的整个流通体系使得农产品从不具有市场价值的自然产品成为可被人消费的商业产品。

为了完成农产品流通的价值增值需要农产品流通各环节明确任务,有机配合流通价值实现。当前我国生鲜冷链物流价值链优化水平较低,冷链物流资源碎片化严重,生鲜冷链物流运输效率较低。尤其体现在物流运输环节中的管控不足、运输管理粗放化,以及农产品物流专业化水平较低导致生鲜农产品路途中的高损耗。但是,仅仅停留在当前的冷链物流模式是无法有效解决目前困境的,改变冷链物流价值增值的过程,农产品冷链物流模式创新迫在眉睫。将共享经济的思维与冷链物流相结合,为农产品冷链物流模式创新提供了思路。农产品共享冷链物流平台可以激活资源的使用,在农产品共享冷链物流价值创造中能够发挥十分重要的支持作用。更进一步说来,农产品共享冷链物流平台能够中介司机和货主之间的交易关系,是农产品共享冷链物流运作中关键的参与主体和重要的战略资源。共享冷链物流能够利用信息技术实现分散和闲置的冷链物流资源的有效配置。很好地解决了物流效率低下的问题,有助于经济增长并能够促进环境的可持续发展。具体来说,在共享冷链物流平台的支持下,入驻的冷链物流企业能够利用信息技术实现货主与司机的精确匹配,同时为司机提供高效的物流服务方案,使得司机有能力为货主提供更优质的冷链物流服务。因而,共享冷链物流商业模式能够满足顾客不同的物流需求,十分适用于非标准化的生鲜农产品的运输,同时能够降低成本,为顾客提供更快、更柔性化、更个性化的冷链物流服务。此外,借助信息技术的支持,共享冷链物流还可以为司机提供更有效率的路径配送方案,降低车辆的绕行率和车辆空驶率,从而降低二氧化碳排放量。

(4)冷链物流产业链企业链

冷链物流的特点使得参与其中的企业运营流程的协同管理具有重要意义。系统的环境由系统运营所受到影响的来自系统外或者系统输出的各种要素组成,涉及冷链商品上下游的影响、利益相关者的影响、宏观环境的影响和来自冷链末端消费者的影响等。冷链物流企业的系统输入就是其已投入的价值,而系统的输出就是增值的价值。而系统的结构主要包括市场服务、仓储加工以及运输配送,以及为实现企业整体良好运转而进行的企业协同的文化与组织机制体系建设、企业战略规划与基础管理、企业冷链控制信息系统建设以及人力资源管理等辅助活动。

冷链物流企业运营过程可以看作一个由相互关联、相互制约的众多因素构成的复合系统，它运营的协调性和效率决定着冷链物流企业服务价值增值的能力。冷链物流企业的系统目标就是在企业战略目标的指导下能够建立优秀的运营，通过快速及时、低成本优质的产品与服务，取得客户的信任与认可，实现企业持续高效的价值增值与价值创造。具体的冷链物流企业系统如图7-6所示。

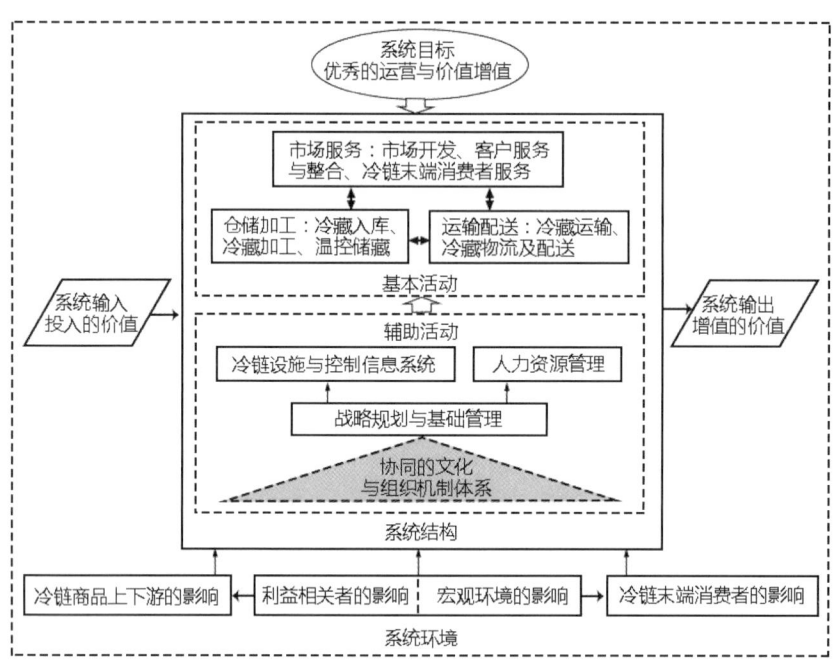

图7-6 冷链物流企业系统示意

2.现代农产品冷链产业运转方式优化

从产业链运转方式优化的角度来看，产业链优化分为产业链韧性优化、产业链协同优化、产业链网络优化三个方面。其中，产业链韧性优化是指通过优化企业链中横向和纵向涉及的企业，从而不断提高整个产业链的技术经济水平，在高端方向上有更宽广的市场范围，以此能够应对市场日益增加的不确定性。产业链协同优化是指在产业链细分的四个维度上，也即供需链、空间链、价值链、企业链上实现优化配置和提升，让产业链在横向多功能互补和纵向上下游各环节之间实现成本的优化和效率的提升。产业链网络优化是指产业关联形态从线性链条式向立体网络式转变的优化过程。

(1)农产品冷链产业链韧性优化

目前，全球疫情还极不稳定，做好在后疫情时代应对长期挑战的打算十分关键。"加快构建以国内大循环为主体、国内国际双循环相互促进的新发展格局"是我国"十四五"时期重要的战略部署。无论是国际循环，还是国内循环，都离不开高效的现代物流体系。"双循环"将会对我国冷链物流的流向、流量、结构等产生深远影响。从"双循环"发展格局的内涵来看，既是对国内外形势和环境发生变化的主动应对，也是我国当前和未来经济发展长期坚持的战略方向。能够与产业链上下游的合作伙伴构建共生共长的关系，提高产业链自身韧性十分重要。从国内循环看,生产端要进一步营造低成本、高效率的物流环境,促进物流业、制造业深度融合,为优化产业组织模式,增强区域优势和产业竞争力提供有力支撑。消费端要借助大数据、云计算、人工智能等新型技术,不断深化物流与商贸协同发展,加速线上服务、线下体验以及数字化供应链的深度融合进程,促进新零售等新业态、新模式蓬勃发展。国内外的产品需求、生活方式、消费习惯都不一样,明确两个循环体系下的产品定位也至关重要。

(2)农产品冷链产业链协同优化

在既有条件下提高冷链物流的流通效率,降低物流运输过程重点腐损率和物流成本是产业链协同优化的目标。需要形成合理、高效的冷藏链。形成集生产、加工、分拨、仓储、配送、售后等一整套完整的冷链体系,该链条中各环节协调配合、紧密衔接,无断链现象出现,从而确保运输效率及运输质量,降低流通成本。冷链产品流通过程的各环节均运用先进的技术,如有害物质分析检测技术、真空预冷技术、动态监控技术等,从而保证冷链产品的质量与安全,有力推动冷链物流的快速发展。在运输配套设施齐全的基础上着重推行多样化组合运输工具。充分发挥公路冷藏运输的潜力,积极采用铁路系统信息技术,真正做到对冷藏货物运输优先组织,建立冷藏运输"绿色通道",积极建立与公路、水路以及海关、代理、堆场等相关部门配套的、有统一标准数据的计算机管理信息系统和电子数据交换系统。铁路、公路、水路应打破各自的壁垒,积极发展铁路、公路、水路的联合运输网,形成多式联运体系。同时发展铁路、公路易腐货物的运输代理。确保在冷链产品运输过程中,全部使用冷藏、温控设备,从而确保了较高的冷藏率,降低农产品腐损率。

(3)农产品冷链产业链网络优化

传统的产业链优化主要对流通、产品、功能中单一方面进行升级调整,进而减短产业链的整合时间。在高度化分工以及规模经济逐渐扩大的背景下,产业链是通过纵向一体化方式进行优化整合的,其中,产品链、价值链和信息链主要表现出线性特征。但当前产业链优化的范围逐渐扩大过程中,信息、技术、资源等方面共同制约着企业技术的发展、产业链管控水平和产品质量的提高。冷链物流产业链的兴起离不开关联业态的立体网络式转变(夏文汇等,2018)[57]。在生鲜农产品供应源建立冷链物流共享平台,应站在乡村振兴战略的高度来构建冷链物流一体化模式,即县域政府和乡镇政府应在供应源节点处建立冷链共享平台。可以由县域政府主导建立生鲜加工企业协会,在协会范围内引入冷链储运资源的共享平台;在大数据分析基础上,按月度统计出域内生鲜农产品厂商所需的冷库容积和冷链运输频率,进而作为统筹冷链物流资源的依据;在域内生鲜农产品厂商之间建立规范的租赁关系,以县域政务网站为信息交互平台,为域内厂商发布可供调剂的冷链物流资源存量和类型,实现冷链物流共享平台的高效运转;县域政府应积极与社会资本对接,以增量扩充的方式培育生鲜农产品冷链物流共享平台。

以合理的市场报价配置生鲜储运节点资源。在解决"最后一公里"问题时,需要在县域范围内构建生鲜农产品冷链储运节点。为了提高该节点的运营效率和降低厂商的使用成本,应基于大数据分析以合理的市场报价,来配置生鲜农产品储运节点资源。厂商与第四方物流共享大数据强化合约管理。利用第四方物流企业在整合社会物流资源中的优势,以面对日益复杂的专业冷链物流系统。为此,厂商与第四方物流共享大数据,后者能强化与社会物流系统的合约管理。

7.4.3 冷链物流产业链优化趋势分析

1.监管与标准推行同时深化

当前我国尚未形成覆盖全链条的冷链物流监管体系,无法实现对各环节的温度控制、制冷、温控记录设备使用等情况进行全方位有效监管。这就导致了规范化企业执行标准成本高,不执行标准的企业反而可以抢占市场,行业存在一定的"劣币驱逐良币"现象。国内人均消费能力提升,对生鲜农产品品质要求提高,对冷链标准认知加强,加之互联网的应用倒逼农产品产地冷链物流标准落地,生鲜农产品电商的竞争使得冷链服务标准越来越透明化、标准化,移动二维码等技术的应用使得标准动态监控成为可能。同时伴随着国内政策标准和监管措施进一步完善,市场竞争下的资源整合,农产品产地冷链物流将呈现标准化的发展态势。国家部门对冷链物流行业发布一系列标准,将有效促进冷链物流企业规模化、规范化经营,加快形成市场秩序,并通过市场反馈进一步推动冷链物流标准的不断完善,有效促进冷链物流标准化发展进程(崔海龙,张玉梅,2014)[58]。

目前,国家虽已出台农产品质量分级导则的标准,但不同的农产品有各自品类分级的行业标准和团体标准。当前生产者产后分级时在参照国家标准的基础上,更多的是依据客户的要求进行分选。同时对于农产品冷链产业链的标准化管控未能全面覆盖,全程标准化体系搭建还需进一步完善。农产品批发市场目前还存在管理短板。很多大型的农产品批发市场附属基础设施不完善,农产品无法实现有效追溯,难以保障市场中的农产品质量。对于相关流通行业的标准管理仍需加强,我国初步建成了农产品质量标准制定、分级、认证、追溯体系,但现阶段系统性不足,相关强制性法律法规制度有待加强。

2.组织化与智能化同时驱动

随着价格的下降、技术进步带动维护费用的降低和人力成本的提升,工业机器人相对于人力经济性越发显现,激励企业提升工业机器人密度,有利于加速行业发展。随着人口红利减少,劳动力短缺、劳动力成本上升,中国相对于其他发展中国家的劳动力成本优势慢慢弱化,劳动密集型产业逐步向东南亚国家转移。冷链物流产业作为劳动密集型产业,在原有组织管理的基础上,更需要关注对于新技术的尝试与引入。

(1)供应链信息化管理技术

冷链物流核心因素之一是建立平台式物流供应链管理系统,对产品进行全过程动态监控,从而实现整个供应链的透明化管理(李承东,2020)[59]。通过全流程数据贯穿,实现货物流向的全过程监管与追溯,管理体系内各子系统内部协同与外部产业链上下游的一体化,从而实现冷库管理、园区管理、物流运输管理、车辆管理以及交易和金融管理的信息化融合。一方面对业务流程进行优化,提高效率;另一方面通过大数据应用为企业赋能,提升企业营运能力,拓展更多盈利渠道。

(2)全程冷链及智能运输技术

冷链智能运输技术可实现对冷链物流环节涉及的物品、车辆进行实时监控监管。发展全程冷链技术可帮助企业提高冷链运行网络的契合度及减少货损率。在运输及车辆智控管理平台中应用 IoT 及 5G 技术,实现对冷链运输环节货物、车辆的温湿度、位置、环境、驾驶行为等进行实时监控监管,供货方、运输方、收货方和监管方都可通过电脑或手机登录平台查询各环节的实时环境情况,保证冷链"不断链"。打造冷链物流网络服务平台,通过订单及运力大数据整合进一步提高订单匹配效率和运力使用效率,为行业降本增效。

(3)智能仓储技术

智能仓储技术可帮助企业规范冷链作业的各个环节,助力企业实现精细化管理,提升冷链物流数据化运营的核心竞争力。借助于智慧冷链供应链一体化管理云平台,实现企业精细化管理至每个库位与货架,以及从运输到出入仓每个操作环节,并与物流管理、园区物业管理、制冷设备管理、交易平台管理等关联系统实现打通,一方面规范冷链作业各环节、有效监控冷链物流全过程、提高冷链业务的管理水平和运营效率;另一方面内部协同将降低供应链整体成本、提升资源使用效率,并依托数据应用进一步拓展客户业务能力,真正实现降本增效。

7.5 冷链物流产业链优化升级的路径

7.5.1 区域协同推进

冷链物流产业链身后是一个庞大的社会系统,商业、城市各要素在这个系统之中日渐配合出了更高的效率。它也成为中国城市发展以及零售业、物流业快速升级的一个缩影。冷链物流在协同效率方面,也对区域提出了需求。这给一些交通区位特殊的城市带来了机会,地方政府也因此成为推动冷链物流大发展的基础力量之一,并且彼此之间形成竞争。

以大连这座拥有不冻港的北方城市为例,自 2012 年以来便将冷链物流视作其重要发展战略之一。在地方政策的大力支持下,更多资本在当地大力布局,逐步完善了区域内部的冷链服务体系。

青岛港、广州港等地方大港也基于各自腹地的优势,加大投资力度参与进了这场比拼。2019 年,山东港口与青岛西海岸新区签署战略合作框架协议,计划以青岛港为依托,联动山东沿海诸港及山东腹地的贸易中心,打造具有国际竞争力的冷链大港;同年,广州港规划投资 35 亿元打造广州南沙国际冷链项目。它将以广州南沙国际物流中心为依托,打造辐射华南、珠三角及粤港澳大湾区城市群的全国最大冷链母港。区域竞赛才刚刚开始。对于国内的冷链物流体系而言,区域的宏观规划及基建投入,加速了国内冷链物流系统框架的搭建。

7.5.2 科技创新驱动

基于时代大背景下,我国冷链物流行业发展正处于最重要的上升期,行业内科技创新正在驱动冷链物流企业发展转型(思雨,2016)[60]。根据党中央推进的大数据战略计划,加快完善数字基础设施,推进数据资源整合和开放共享,以大数据为基础的"互联网+冷链物流产业链"的新时代已来临。科技创新推动冷链物流产业链朝向智慧化变革,未来将呈现自动化、可视化、可控化、智能化、网络化物流新业态,物联网技术让庞大的物流资源得以被感知,云计算技术使海量数据隐藏价值得以被挖掘,人工智能利用数据价值为物流业务赋能,给物流行业插上数字化的翅膀,形成多任务并行的结构模式,实现物流行业效率的革命性提升。

互联网和冷链物流的融合意味着将互联网的整套现代技术包括智慧互联、大数据、物联网等应用到冷链物流行业,通过数据分析技术实现供应链网络和资源优化与提升,以提升对下游需求和供给预测的准确性,有效地降低了冷链物流运输的运营成本,实现了冷链物流建设的平台化、系统化发展。冷链物流企业应用 GPS 定位、物联网等先进信息技术,按照规范化、标准化要求对运输车辆实施定位跟踪以及全程温度自动监测、记录和控制等流程,对"车辆资源""货物资源"等进行撮合交易,并对冷链物流"线路""节点"等进行优化。在此基础上按照冷链物流全程温控和高时效性要求,整合各作业环节。在科技创新的驱动力下,相较传统冷链物流产业链运作效率将获得大幅度提升。

7.5.3 企业组织壮大

我国冷链行业仍然面临综合能力不强、投资布局不足、科技化程度不高等诸多问题。传统的冷链企业规模较小,服务能力单一,只提供冷库、冷运或区域配送等基础服务,仍缺乏具有全国性、综合性和供应链能力的大型综合性冷链企业。国家应加大在冷链领域的基础设施方面的投入,鼓励发展全国性综合性的领域龙头企业,提升全链条的冷链流通率,提高冷链物流效率,满足人民群众对品质生活的更高要求。

首先,按照市场化运作原则,进一步拓宽企业对冷链设施投资的融资渠道。建议金融机构建立健全融资长效机制,鼓励有能力的综合物流企业加大基础设施建设。相关部门也应用好专项资金扶持冷链基础设施建设,避免"阳光普照"型财政补贴措施,造成小型冷链企业为享受财政补贴重复建设低端冷链设施。其次,引导冷链企业加大科技投入。通过数字化升级完善溯源技术,实现全链条可追踪、可保障。通过智能化改造,提升冷库仓储分拣的自动化程度,以及冷链运输配送的调度优化能力,降低冷链成本。引导行业组织、企业制定冷链物流科技化的相关行业标准,评选冷链物流科技化示范企业,鼓励龙头冷链企业输出科技能力给中小冷链企业。最后,鼓励冷链物流龙头企业承担更多社会责任。随着新型城镇化建设的加快推进,冷链物流已由起初的新兴需求转变为社会发展的基础设施与刚性需求。协助监管部门打造全社会的冷链追溯管理平台,保证国内生产加工、零售配送、餐饮服务的全链条信息化追溯。可以参考部分省市目前尝试采用的"冷链码"等措施,实现全国企业的统一溯源平台化管理。

7.5.4 高素质人才培养

经过10多年的发展,我国的物流行业不仅成为国民经济的支柱产业之一,而且早已与高科技紧密相连进入了智能化时代。然而,冷链物流人才的缺乏已逐步成为制约我国冷链物流快速发展的"瓶颈"(吕冬梅,2013)[61]。目前,冷链物流信息化从业者大部分为计算机,农产品科学、制冷等学科人员的转型,缺乏对冷链物流运营、管理、理论知识、信息化发展与创新的系统认知。国内各高校大多未增设冷链物流专业,全国开设"冷链物流技术与管理专业"的院校仅有10所。大数据分析显示,2019-2020年,冷链毕业生人数与前十强冷链物流企业冷链岗位招聘量的供需比为1:4。企业出于培养成本投入的考虑,对冷链物流专业人才的培养也缺乏积极性,总体导致冷链物流信息化专业人才培养速度缓慢。中物联冷链委调查显示,68.97%的企业反映难以招聘到合适的冷链物流人才,具备全链设计能力的专业人才更是严重匮乏,冷链相关领域的创新活力呈现回落趋势。

冷链物流人才是指在整个冷链物流的运输、储存、装卸、搬运、包装、流通加工、配送、信息处理等过程中从事相关的研究、管理、操作工作,使冷链物品始终处于规定的低温环境下,以确保冷链物品质量,减少冷链物品损耗的专业性人才。冷链物流的高素质人才大致可以分成研究型、管理型与操作型三大类。研究型冷链物流人才主要是指在高校或者科研院所从事冷链物流相关理论研究、冷链物流相关技术研发、冷链物流相关人才培养工作的人员。这类人才应具备较高的冷链物流理论知识和冷链物流教学与研究能力,同时还具有将冷链物流理论应用到冷链实践的能力。管理型冷链物流人才主要是指在政府部门、企事业单位从事冷链物流计划、组织、协调、控制工作,拥有一定的决策权,负责冷链物流运筹的人员。管理型冷链物流人才不但需要宽厚的冷链物流相关知识,还必须具备一定的组织协调与管理能力。操作型冷链物流人才主要是指在物流企业从事冷链物流技术操作的现场作业人员。操作型冷链物流人才需掌握基本的冷链物流知识,具备较强的冷链物流设施设备的使用能力以及较强的冷链物流具体作业的实际操作能力。

现代冷链物流的发展在中国时间不长,同时冷链在物流行业又是一个附加值较高的领域,冷链管理人才的培养和建立一个好的管理体系需要时间。所以国家要发挥引导作用,推动高等院校设置冷链物流相关学科专业、开设相关课程,发展农产品冷链物流职业教育,并建立交叉研究机构鼓励扶持行业协会、企业及有关高校结合国外实践开展冷链物流职业技术培训和继续教育,形成多层次的人才教育、培训体系。建立冷链物流行业的人才激励与柔性机制,推动高素质人才队伍建设。

7.5.5 降碳减排行动

冷链物流作为高耗能行业,亟需发展绿色物流。我国高度重视绿色发展,党的十八大把生态文明建设纳入中国特色社会主义事业总体布局,并在十八届五中全会明确提出创新、协调、绿色、开放、共享五大发展理念,2020年9月,国家主席习近平在第七十五届联合国大会上,向国际社会做出中国二氧化碳排放努力争取于2030年前达到峰值、2060年前实现碳中和的庄严承诺。物流行业特别是冷链物流,近年来能耗逐年增加,2018年,物流业能源消费占我国能源消费总量的9.2%,预计在"十四五"时期将继续呈快速上升态势。发展绿色物流不仅能够提升企业形象,而且是企业降本增效的重要途径(原雅坤等,2020)[62]。

冷链物流产业链发展需要坚持生态优先,推动绿色低碳发展。注重产业链与环保间的关系,推动探索各具特色的高质量发展模式。一是需要加快发展绿色低碳交通运输。推动沿海沿河自贸试验区大宗货物集疏港运输向铁路和水路转移,有条件的自贸试验区新建或改扩建铁路专用线。实施多式联运示范工程,支持全程冷链运输、电商快递班列等多式联运试点示范创建。鼓励将物流老旧车辆和非道路移动机械替换为清洁能源车辆。在物流配送领域新增或更新车辆,鼓励使用新能源或清洁能源汽车,积极推广应用电动和天然气作为动力。二是需要加快基础设施低碳改造。加快交通枢纽、物流园区等建设充电基础设施,完善车用天然气加注站、充电桩布局。新建码头(油气化工码头除外)严格按标准同步规划、设计、建设岸电设施,加快推进现有码头岸电设施改造。加快推进液化天然气海运转水运和多式联运,提高岸电使用率。鼓励新(改、扩)建建筑达到绿色建筑标准,加快推动既有建筑节能低碳改造,推进建筑光伏一体化,探索构建低碳、零碳的冷链基础设施系统,优先使用节能节水设备。探索建立重大基础设施气候风险评估机制,设施设计、建设、运行、维护过程中应充分考虑气候变化影响和风险。

第八章 冷链物流产业链投资现状、风险及对策研究

8.1 农产品冷链物流投资的现状及问题

中国是农业生产和农产品消费大国,肉类、禽蛋、牛奶、蔬菜、水果等生鲜农产品产量均居世界第一。2018年生鲜农产品产量达到13.2亿吨。随着经济发展和人民生活水平提高,人们对高品质农产品需求日益增大。生鲜电商快速发展,成为冷链物流爆发式增长的引爆点。与此同时,非洲猪瘟疫情、新冠肺炎疫情之后,活猪禁运、活禽禁运成为必然,冷鲜肉成为大势所趋,冷链物流成为必然要求。党中央国务院高度重视农产品冷链物流建设。2008年我国冷链物流概念开始全面兴起。2010年国家发改委颁布《农产品冷链物流发展规划》。2011年冷链物流迎来快速发展。2013年稳中有进。2015年很多行业处于增长低迷时期,而冷链物流行业经历了从量到质的蜕变过程。2016年生鲜电商的兴起,冷链物流投资明显加大。2017年国务院办公厅发布了《关于加快发展冷链物流保障食品安全促进消费升级的意见》。近年来,中央一号文件均指出要加强农产品物流骨干网络和冷链物流体系建设。2019年7月,中央政治局会议提出城乡冷链物流设施建设等补短板工程。2020年,中央经济工作会议提出要加强冷链物流建设,中央农村工作会议启动农产品仓储保鲜冷链物流设施建设工程。国家发展改革委、财政部、商务部、农业农村部、交通运输部等部门采取措施促进冷链物流发展。一系列相关政策相继出台,行业标准不断完善,冷链物流行业加快发展,从中央政府、省级政府再到各地市县政府,到国有企业、民营企业。无论是电商企业,还是食品加工企业等,都纷纷加强对冷链物流行业的投资。

近年来,商务部会同财政部安排中央财政资金,持续加大农产品冷链物流建设扶持力度,2014—2015年,支持15个省区开展跨区域农产品流通基础设施建设,重点支持产地预冷集配

中心、冷链物流集散中心等设施建设。2016年6月,财政部、商务部联合发布了《关于中央财政支持冷链物流发展的工作通知》,财政部、商务部为山东、河南等10省市冷链基础设施建设提供支持资金约20亿元。在2017年,商务部、财政部继续支持10个省区市冷链物流发展。2019年,财政部、商务部确定为山东、江苏等15个省(区、市)农商互联和农产品供应链建设工作提供财政资金支持,2019年每省(区、市)支持2亿元,2020年根据工作开展情况再拨付剩余资金。也就是说2019年是15亿元。2016年以来,中央基本建设投资5300万元,重点支持建立冷链物流监控体系,推动冷库、冷藏车等安装冷链监控设备,建设冷链流通全程温控监测平台,完善冷链物流标准体系,加快冷链设施标准化改造,促进使用冷链运输标准化器具。先后开展物流标准化和供应链体系建设试点,在农产品冷链领域,重点支持推动以标准托盘、周转箱为单元进行订货、结算、收发货和验货,推广物流全过程"不倒托、不倒箱"及共同配送、集中配送等模式,减少农产品损耗,促进降本增效。

2012年起,财政部会同农业部组织实施了农产品产地初加工补助政策,累计投入中央财政43亿元,共支持632个县、6万多个农户、9000多家合作社新建马铃薯贮藏窖、果蔬贮藏库等初加工设施12万余座,新增马铃薯贮藏能力200多万吨、果蔬贮藏能力270多万吨。2017年,国家农业综合开发项目支持农业优势特色产业发展,符合农业综合开发政策规定的果蔬采后处理及产地预冷保鲜的项目(冷链物流和现代物流项目),可积极向当地农发机构申请支持。2017年,中央财政安排补助资金14亿元,重点支持国家农民合作社示范社,突出农产品加工、产品包装、市场营销等关键环节,积极发展生产、供销、信用"三位一体"综合合作。同时,农业部还在部分省份开展合作社贷款担保保费补助试点,探索建立政策性农业信贷担保体系。在促进家庭农场发展方面,2014年,原农业部印发了《关于促进家庭农场发展的指导意见》(农经发〔2014〕1号),并指导全国30个省(区、市)出台了扶持家庭农场发展的指导意见。2017年,农业部、财政部共同实施的重点强农惠农政策中,明确提出支持家庭农场能力建设,以示范家庭农场为扶持对象,支持发展绿色农业、生态农业,提高农产品加工、标准化生产、市场营销等能力。据不完全统计,截至目前,各地扶持家庭农场发展的财政资金已经超过13.8亿元。从事果蔬采后处理和冷藏保鲜的各类农业经营主体,可积极向当地农业主管部门申请相关政策和项目资金支持。

交通运输部发布《关于加快发展冷链物流保障食品安全促进消费升级的实施意见》(简称《实施意见》),明确到2020年,初步形成全程温控、标准规范、运行高效、安全绿色的冷链物流服务体系,"断链"问题基本解决,全面提升冷链物流服务品质,有效保障食品流通安全。

总之,2016年以来,中央部委扶持冷链物流的财政资金投入总计在151.1亿元,每年40亿元左右。至少带动各省财政352.6亿元,带动社会资本投入822.8亿元。

2010年国家发改委《农产品冷链物流发展规划》出台后,我国各省市也相继出台了冷链物流发展规划,然而由于行业处于起步阶段,政策的执行效果和作用有限。2015年以来,一方面,新的《食品安全法》对上下游环节的食品安全要求更加严格。2018年9月,市场监管总局发布《市场监管总局办公厅关于加强冷冻冷藏食品经营监督管理的通知》,要强化对冷藏冷冻食品和食用农产品经营、贮存等场所的监督检查。党中央国务院要求用最严谨的标准、最严格的监管、最严厉的处罚、最严肃的问责来守护舌尖上的安全。各个省、市政府积极响应国家政策,也在国家政策的引导下,发布适用于自身区域发展的通知。地方政府、行业协会大力推动农产品冷链物流发展,加快农产品冷链物流的标准化建设。广东、黑龙江、贵州、河南、福建等省和各地市发布规划和政策。据不完全统计,各省财政投入财政资金在百亿元,带动社会资本投资约 200 多亿元。

除了政府加大投资之外,社会资本也加大了对冷链物流的投资。冷链物流企业还处于散小乱的阶段,行业集中度非常低。传统物流企业冷链布局相对缓慢。伴随着政府的高度重视,大型企业开始扩大规模以及网络化布局,才可以为大型电商、经销商与连锁超市提供全链条的服务。但国内外有投资实力的巨头企业,一直在关注着我国的冷链行业,天猫、菜鸟、京东、苏宁易购、顺丰优选、申通等已斥巨资建设冷链物流,仅新希望冷链物流公司投资就达到 10 亿元的规模,并谋求在 A 股上市。京东投资 100 亿元,总投资预计在 1000 亿元。申通投资 9 亿元。国外的行业巨头也加大冷链物流投资,澳大利亚最大的冷链物流提供商"太古"进入华南市场,美国最大的冷库物流运营商之一——"普菲斯"在上海的现代冷链储藏设施正式投入运营。还有一些新兴的企业也在加快布局和融资。

表 8-1 冷链物流企业主要代表

大型国有物流企业	招商局、中外运、海航冷链
知名民营物流企业	郑明现代物流、鲜易供应链、九曳供应链
外资企业	太古冷链物流、CJ 荣庆物流、大昌行
快递进军冷链的企业	顺丰冷运、圆通、申通等
生产企业旗下的物流	双汇物流、新希望集团、正大集团、圣农
电商类冷链物流服务企业	安鲜达、苏宁物流、京东物流等
外卖物流	美团、饿了么
贸易物流/贸易平台类企业	美菜、信良记
物流地产公司	普洛斯、万纬冷链、宇培集团、复星等
跨界者代表企业	阿里、滴滴、腾讯

综上,从融资次数和金额看,2015 年冷链投资 92 起,金额 100 亿元以上;2016 年 54 起,121 亿元;2017 年 9 起,30 亿元;2018 年为 13 起,70 亿元。2014 年以来,京东、阿里等大企业纷纷布局冷链业务,据不完全统计,2013 年以来总投资在 1000 亿元左右。

8.2 农产品冷链物流投资的机遇及规模

2008年以来,从政府到企业对冷链物流的投资都不断增长。我国是生鲜农产品生产和需求大国,随着社会的进步与人民生活水平的提高,人们对物质生活的需求逐渐从单一解决温饱型向多元化营养调剂型转变,对生鲜农产品的需求也日益增加。生鲜农产品需求量的大幅增加带动了冷链物流的发展。农业供给侧结构性改革下,农产品需要提高附加值。顺应农业发展本身,供给这些优质和安全的农产品,对冷链流通各个环节提出了更高的要求。中国冷链市场未来上升空间巨大。

8.2.1 GDP 增长的要求

冷链物流是国民经济发展到一定程度的必然,也国民经济发展大棋局所决定的。从政府宏观调控 GDP 增长的逻辑看,转变投资需求拉动为消费需求拉动 GDP 一直是政府的迫切选择;在吃、穿、住、行最基本消费中,冷链食品因是目前居民饮食结构中的较大空白,又因为资本投入大,随着未来居民收入增长将有很大的发展空间。近几年政府鼓励冷链发展政策密集出台,直接刺激了冷链物流基础建设发展。

8.2.2 冷链食品极大丰富,市场需求不断扩大

我国人口众多,对农产品需求巨大。2020年生鲜农产品总量达12.1亿吨。需要冷链服务的产品市场预计总价值超过3万亿元,冷链市场需求和发展空间巨大。此外,国际间冷链食品的供应量也在大幅增长。与此同时,农业生产方式向工厂化生产方式的转变,也使冷链产品物流业兼具了工业品物流的特点,如规模化、全球化、定制化等,要求其在技术、设备、运营模式上改进提升,需要规模资金的投入。

8.2.3 冷链设施建设滞后,亟待升级完善

进入冷链行业的很大一部分资金投入冷链物流基础设施建设。这是因为,我国冷链物流一直发展缓慢,与中国农业大国地位不相匹配。例如,对农产品"最先一公里"处理不够重视,相应冷链服务和预冷设施严重不足。农产品在产地采摘后至移交物流运输之前,为了保持其质量、延长保质期,需要进行预冷、分级、加工、包装及仓储等一系列加工或物流作业。当前,我国大量农产品流通成本过高,流通过程损耗严重,很大原因就是"最先一公里"问题没有解决,今后应当加大对产地预冷冷库建设的支持力度,促进其快速发展。

另外,现有冷库以货物存储为主要功能,往往不具备分拣、流通加工等能力,而且自动化、信息化程度低,需要重新规划建设符合现代物流作业要求的冷链设施。据悉,2019年底我国冷库新增366万吨,同比增长7.6%;冷库总保有量达到5050万吨,同比增长7.8%。冷库建设对资金需求巨大。

8.2.4 冷链物流行业加快发展运营模式不断成熟

目前,美国、欧洲、日本的冷链商业模式已经完备、成熟、运作效率高,并实现了全程温控及全程可追溯。美国模式的特点是:一方面,产业集中度高、分工明确、高度专业化、以客户规划组织整个流程、信息技术应用程度高,带来全程冷链的高效率;另一方面,冷链链条上的各方诚信保证了不打折扣的全程冷链。日本国土面积狭小,生产分散,超市即是冷链终端,基本不存在宅配问题,其冷链商业模式特点鲜明:由农协进行农产品的产地预冷、集货、运输至超市。这些国家冷链物流与供应链模式成熟、运营稳定,整体水平约领先我国30年。

综上,冷链物流主要节点是冷库、冷藏车、冷柜,还有相应的土地、人才等要素[1]。根据冷链物流的需求,需要新增冷库4000万吨,冷藏车4万辆,相应的投资约在1万亿元。

---

[1] 参考资料:《冷库设计规范(GB50072-2010)》《农产品产地集配中心建设规范(SB/T 10870-2012)》《农产品批发市场管理技术规范(GB/T19575-2004)》《超市建设标准》《标准化菜市场设置与管理规范》(商商贸发〔2009〕290号)、《商务部办公厅关于印发"双百市场工程"农贸市场建设标准和验收规范的通知》(商建字〔2009〕88号)、《第三方电子商务交易平台服务规范》《金属材料电子商务平台建设与管理规范(SB/T 10721-2012)》。

8.3 农产品冷链物流投资的风险

我国发展农产品冷链物流虽然空间广阔,但是农业生产的季节性、波动性强,生产和消费环节信息不对称问题较为突出,价格波动较大,导致农产品物流业主承受较大市场风险,进而影响农产品物流整个产业链。

8.3.1 冷链物流的"鼠箱效应",受到上下游产业的制约

冷链物流涵盖从产品生产到销售全过程,构成了由产地、包装加工、仓储、运输、配送和零售、电子商务等环节构成的冷链物流产业链。首先在产地进行采摘,接下来预冷储存,然后对农产品加工包装、运输,最后进入市场进行销售。冷链物流处于交易的中间环节。前端连接农户,经过包装、分拣、运输、零售等环节,最后连接终端消费者。

冷链物流处于中间环节,是减少损耗和保障食品安全的重要支撑。但在农产品产业链"最先一公里",农户出售产品之后,产权随之发生转移,所以农户预冷的积极性缺乏,导致冷链物流从源头就先天不足。在产业链的"最后一公里",消费者缺乏对于冷链物流价值的认识,支付意愿不高,终端拉动作用不突出。冷链物流处于中间环节,受上下游环节的挤压,同时也受到生鲜农产品保鲜自然特性的制约。在传统的生鲜消费市场,上游是种植、养殖和生产,末端是销售,中间是销售链。产业链薄弱,两端分散,中间环节庞大杂乱,效率低下。我国是大国小农,地域广阔,农户众多,据估计大约有 2.1 亿个农户,而且生鲜产品种类众多、标准不一。对于冷链物流作为中间环节,产地集散作用非常明显,但交易费用巨大。在另一个环节,物流中心或配送中心环节,农产品要经过储存、运输、包装、加工、装卸搬运等环节,使得产品能够更高效、经济地流动。而且需要与经销商、零售商的有机衔接,能够加快物流的速度、提高流通实效。由于缺乏全过程标准化,冷链物流发挥产业链的中介作用,实现集散功能,也就意味着要面临较大的交易成本。一方面是"千家万户"的农户和小商小贩,另一方面是"万家灯火"的消费者和城市复杂的物流网络。

8.3.2 冷链物流投资的无底洞效应,投资回收期长、利润率低

冷链行业是一个早期投资大、运营成本高、投资回收期长、回报率低的行业,导致许多民营企业投资意愿不强、投资强度大。投资门槛较高了。很多冷链物流企业照搬工业上的"重资产轻流动"模式,以为把初始投资重点用在仓库建设和买设备上就行,少量流动资金就能运转,结果情况远非如此。很简单的一点,企业的周期性很强,成本也很高,流动资金的周转速度明显慢,仅此就必然形成流动资金的大量占用。像仓储类型已经是现代产业中周期比较短的了,但依然需要3个月的周转时间。根据中国物联冷链委员会的调查统计,虽然中国冷链物流市场保持了快速增长,但目前冷链物流行业的平均净利润率仅为 3%~4%,而且还在不断萎缩。由于的弱质性,国家的扶持对做企业而言,重要性不言而喻。一些上市的农产品企业搞冷链,

主要靠政策性补贴来维持正利润水平,土地增值,政绩以防止退市。但问题是,一般的地区缺少大量补贴投入的财力。

8.3.3 冷链物流资产专用性效应,资产重抵押难

在土地上,工业用地用途广,可以较为容易地获得抵押贷款。冷链物流用地一般是仓储用地,适用范围窄,不容易获得抵押贷款。在设施设摆上,工业的厂房、产品、机器等都可以抵押,缓解流动资金困局有多种通路。冷链的设施设备包括冷库、冷藏车等具有资产专用性,资产评估较为困难,难以作为有效的抵押物。在业务运营上,链物流产业链链条长,层次多,信任体系不健全,风险管控难度大。营业收入单一,主要是仓储收入,客户账款经常延时支付,资金短缺。

8.3.4 冷链物流标准化不够,管理成本高、服务有欠缺

冷链物流标准化程度不高。目前,大部分冷链企业信息系统建设仍不完善,尤其在后端采购方面,少有可视可控的标准化建设,徒增很多运营成本。冷链服务标准化也仍有欠缺,比如冷链即时交付仍有诸多干扰因素,冷链企业针对客户需求用专业化设备、管理为客户提供专业服务的能力仍需提升。由于冷链企业普遍较小,也普遍不具备现代企业体制机制,企业的老板也普遍缺乏现代企业管理理念,管理方法传统而简单。

8.3.5 冷库供应不足,供需不匹配

中国的冷库供应是非常短缺的,从人均拥有量来说,中国冷库人均 0.1 立方米,相较于日本 0.3~0.35 米、美国 0.4 立方米还远远落后。相较于整个中国干仓总面积 13 亿~14 亿平方米,冷库仅占 1.5% 不到。目前中国冷库供需不匹配的问题——冷库的空置率相对较高,而想租的人找不到合适的冷库;冷链发展较快,传统冷库难以满足高灵活性的要求。由于冷库设备的投入大、运营成本高及通用性差,制约供应的增长。

8.3.6 冷链物流产业链的市场秩序不规范

我国尚未形成覆盖整个冷链物流链的监管体系,无法有效监管温控、制冷和温控记录设备使用的各个方面。这导致标准化企业实施标准的成本很高。不执行标准的企业反而可以占领市场,行业中存在"劣币驱除良币"的现象。

8.4 促进冷链物流产业链投资的政策建议

8.4.1 充分发挥公共财政资金的作用

由公共财政投入在重要产地、销地建设一批公益性冷库,作为战略储备库。建立政府财政专项补贴,对于销区屠宰场转型升级为肉类冷链物流中心的给予专项财政补贴建设冷库,购置冷藏车。鼓励银行、产业基金等社会资金优先支持冷库建设和冷藏车购置。对企业冷库建设、购买冷藏车辆等给予资金支持。加大对企业基础设施建设的信贷支持,减轻企业前期投入负担;对于条件成熟的企业,要支持其上市融资。

8.4.2 不断丰富冷链物流投资渠道

冷链物流投资本身就不足,因此要不断丰富投融资渠道。第一,引入风投或私募基金,冷链物流发展潜力巨大,而且当前规模较小,是风投和私募基金的理想投资标的;第二,股权出让融资,通过初融企业的部分股权以筹集企业所需资金,这是中小企业融资的常见形式;第三,银行贷款,企业可以采取抵押、担保的方式向商业银行贷款。

8.4.3 根据冷链物流特点创新融资方式

金融机构更应把握其特点和规律,在产品设计上严格把好准入关,从源头上控制好风险。应适当选取金融支持方式,通过产业基金或融资租赁等方式介入,切实管控好相关风险。在这样的形势下,金融机构应积极探索多种抵押担保方式,如集团担保、回购担保等抵、质押方式,创新订单融资、发票融资、商品融资等服务手段,积极支持优质物流企业发展。此外,在深入研究的基础上,金融机构可探索发起成立农产品物流产业基金等形式,为企业提供新型金融服务。

第九章 冷链物流产业链安全管理研究

9.1 冷链物流供应链关键环节风险分析

冷链物流体系是一条长长的全链条,连接着食品生产、加工、速冻、分装、储存、运输、销售等多个环节,农产品冷链物流是生鲜农产品从供应到生产、加工、包装、贮藏、运输、消费都处于低温度控制过程的一种物流形式,需要经过生产地、储存管理、加工包装、运输配送、销售运营等全过程链条(张琰 2017)[63],如图9-1所示,整体供应链各个环节的能力需要具备连贯性,生鲜冷链物流环节中任意环节操作不当或失误都可能会造成生鲜农产品的质量安全问题,如表9-1所示,对社会造成恶劣的影响,一失万无(祁南南,桂越等 2018)[64]。近年来,食品安全的事件源源不断,发生在产地、加工、运输、储存等不同环节,最后导致到达消费者手中的农产品是有健康隐患的。新冠肺炎疫情背景下,我国尚未建立与疫情常态化防控机制相适应的冷链物流体系。

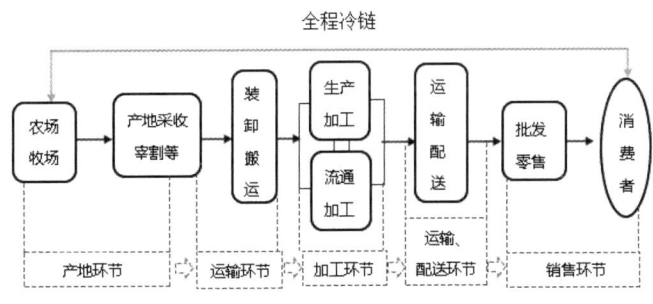

图9-1 冷链物流环节流程

食品安全隐患依然存在。由于冷链物流频繁断链引起许多农产品在运输途中变质腐烂，食品安全问题层出不穷，威胁人民健康，产生了恶劣的社会影响。生物安全隐患突出。冷链在封闭低温环境下，微生物病毒容易藏身生存。通风不畅、湿度过大，容易导致霉菌大量繁殖。由于中间断链导致食品二次冷藏或冷冻，致微生物生长速度加快，病原菌分泌毒素的速度增加。近年来，冻肉等进口冷冻食品快速增加，全程冷链可能会成为外来病毒传播的温床[1]。还有一些非法进口的冻品藏身"黑"冷库，防不胜防。生产安全事故不断发生。近年来，冷链物流供需不平衡所带来的矛盾以及操作不规范造成的安全问题、资源浪费等矛盾交叉存在，冷库安全事故频发。

表9-1 各环节出现的安全问题

环节	食品安全	生产安全	生物安全	疫情风险	交通安全	职业安全
产地环节	√		√	√		
储存环节	√	√	√	√		√
加工包装	√	√	√			√
运输配送	√	√	√		√	
销售经营	√	√	√	√		

9.1.1 产地环节风险分析

田间地头的生产产地是生鲜农产品冷链物流的首个重要环节，在产地环节中，如图7-2所示，最重要的就是产地预冷。由于产地环节未预冷存在的安全风险会造成冷链物流断链，发达国家已经普遍采用了产地预冷模式，而我国的农产品冷链物流产地环节还存在着很多的安全风险，比如农户未进行预冷操作导致农产品变质和腐败、产地储藏时未严格控制温度使得农产品储藏效果不理想。目前新冠肺炎疫情全球大流行背景下，进口农产品在疫区储藏时被染新冠肺炎病毒导致后续环节造成传染等各种风险。

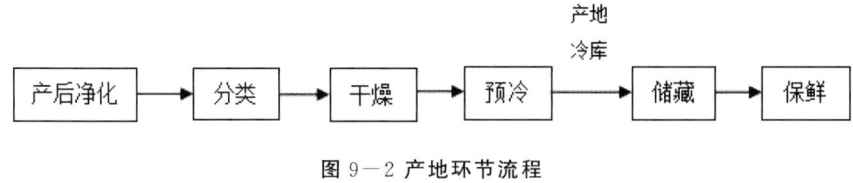

图9-2 产地环节流程

---

1 马增俊.进口冻链阳性，莫慌！把住源头是关键[EB/OL].http://www.chinaffa.org.cn/CMS/ArticleDetail.aspx?caid=448&id=7875,2021-07-14.

1.预处理

(1)产地初加工设施不全

农产品储藏、保鲜、烘干等初加工设施的建设,能够帮助农户降低产后损失、提高产品质量、选择最佳销售时机、参与加工环节以及提升产后处理技能[1]。但大部分产地位于农村,不具备一系列设施设备,无法保证农产品初加工的完成,使得农产品采收后的状态无法保持最佳,以至于影响到农产品的质量,存在很大的安全隐患。

(2)产地加工效果不合格

农产品由于性质特殊,需要严格控制温度,为使农产品以最好的状态呈现给消费者,需要在原产地环节进行加工,如干燥、预冷、保鲜等步骤。若产地加工效果不理想,就被装车运输,会存在农产品变质、腐败的安全风险。中物联冷链委对农产品采摘后预冷保鲜处理情况做了调查,在收集到的有效问卷56份中,仍有30%生产者不进行预冷处理,占比极高,如图9-3所示。我国的农户缺乏产地预冷经验的普及,对于产地预冷的消费投入大多都没有意识,对于新鲜农产品的储藏就仅保持在自己现有的冷库条件中,然后通过冷藏车运到批发市场出售,导致农产品保鲜贮藏效果并不理想,致使部分的农产品变质、腐败等。另外,产地加工成本高,农户引进冷库制冷设备以及承担冷库能耗方面也是一笔高昂的支出。而大部分农户眼光不长远,高昂的前期投入成本使他们望而却步,就导致农产品前期加工不到位,影响到后续的运输、储存等环节。

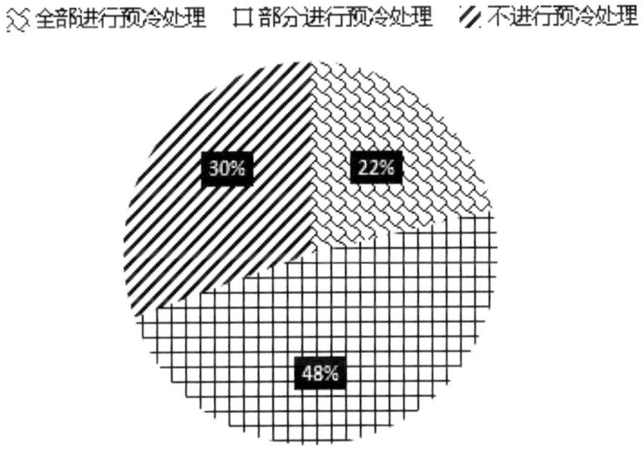

图9-3 农产品采摘后预冷保鲜处理情况

2.新冠肺炎病毒传播风险

2020年席卷而来的新型冠状病毒性肺炎具有高度传染性,潜伏期长,而且暴发原因多起都与冷链有关。

---

[1] 农产品产地初加工现状、补助存在问题及建议[EB/OL].https://www.docin.com/p-1948453527.html..2021-07-14.

(1)产地位于疫区

自 2020 年以来,各地断断续续暴发出新冠肺炎疫情,疫区先后分别是武汉、北京、大连、新疆等不同地区不同城市,而疫情的传播会导致一个城市的暂时性"瘫痪",企业停工停产、商场闭门歇业。一旦农产品的产地位于疫区,会出现病毒黏附在农产品上,农产品若作为病毒的载体流向全国各地,会使运输人员、采收人员、装卸搬运、加工人员增加感染新冠肺炎的风险。

虽然我国新冠肺炎疫情总体上得到了有效控制,但是疫情全球大流行的趋势并没有得到有效遏制。我国是冷冻食品和农产品进口大国,冷链物流的低温特性使其成为新冠肺炎病毒跨境传播的重要途径。

(2)采收、预处理过程

产地农产品成熟后需要经过采收、预处理等工序才可进行干线运输。而新型冠状肺炎病毒极其狡猾,传播途径可经过空气、触摸、粪便等。同时我国产地采收和预处理大部分都是人工操作,在不知情的情况下,人若感染了新冠肺炎病毒,在采摘和预处理的过程中则会二次传播到农产品上,便会影响到食品的安全。若未经过病毒检测就流入市场,则会传染到这个链条上更多的人。

(3)产地病毒检测

上面分析了在产地环节中可能会存在的新冠肺炎病毒传播情境,而产地病毒检测是阻断病毒继续向下一个环节传播的重要关卡。出于成本高、技术落后、检测意识薄弱等原因,部分疫区仍选择跳过这一步骤。很多研究表明了从患者粪便、污水甚至城市河道中的河水中检测出了新冠肺炎病毒。但国内的防疫措施主要是针对人与人之间的可能接触和感染,而对病毒通过食物和物品传播还缺乏严格的检疫检测措施。

9.1.2 储存管理环节风险分析

仓储管理环节也是生鲜农产品冷链供应链上的重要组成部分,仓储一般用于生鲜农产品类,通过仓库对商品与物品进行储存与保管,是产品生产、流通过程中因订单前置或市场预测前置而使产品、物品暂时存放。

1.温度湿度调控

在调控过程中可能会由于环境的变化造成食品腐烂,或由于人为因素造成食品的变质或污染,或由于有限的冷链技术和管理不当增加生鲜农产品在储藏过程中的风险概率。

2.冷链设施设备

(1)冷库结构不合理

2019 年上半年,我国冷库资源主要集中在华东、华中、西南地区,西北以及华南地区冷库资源相对较少。现有的冷库分布不均衡,大多数都是年限较长、设备老化,其中新型装配式的立体化冷库不到 20%,基本上是旧的机械式冷冻车皮,自动温控区间小,很难适应新零售的冷链物流需求。仓储作业主要是在冷库中进行,目前我国冷库结构比例不均衡,对于肉类冷库更加重视,尤其是发生非洲猪瘟疫情后,活猪生猪被禁运,由运猪改为运肉的模式在我国推广普及。

（2）忽略小型冷库建设

水果、蔬菜类冷库建设被忽视。对于大、中型的冷库建设会投入更多的精力和财力,忽视小型批发零售冷库的建设。对于北京、上海等一线城市冷库建设投入大,西北片区等内陆地区分布相对较少。

（3）冷链设备闲置

仓储环节最重要的就是温度,而国内许多冷库管理人员会因为用电高峰期高昂的电费较少使用制冷设备。而当生产淡季和原料资源不足时,冷库往往处于闲置耗能状态。2020年上半年,我国冷库空置率有所上升,主要受疫情蔓延和经济下行压力影响,部分城市出现冷库租赁企业业务收缩、撤仓、退仓等现象。数据显示,2020年上半年,我国冷库平均空置率约为13.87%,较2019年空置率上升3个百分点[1]。从各省市冷库空置率来看,如图9-4所示,2020年上半年,我国各省市冷库空置率排名前三的分别为南京、济南及东莞,这三个城市冷库空置率均超过15%,北京、上海和沈阳的冷库空置率较低,其中北京最低,冷库空置率仅为4%[2]。

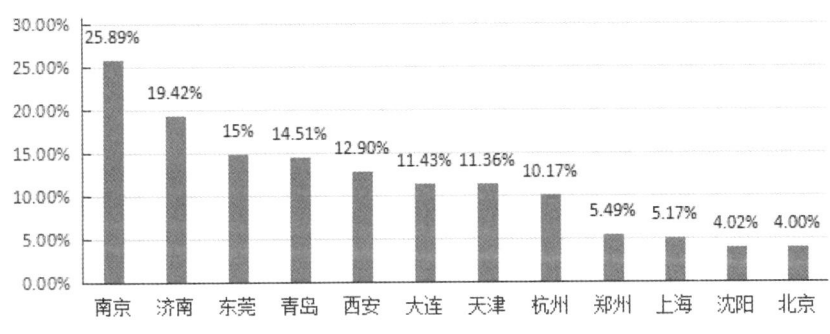

图9-4 各地冷库闲置率

3.新冠肺炎病毒传播风险

由于冬季温度低,病毒存活时间久,一旦外包装出现感染,任何一个接触面只要受到污染,新冠肺炎病毒就一直存活,而源头可能在任何一个环节,包括从生产后的仓储以及冷链运输直至销售过程。例如,外包装被感染新冠肺炎病毒的人员直接接触到,或者整个过程的空气中飘浮有新冠肺炎病毒[3]。

---

[1] 十张图了解2020年上半年中国冷库市场发展情况 政策利好冷库建设 生鲜配送助推冷库需求增长[EB/OL].https://baijiahao.baidu.com/s?id=1676240767654785556&wfr=spider&for=pc,2021-07-14.

[2] 十张图了解2020年上半年中国冷库市场发展情况 政策利好冷库建设 生鲜配送助推冷库需求增长[EB/OL].https://baijiahao.baidu.com/s?id=1676240767654785556&wfr=spider&for=pc,2021-07-14.

[3] 41天10地冷冻食品检出新冠病毒,世卫组织回应食品是否会传播新冠病毒[EB/OL].https://baijiahao.baidu.com/s?id=1675087967250226796&wfr=spider&for=pc,2021-07-14.

（1）未区分仓储品类

在存储过程中，进口冷冻品类没有集中仓储，与其他品类存储、流通过程中混放在一起时会出现交叉感染。此类事件国内已发生过几十起，由于进口冷冻品携带新型冠状肺炎病毒，储存、搬运过程中扩大了传播范围。尤其是港口城市，屡次由于冷冻品携带病毒而大范围扩散。据不完全统计，如表9－2所示。截至2020年12月，全国各地已有超过10个省市先后在冷库冷冻食品中检测出新冠肺炎病毒呈阳性，近30起。在这多地报告中，福建厦门、辽宁大连、江西萍乡、重庆沙坪坝区、安徽芜湖5地的海鲜食品均从厄瓜多尔进口，而深圳龙岗、云南两地的冷库冷冻食品则是由拉丁美洲生产。

表9－2 2020年下半年经冷链运输的产品呈阳性事件

日期	进口地区	产品源头	呈阳性的产品
6.12	北京市	—	进口三文鱼
7.3/17/23	辽宁大连	厄瓜多尔	冷冻生南美白虾
7.10	福建厦门	厄瓜多尔	冷冻生南美白虾
7.14	江西萍乡	厄瓜多尔	冷冻生南美白虾
7.15	四川重庆	厄瓜多尔	冷冻生南美白虾
7.16	云南	厄瓜多尔	冷冻生南美白虾
8.11	山东烟台	—	冷冻海鲜产品
8.12	安徽芜湖	厄瓜多尔	冷冻生南美白虾
8.13	深圳龙岗	巴西	冻鸡翅
8.13	陕西西安	厄瓜多尔	冷冻生南美白虾
8.13 9.23 10.1 11.6 11.13 11.21 11.28	海关总署	印度尼西亚 挪威 巴西 俄罗斯、荷兰 印度 印度 智利	冻带鱼 冻尖吻平鲉 冻去骨牛肉 水产品 冻墨鱼 冷冻鲅鱼 冷冻帝王蟹
9.20	吉林扶余	—	鱿鱼须
10.17	山东青岛	—	冷冻鳕鱼
10.30	山东乳山	—	冷冻猪肉
11.7	山东德州	德国	冷冻猪肉
11.8	山西太原	印度	冷冻带鱼
11.18 11.28	湖北武汉	— 越南	冷冻去骨牛肉 冷冻巴沙鱼

(2)进口冷冻品的病毒检测

在北京新发地批发市场暴发疫情之前,国内对新冠肺炎病毒通过国际冷链物流进行跨国传播没有重视和防范,批发市场缺乏针对性的病毒检测。新冠肺炎病毒属于新型病毒,还未纳入检测范围,国外疫情远比国内严重得多,必须严格把控进口冷冻品的病毒检测流程,以防万一,不能存有侥幸心理。

(3)物媒传播被忽视

相比较之下,我国更加重视人媒传播,尽管通过粪便、门把手等实物传播的新闻屡见不鲜,但总体上来看,很多防疫措施是针对人与人之间的接触和感染。在仓储过程中,货物与货物的堆积,也会出现"一传十,十传百"的情况。若工作人员在不知情的情况下,操作货物,会发生二次传播,传播范围不堪设想。2020年6月以来我国发生了多起因冷冻品携带病毒而传染到人的事件,所以务必引起重视。

9.1.3 加工包装环节风险分析

1.加工处理不合规范

生鲜农产品由生产基地产出后,加工包装环节使放在冷链运输车上的产品保持安全性,部分企业为了控制成本,收购质量差的生鲜产品,加工后这些产品将会带来更大的安全风险。正值2020年新型冠状肺炎病毒疫情防控的环境下,更应该注意加工车间冷冻产品的情况,外包装消毒、病毒检测等,大连凯洋海鲜加工公司正是由于冷冻产品处理不当,暴发了疫情。

一些企业甚至为了节省成本,不配备合格的冷藏保鲜设施设备,导致温度不达标,使得农产品的质量大打折扣。

2.包装材质破坏产品质量

包装破损造成的安全风险也有待改进,还有一些不法分子利用包装造假扰乱市场,包装时使用质量不达标的材料,都会对生鲜农产品的质量造成破坏。另外,加工企业的环境和设施、加工操作人员的行为是否规范、包装时使用的材料质量都是加工包装环节存在安全风险的因素。

3.新冠肺炎病毒传播风险

在冷冻食品的包装前后,只要农产品加工环境、包装环境中存在新冠肺炎病毒,就有可能因为交叉污染或二次污染而被污染上新冠肺炎病毒。若交易人员感染了新冠肺炎病毒,呼吸中存在的新冠肺炎病毒也会随着呼吸或飞沫飘浮在空气中,进而沉积在冷冻食品外包装表面。

(1)物传人现象

新冠病毒存在由"物"传人现象,即物媒传播。在加工包装这一环节中,加工包装的过程离全自动化还很远,大部分仍是人工作业。已有过由于进口冷冻品携带病毒传染给加工工人,如大连疫情的暴发,源头是在凯洋海鲜的加工车间。进口冷冻品的病毒传染到工人,导致大连市陷入疫情中。这种物传人的情况在加工环节要额外注意,尤其是对于进口冷冻品类。人的流动性很强,一旦在不知情下被感染,疫情的扩散程度非常可怕。

(2)源头管控

冷链食品企业对供应商合规性的检查和评估,对每批食品进货的查证验货、食品及原料进货查验、出厂检验、食品销售等信息,都要严格把控,保证食品可追溯。由于国外的疫情远比国内严重,国外出口到我国的商品无法"一刀切",所以需要严格把控进口国的出厂检验、新冠肺炎病毒检测证明等,全程追溯。

(3)生产加工环境

生产加工的环境尤其重要,在低温下,病毒存活的时间很久,需要加大对冷链食品原料加工处理各环节生产车间环境、即食和熟食食品各生产环节车间环境、储存冷库等高风险区域的消毒频次,若忽略以上事项,致使病毒长时间存活。

9.1.4 运输配送环节风险分析

我国冷链物流供应链在运输环节存在的安全风险最为突出,运输装卸环节是将质量合格的生鲜农产品在冷藏温度条件下从生产方运送给经销商,从经销商运送给客户并验收收货的过程,是保障生鲜农产品全程冷链的重要组成部分,运输环节作为农产品冷链产地、供应、销售环节的纽带,是冷链运输全链毋庸置疑的核心。

1.运输设备

(1)运输车辆操作不规范

一般而言,冷链物流中心都对运输过程进行温度控制,但往往忽视出货暂存阶段和装车前的准备阶段。在产地运输出货暂存阶段温度达不到要求,冷冻品的要求在 0℃左右,而且冷冻食品在出货暂存阶段不应超过半小时,但是冷藏库的温度一般在 2~8℃之间,食品温度在 4℃左右(黄素琴 2016)[65]。对于冷冻品的质量会产生影响。另外,在产品装车前冷藏车需要提前降温 30 分钟,有些企业为了节省油耗,降低运输成本,允许司机在装车完成后关闭车门才开始制冷。根据运输车 GPS 数据可以得出,一般在关闭车门运行 30 分钟后,才可达到冷链要求,那么这 30 分钟的制冷时间就会对产品的品质造成影响,甚至腐败变质。

(2)运输车辆卫生问题

在冷藏车卫生方面,车厢和物流筐的冷藏清洗工作都会对产品的品质产生影响,大部分企业的冷藏车都是直接用水管冲洗,物流筐也是直接堆垛在地上冲洗,在货物交接时有的送货员直接就将物流筐放在地面上,会接触很多尘土和灰尘,对产品的品质存在安全风险。

2.冷链从业人员专业素质不高

我国冷链物流缺乏专业的管理人才、管理理念落后等问题导致冷链物流管理水平低,冷链物流对技术的专业性要求很高,包括冷链运输设备以及冷链物流信息化体系的建设等,这些都是需要专业人员来完成。而我国专业物流人才的培养速度与物流业发展速度并不匹配,从而限制了冷链物流的发展进度,最后使得物流运转效率低。尽管管理层已经给职工人员下达严格的管理制度,但仍存在不严格执行的情况,例如,运输车辆人员未按标准控制温度、超市未按照国家标准配备冷链设施设备等情况,最后导致农产品出现质量问题。

3.新冠肺炎病毒传播风险

(1)交通网络受阻,农产品腐坏

疫情期间对疫区进行相对封区,对交通网络整体管制,尤其是疫情重灾区的严格管控。例如武汉地区,随着新型冠状肺炎病毒危机的逐步显现,航空货运、卡车运输和铁路货运服务严重中断,武汉及周边长江沿岸港口严重拥堵。区域封锁已经影响到进出该区域的公路、铁路运输的物流工作,同时空运货物也受到了严重延迟[1]。传统通路受阻,电商、直销等模式供求量剧增,但需要通过快递运输直达消费者,但因仓储、运输滞留时间长,到消费者手中大多腐坏,发生拒收现象,既浪费了物流资源,又浪费了农产品。据行业统计数据,如图9-5所示,疫情期间,菜价高、品种少以及物流效率低是居民的头等难题。

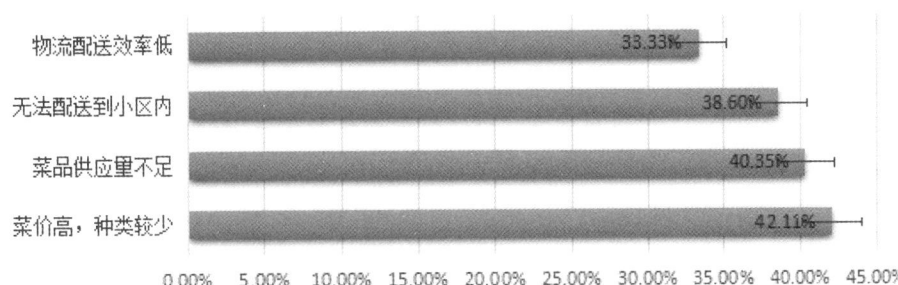

图9-5 疫情期间买菜的主要问题

(2)装卸搬运频繁加大感染风险

目前为止发现冷链食品相关新冠肺炎疫情中多为装卸工人感染。冷链食品装卸工人的特定的工作环境与新冠肺炎病毒传播存在一定关系。特别是装卸来自有疫情发生地区的进口冷链食品时,码头搬运工人等在搬运货物过程中,应全程规范戴好口罩,目的是防止接触到可能被新冠肺炎病毒污染的冷冻水产品等[2]。

(3)运输配送过程中的消毒

冷链食品配送过程中,司机及运输随从人员的个人手部卫生,冷链食品配送过程中最有可能被病毒污染的物体表面,包括人手频繁接触的方向盘、车门把手、移动设备等,均存在感染的风险[3]。

---

1 新冠肺炎疫情对物流业的影响调研分析报告[EB/OL].https://www.doc88.com/p-18547383987400.html?r=1,2021-07-14.

2 交通部印发《指南》预防冷链食品物流从业人员受新冠病毒感染[EB/OL].https://baijiahao.baidu.com/s?id=1684493774537809248&wfr=spider&for=pc,2021-07-14.

3 重要证据链!以冷链品为载体 新冠病毒具备远距离跨境输入可能[EB/OL].https://baijiahao.baidu.com/s?id=1680885828472459818&wfr=spider&for=pc,2021-07-14.

(4)从业人员的防护措施

从业人员的健康和防护措施是预防新冠肺炎病毒污染冷链食品的根本。从业人员工作期间应正确佩戴口罩、手套和着工作服上岗,定期清洗、必要时消毒。生鲜宰杀、进口冷冻等特殊岗位的从业人员除工作服外,应按防护要求穿戴防水围裙、橡胶手套等[1]。有企业为节省成本,多次循环使用防护用品后出现二次污染,反而得不偿失。

9.1.5 销售运营环节风险分析

连锁超市作为生鲜农产品销售的终端,在农产品冷链物流中起着重要的作用,承担着冷链安全风险的最后一环,运营环节主要是生产商、经销商在收购、加工、储存、运输、销售环节获取发送以及处理有关冷链物流过程中生鲜产品的供需、价格、事故、售后反馈等信息的过程。

1.商超冷柜使用不规范

在大型零售店或连锁超市生鲜肉类可以满足在冷柜上面展示销售,商场冷柜的温度较高(10~15℃),不能有效保鲜。但是果蔬产品冷链销售率相差甚远,大部分的蔬菜和水果放在常温货架上销售,只有部分精品蔬菜、精品水果在冷藏柜上销售。无形中增加了产品的腐败速度,降低产品价值,存在安全风险。

2.产品受到人为破坏

由于生鲜农产品以及冷链冻品本身具有较强的易损性,在销售阶段如果顾客频繁地挑选产品,那么极可能会造成农产品表皮破损,降低农产品的品质,影响其美观和食用口感。最后受损产品只能腐烂或者低价出售,受损严重的产品将直接被商家报废。

3.新冠肺炎病毒传播风险

冷链食品集中交易市场(农产品批发市场、农贸市场)、超市、便利店、餐饮、自营电商等食品经营者应当具备相应的冷藏冷冻设施,从业人员保持间距对于降低疾病传播风险至关重要。另外,客流量过多、顾客之间的安全距离太小、聚集和拥挤、结账时的身体接触都会增加感染的风险。而且一些场所是在相对密闭的空间中,通风换气的次数无法达到要求,空气流动慢,不利于驱散有害气体。

---

1 冷链食品工人必要时需佩戴护目镜和面屏[EB/OL].https://baijiahao.baidu.com/s?id=1682024596887804486&wfr=spider&for=pc,2021-07-14.

9.2 冷链物流产业链立体安全观

9.2.1 树立冷链物流全方位安全观的意义

随着我国经济发展,居民生活水平提升,消费水平不断升级,人们对食品的要求不再局限于果腹,而是逐渐追求更安全、更高品质的食物。消费者对鲜活农产品的需求与日俱增,促使冷链物流成为物流发展的重要趋势之一,尤其是在新冠肺炎疫情期间线上生鲜农产品购物模式被大力推崇,市场对冷链物流的需求越来越大,要求也越来越高。同时,在政策方面国家推进"以国内大循环为主"的新发展格局的出现,又促使我国内陆更多的城市扩大鲜活农产品流通量和消费量。

然而与经济上行相伴的还有许多冷链物流安全问题的出现。每当提起冷链物流,关注更多是食品安全,但冷链物流实际涉及的主体众多、环节复杂,生物安全、生产安全、消防安全、交通安全、职业安全、公共安全等因素交错叠加。整个链条上任何一个环节出现问题,都很可能给人民的生命财产安全造成巨大损失。2018年6月1日17时53分,四川省达州市消防支队指挥中心接到报警,农副产品综合市场的"好一新商贸城"发生火灾。经消防部门火灾现场调查认定:起火部位为好一新商贸城负一层冷库3号库,原因为租户在冷库内私自拉接的照明电源线短路,引燃可燃物蔓延成灾。该次事故所幸没有造成人员伤亡,但并不是每次事故都那么幸运。2021年3月2日,广东省东莞市大岭山某仓库起火,当天下午在其辖区内冷库正处于装修施工中,很多工人在冷库中作业。工人在违规使用电焊时,不慎引发了火灾,这次事故造成2人死亡。除此之外,冷链物流还涉及其他方面的安全问题,例如,冷库还可能存在氨制冷剂、氟制冷剂泄漏风险,如果制冷剂泄漏,势必会对工人造成危害。工人经常面临手冻、脚冻、腰酸、背痛及关节炎等病痛。显而易见,在冷链物流中除了常见的食品安全问题外,还有许许多多的设备、操作等方面的安全隐患,因此,树立冷链物流全方位的安全观,对冷链物流全方位的进行安全管理十分重要,尤其是在国家倡导现代化流通体系建设的当下,我国冷链物流产业既要保供给、更要保质量,实现高质量发展。

多年来,冷链物流一直稳步增长,品质更是迅速提升。在新冠肺炎疫情影响下,网购食品、网上买菜正在成为普通百姓购物的首选。以北京这个超大城市为例,北京的生鲜农产品大约有90%需要从外地输入,主要来源于河北的周边城市。因此,健全的冷链物流体系是我国遇到大型突发应急事件时,能够依然保持社会正常运行、应急保障和战略储备的重要支撑,也是减少食物损耗和保障食品安全、满足消费升级需求、扩大消费的重要保障。

9.2.2 冷链物流安全问题全方位分析

长期以来,人们对冷链物流安全关注更多是食品安全,但冷链物流涉及主体多,环节复杂,安全因素也很复杂,比如冷库的生产安全、冷藏车司机的职业安全等。农产品冷链复杂的结构,农产品冷链任意一个环节发生问题,都会直接影响农产品的质量状况,最终危害消费者的身体健康(张喜才,2019)[66]。冷库中农产品如何存放,能存放多长时间,农产品是否安全的界定都很模糊。对冷链物流中的农产品质量的监控难度较大,难以快速处理农产品质量方面突发的不安全事件,而且突发事件会给消费者造成消费恐慌,并动摇消费信心。冷链中的消防安全也存在极大隐患,如何将这些安全问题很好地解决还需要努力探索相应的管理机制。冷链物流发展迅速,冷库规模不断扩张,运行设备和建设技术提高,冷库结构更加复杂。但是由于很多中小企业存在管理不规范、老旧冷库存在设施陈旧以及冷库随着技术的发展不断产生新的安全问题,导致冷库安全事故并没有得到有效的遏制,每年都有重大安全事故发生,人员和财产损失严重。据统计,2016—2018年共发生重大冷库安全事故近60起,造成严重的人员中毒和爆炸事故。近10年来,冷库安全突发事故已造成200多人失去生命,3000多人感染中毒,经济损失高达4亿元。

1.食品安全隐患依然存在

据估算,我国每年因冷链"断链"造成约1200万吨水果、1.3亿吨蔬菜的浪费,经济损失超千亿元(刘梦雅等,2017)[67],加大了粮食安全的风险。尽管我国已为冷链物流明确指出了高质量发展的道路,但现实由于我国农产品冷链物流还处于初级探索阶段,整体冷链物流产业链上硬件设施不足,软件方面人们对于冷链物流的安全意识不到位等因素在内,致使冷链物流频繁"断链"的事件发生,导致许多农产品、冻品在运输途中变质腐烂,食品安全问题层出不穷,威胁人民健康,产生了恶劣的社会影响。

2.生物安全隐患突出

冷链在封闭低温环境下,微生物病毒容易藏身生存。通风不畅,湿度过大,容易导致霉菌大量繁殖。由于中间断链导致食品二次冷藏或冷冻,致使微生物生长速度加快,病原菌分泌毒素的速度增加。同时,有一些冷冻产品在装货时,容易出现轻微解冻的情况,尤其是冷冻鲜肉产品,融化的血水流到货箱上,使货箱出现腥臭味,不仅影响下次装货运输也为细菌的滋生提供了可乘之机,对冷藏货物的安全也造成了隐患。近年来,冻肉等进口冷冻食品快速增加,全程冷链可能会成为外来病毒传播的温床。还有一些非法进口的冻品藏身"黑"冷库,防不胜防。

3.冷链物流安全事故不断发生

冷链物流供需不平衡所带来的矛盾以及操作不规范造成的安全问题、资源浪费等矛盾交叉存在,冷库安全事故频发。2010—2019年我国累计曝光的冷库安全事故有100余起。仅2019年冷库安全事故就有18起。近10年来,冷库安全事故已经造成200多人死亡,3500多人受伤。总共造成的直接经济损失约有4亿元。

4.交通安全、职业安全也不容忽视

随着电子商务和新兴生鲜电商企业的蓬勃发展,农产品和生鲜产品的冷链需求量不断提升,相应的冷链运输需求量也在不断攀升。2020年北京农产品流通协会向社会发布了"点对点"食材供应配送企业和社区蔬菜直通车配送企业198家,这些供应配送企业就将服务约4400家社区和企事业单位,供应配送蔬菜等生活必需品172558吨/月[1]。由于冷藏车普遍运输任务量较大,路途较远,再加上夏季天气炎热,运输车自燃事件越来越多,同时运输过程中,超载、超限、疲劳驾驶的情况也依然存在。这就造成了冷链运输交通安全方面存在着或多或少的隐患。此外,由于冷库堆垛不合理而造成的货堆倒塌和货架坍塌等事故造成的伤亡也时有发生。而在行业中更常见的问题是氨制冷剂、氟制冷剂等制冷设备中的制冷剂如果发生泄漏会对工人造成危害,工人经常出现手冻、脚冻、腰酸、背痛及关节炎等病痛。

5.冷链造成公共安全影响更加广泛

冷库安全事故每年仍有发生,虽有下降趋势,但并未得到有效遏制。事故多为中毒、爆炸和火灾,影响较大。此外,在消费市场上对于冷链关注的重点,实际上更多在于冷链物流运输的产品质量。产品质量如果无法提高一方面是影响冷链物流的口碑,另一方面如果产品在运输或存储过程中出现了货损,冷链物流企业也要承担相应的赔偿责任,因此也从侧面提升了冷链物流的成本。如果发现冷藏车的制冷系统有损坏,应尽早修理,才能避免因制冷系统在运输途中发生故障而导致货物解冻情况的发生[2]。另外,一些冷藏货物需要事先对货厢进行预冷,在装好货后,可以保障货厢内的温度能达到货物的温度要求,避免运输途中货物解冻。冷链运输车在卸货时,货厢内壁的薄冰会融化,在货厢内作业的装卸人员来回走动,会使货厢受到污染。因此,冷链食品在流通过程中出现温度超标等问题,会直接影响到食品的原有品质和安全,会给消费者造成消费恐慌,影响面极大。

6.新冠肺炎病毒带来的冷链食品安全隐患

新冠病毒在低温下存活期长,而且具有较强的传染性,从2020年下半年以来就陆续的有冷链物流产品的外包装上携带新冠肺炎病毒或产品新冠肺炎病毒检测呈阳性的事件出现,一时间新冠肺炎病毒的携带与传播也成为生鲜产品的安全问题,在我国冷链运输各个过程中涉及的人与货的直接接触环节众多,这对消费者和冷链物流行业一线从业人员的身体健康造成了极大的隐患。如何减少人与货的直接接触次数,加强对一线工作员工和消费者的安全防护,推动集约化管理是我国冷链物流企业以及政府需要面对的问题。

9.2.3 强化冷链物流安全监管意识

在冷链运输环节,行业内没有形成"全程冷链"的标准化意识,时常"断链"。以果蔬为例,冷链过程断链比例高达67%,损耗量高达15%(美国的损耗量约为5%),损耗价值超过500亿元,造成了巨大的浪费[3]。综上所述,我国目前在冷链物流领域存在许多为解决和未得到重视的安全问题。因此,我国必须首先在要树立冷链物流安全监管意识,用意识来指导行动。

---

1 北京社区蔬菜直通车将升级,增低温区域肉蛋保鲜配送[EB/OL]. https://baijiahao.baidu.com/s? id=1666912346399964886&wfr=spider&for=pc,2021-07-14.
2 冷链运输司机忠告:注意这些细节降低成本[EB/OL].http://news.global56.com/07/07/127609.asp,2021-07-14.
3 冷链物流"打得火热"电商物流巨头争相入局[EB/OL].https://baijiahao.baidu.com/s? id=1654338826264607523&wfr=spider&for=pc,2021-07-14.

1.明确冷链物流行业安全监管部门

管行业必须管安全。目前,包括冷库在内的冷链物流行业缺乏主管部门,导致安全监管缺失,应明确商务局作为行业主管部门,发挥物流联席会议机制作用,强化安全监管。建立冷链物流体系供应安全、食品安全、生产安全、生物安全的立体安全观。摒弃过去单点单环节监管的弊端,建立从源头到终端的监管体系。国家发改、商务、交通、工信、农业农村要合力支持冷链物流的发展。强化对冷链物流绿色、环保、安全、物联网等方面的支持,支持新型制冷剂、冷机、新材料等冷链关键设备的研发应用,促进冷链物流可持续发展。

2.完善冷链物流监管体系

在冷链物流行业明确相关安全监管部门及其责任的基础上,还要进一步落实对监管部门进行监管,使得制度、规则能够保证确实落地实施。一方面是敦促企业设置冷链物流安全监管部门;另一方面是对监管部门执行力度进行监督,防止监管部门执行不到位,使得监管部门不作为、形同虚设,层层的监管体系下,一定让冷链物流体系安全运行。

3.尽快出台促进冷链物流健康持续发展相关意见

随着我国居民消费水平的不断提高,冷链物流需求日益增长,需求形态多样化和个性化特征也不断凸显,既有冷链物流在规模、结构、服务模式等方面,都已经不能适应当前的变化,而简单地走规模扩张的粗放发展路子,难以在行业发展的同时解决降本增效和服务质量提升问题,亟待通过冷链物流的创新发展,适应和发掘市场需求。突出安全保障前提,推进冷链物流规范发展。冷链物流是关系到千家万户、田间地头、百姓餐桌的特殊领域,涉及食品流通的安全、品质等重大问题,必须在推进发展的过程中,格外强调安全性和人民健康的保障性。冷链物流是高度市场化的发展领域,一方面要围绕冷链物流的活动过程,科学制定相应的技术标准和操作规范,在市场的规范性上积极推进;另一方面强调建立合理的监管体系和奖惩制度,提高行业监管的有效性。

4.政策监管,防止冷链市场鱼龙混杂

自2014年以来,国家对冷链物流产业给予高度关注,并相继出台政策予以扶持,对产业发展提出更高要求。交通部日前发布《关于加快发展冷链物流保障食品安全促进消费升级的实施意见》以及《食品低温配送中心规划设计指南》,表达对于冷链进一步规范化、标准化的诉求。中共中央、国务院出台《关于深化改革加强食品安全工作的意见》,提出史上四个最严,即最严的标准、最严的监管、最严的问责、最严的处罚,并要求大力发展冷链物流。随着国家一系列政策法规的发布,冷链市场的野蛮生长环境将走到尽头,以次充好的冷藏车、资质低下的物流企业将被淘汰,冷链物流的从业门槛也会提高。未来,冷链市场的严格监管也将成为常态。

5.绿色冷链,提上日程

在2020年全国两会上,有代表提出"制定循环包装国家标准,完善绿色包装回收体系"的建议,对冷链物流的绿色发展提出了新思考。一方面,生鲜产品运输之前要进行包装,需要大量用到纸张、橡胶、玻璃、塑料等材料,这些材料来源于木材、石油等,属于稀缺资源,后期没有

做好相应的回收利用;另一方面,生鲜产品的包装大多变成生活垃圾,被直接丢弃,造成严重的环境污染[1]。严峻的资源、环境形势下,相信不久之后,国家层面很快会出台相应的法律法规政策;企业层面,也将加大可循环利用包装的使用比例,促进冷链包装的回收再利用。

此外,国家应推动冷链物流行业的技术创新。目前冷链运输车方面已有新能源冷藏车投入使用,但由于其续航和新能源补充站在我国目前设置数量较少的原因,还未能够大量投入使用,因此我国在此方面还需更进一步地促进新技术新能源的开发,同时要全面完善新能源基础设施的全国性铺设。在冷链制冷设备以及制冷剂方面也同样如此,深入贯彻绿色高效制冷和"碳中和"理念。

---

1 未来冷链物流四大趋势,你准备好了吗?[EB/OL].https://ishare.ifeng.com/c/s/7oodMqItMrg,2021-07-14.

9.3 冷链物流产业链安全管理

目前,冷链物流安全治理体系与治理能力还不能适应巨量的冷链物流发展需要,亟待探索相应的管理机制。生鲜农产品冷链物流要经过产地、仓库、运输、配送等全过程链条,整个供应链上各个环节的能力需要具备连贯性。但是冷链物流环节多,各个部门分段管理,存在职能交叉、冲突和缺失,缺乏行业主管部门,安全方面存在监管盲点,还没有建立全方位安全管理理念。市场监督、商务、交通、农业农村、应急管理部门各管一段,缺乏顶层设计,缺乏全链条、相互衔接的监管体系。卫生、市场监督管理部门主要负责卫生检查、食品安全风险评估和食品安全监管,公安负责消防安全,交通负责交通安全,自然资源和建设部门负责建筑安全。但对于生物安全、职业安全、生产安全等方面存在监管盲点。人力资源与社会保障、科学技术和工信等部门,对冷链物流发展关注不够;冷链专业人才匮乏,从业人员综合素质普遍较低,缺乏专业知识、技能和冷链意识;对冷库、冷藏车及预冷等技术创新发展应用还没有明确的扶持政策;对于冷链物流信息监控空白,没有真实可靠依据信息数据。目前,对冷链物流安全监管仍以运动式的突击检查为主,"一次改一个错"的零打碎敲,缺乏系统性治理,亟待建立长效监管机制。因此,本书提出以下政策建议。

9.3.1 优化冷链物流布局,形成全国冷链物流骨干网络

(1) 优化冷链物流节点布局

我国经济和产业布局目前是以东部沿海城市布局冷链物流节点为主体,因此现有的冷链物流节点内陆布局较少。尽管在政策的引导下,部分城市的冷链节点建设有向内的布局趋势,但也一直都是以沿海枢纽节点单向内陆辐射的形式,还未形成冷链物流网络的整体布局形式,缺乏冷链物流网络价值,因此全国冷链物流的整体的协调能力及辐射范围有限,无法形成规模效益,那么冷链物流运营成本居高不下就会造成短期内冷链物流企业依靠"打价格战"的方式来竞争抢占市场,然而这种方式企业难以获取高额利润,甚至有些企业并不获利,这就会造成企业缺乏提升核心竞争力的意识,从长期来看更不利于冷链物流行业的高质量发展。随着百强企业所聚集的东部地区市场竞争加剧,市场可占份额和利润空间被逐渐压缩,西北地区的业务拓展将成为百强企业的发展方向。未来3~5年,随着西北地区冷库设施及智慧物流的不断发展、冷库基础设施的完善,西北地区也将为百强企业的冷链物流网络的拓展提供有力的支撑。

(2) 均衡我国冷库分布

目前,我国冷库建设总量已与美国基本持平,我国的冷库总库容量在2021年已达到5224万吨,但由于缺乏系统规划,冷库结构不均衡,冷冻库多、冷藏库少,储存型库多、流通加工型库

少,同类型冷库的重复建设造成冷库总量供大于求与冷库结构不能有效满足需求的矛盾突出(张改平,赵颜,李玮 2019)[68]。

在基础设备方面,我国与发达国家存在较为明显差距。一方面,我国的冷库分布很不均匀,大多都集中在华东、华中、华北地区。冷库分布不均影响冷市场供需,冷库租金。例如部分地区冷库过多将导致冷库供过于求、租金下调。部分地区冷库供给不足,又不能满足该地区对冷库的需求。我国冷库的分布不均还导致我国出现部分地区的冷库找不到客户,而部分地区的客户找不到冷库的现状。另一方面,冷库租金差异大,会导致客户对冷库租金的不满,客户可能会为了减少租用冷库的成本,从而选择离自身销售地较远的地区租金比较低廉的冷库。冷库供需不平衡,冷库租金差异大,也会导致冷链物流断链[1]。

我国在此方面应加大冷库基础设施建设支持,由于冷库投资建设占有资金较多且用地申请较为困难,因此在政策方面国家应加大资金扶持力度。此外,许多中小型冷链企业由于难以找到合适的冷库资源以利用,只能采用将现有干仓改冷仓的方式运作,但由于运营资质难以取得,因此即使改好了冷库,也不能及时投入使用。所以,国家还应为冷库运营制定行业统一标准,使干仓改冷仓有标准可依,有资质可取。以此来提高中小型冷链物流企业的运营合规程度,同时也提高了其运营效率,使中小型冷链物流企业在市场上可以有更强的核心竞争力。

(3)畅通冷链物流通道系统

重点要畅通冷链物流通道系统,以国家干线物流通道为主脉,巩固陆路冷链物流通道综合优势,提升航空冷链物流通道服务能级,补齐内河航运冷链物流通道短板,加快构建集公路、铁路、航空、水运为一体的立体冷链物流通道系统;要打造冷链物流枢纽体系,突出国家冷链物流枢纽龙头作用,强化区域冷链物流枢纽辐射能力,建设完善冷链物流节点,加快构建有机衔接的现代冷链物流枢纽系统;要构建专业便捷的现代冷链物流服务网络系统,推动冷链物流枢纽设施衔接,强化资源整合和优化配置,培育协同高效的运营主体,提高物流组织效率,打造专业便捷的现代冷链物流服务网络。

冷链物流既是"四个最严格食品安全"要求的支撑,也是保障民生的基本需要。实施冻品、海鲜、水产等交易和果蔬粮油产品交易分离,批发和零售交易分离的建设思路。围绕生鲜农产品优势主产区和主销区,改造或建设一批适应现代流通和消费需求的冷冻、冷藏和保鲜仓库等设施。形成"产地预冷—配送中心—批发节点—零售网点"的冷链网络。结合鲜活农产品"绿色通道"政策,扶持标准化冷库、冷藏车(冷藏集装箱、冷藏铁路专列)、配送中心冷链物流,建设全链条骨干网络;开展冷链物流骨干网络北斗导航、信息追溯、数据采集等,建设智慧骨干网络;建设司机服务之家、维修站点等,建设安全骨干网络。

---

1 我国冷链物流行业发展现状及对策研究[EB/OL].https://www.doc88.com/p-398511673782.html?r=1,2021-07-14.

9.3.2 按现代化标准升级改造冷链物流设施设备

我国冷链的标准化程度还是非常低的,尤其是原产地农产品。在生产环节,只有较少部分的产地农产品加工企业,拥有专业的、标准化的果蔬采后预冷、分级、包装生产设施,多数企业加工出来的产品包装落后,缺少严格标准的果品分级,产品附加值低[1]。整个冷链过程中的操作不当和流通产品的可追溯性差,造成了冷链流通品的高浪费和高损耗率,高达20%~30%。

首先应根据不同产品对于冷库的建造和运营要求设定标准及行规,一方面制定符合冷链物流高质量发展的现代化设施设备的标准,能够使冷库的建造有参照标准,为冷库的建造设置了下限;另一方面不允许不符合现代化标准的冷库存在,保证行业内冷库的基本质量,降低因冷库设施不标准而发生事故的概率,一定程度上实现冷链物流的安全管理。

冷库是冷链物流的核心,确定冷库发展总体布局,稳定冷库等相关企业发展预期,从而增加对冷库安全投入和重视程度。建立冷库公共信息管理平台,做到一库一码,加强管理。加强冷库分级分类管理,对于不可或缺的冷库设施在土地、资金、技术等方面给予扶持和服务。加快老旧冷库的改造升级,扩大冷库容量,增加冷库资源拥有量。鼓励供销社、邮政、电商平台、批发市场、超市在产地设立冷链物流服务站点,建立地头到餐桌的冷链供应链体系(张喜才,李海玲2019)[69]。

9.3.3 完善适应疫情常态化防控要求的冷链物流体系

1.建立以港口为核心的进口冷冻食品集中化仓储配送体系

由指定冷库承担冷冻食品的仓储配送,建立点对点服务、设施设备专用的闭环物流体系。实施集中化仓储配送,便于对进口食品的储存、销售、加工进行集中统一的核酸抽样检测和外包装消毒。利于出现问题时的产品追溯和阻断。在源头上最大限度阻断疫情传播链条。

2.建立跨境冷链物流和国内冷链物流双循环发展机制

将冷库按进货渠道分为存放进口食品冷库与存放国内食品冷库两种。以港口为核心的进口冻品冷链物流体系增加检测、消杀的频次,加强对相关直接接触人员的防护工作。以超市、批发市场为核心的国内农产品冷链物流则可以减少检测和消杀。两种冷链食品不交叉、不混存。

3.完善前置检测体系,设置进口冷冻食品的窗口期

监管部门和各企业应管理好进口冷库,及时做好防疫消杀和取样检测工作,这对阻断疫情起着重要作用。对进口冷库实行前置检查,从其货源地进行追溯,在进口食品从口岸检验检疫通过后,应相应设置窗口期,可在专门的进口冷库进行隔离存放观察、样本采集,检测消毒工作,此举可以有效减少病毒的存活量,也便于及时对呈阳性食品进行无害化处理。

---

1 朱凡雪.冷链技术能否带领冷链行业突围?[EB/OL].https://www.iyiou.com/news/20191022115821,2021-07-14.

4.支持大型企业超市、电商等企业兼并收购、控股中小冷库

冷库有着投资高、回报周期长的特点。目前,我国冷链物流行业市场集中度偏低,市场分布较为分散,2019年百强冷链物流企业市占率仅为16.2%,总营收为549.7亿元,行业内缺乏主导企业,中小企业依然占据较大地位,冷链物流行业仍面临散、小、乱的特点。而问题在于中小冷库营利模式单一,加之,新冠肺炎疫情防控的影响经营困难。防范冷链物流新冠肺炎病毒传播风险会加重中小企业的生存负担。因此,支持大型企业超市、电商等企业兼并收购、控股中小冷库,促进冷链物流体系可持续发展。

9.3.4 建立农产品冷链物流安全溯源管理体系

建立农产品的冷链物流的全过程质量安全管理体系和信息追溯体系,在每一环节上都记录农产品的状态,当农产品出现问题时可以第一时间发现问题环节,并追踪到相关责任方,以最快的速度止损,做到有的放矢地寻找问题根源,极大程度上降低安全问题发生时所耗费的成本。

从农产品养殖地起建立农产品种植基地管理系统,记录农产品养殖过程中应用的培植手段和相关责任人;再到农产品采摘后进入生产端建立生产管理系统,记录产品的加工过程和流程中的负责人;流通端建立各级消费渠道的管理系统,该阶段将记录产品是经过何种途径进入何种市场进行销售,同时记录有哪些经手人;最后,接触到终端零售消费端的部分应建设消费系统,在此过程中将进行农产品的销售过程记录,例如产品最终的流向、最后交付时的情况,都应做好相关记录。同时,实施冷链产品进货查验、索证索票制度。在这个过程中将全部数据实时上传至监管中心的数据平台,该体系以5G技术为信息化支撑,推广应用无线射频识别RFID、二维码、电子标签、卫星定位系统、电子化运单、物联网等信息技术。将数据进行公开管理,减少冷链供应链上"牛鞭效应",增强企业对市场需求的预测准确度,提升企业的突发情况的应急能力,打造全国程信息共享、可视化、可追溯的管理体系。

9.3.5 建立农产品冷链物流安全检测管理体系

国家应建立农产品冷链物流安全检测管理体系,对于农产品的质量进行检测。事实上,农产品除了外表可见的损伤和变质外,还有肉眼不可见的一些微生物以及细菌或农药残留,危害消费者和从业人员的身体健康。因此,强化对农产品的冷链物流过程中的有害有毒的指标的检测势在必行,如开展对于致病微生物、农药残留、重金属残留、生物毒素、非法添加等农产品风险因子安全检测的管理工作;促进农产品冷链物流产业向安全化、规模化、标准化和科技化的方向发展。

针对此方面,企业应首先提高自身产品的质量安全意识,通过自行设立自检实验室或者委托第三方检测机构,将进入企业的农产品样本进行科学的分析检验,保证流通到企业的农产品质量。之后政府检测机构应对企业流通出的农产品进行快速的抽样质检,并出具具有公信力的产品质量检测报告,保证流通到市场的产品的安全性,使消费者能够放心消费。

第十章 冷链物流产业链的区域发展评价

冷链物流是农产品流通现代化的重要标志,是促进农业供给侧结构性改革和保障食品安全的重要举措。我国农产品冷链发展迅速,但处于初级阶段,区域之间存在明显失衡,有的地方过于集中,有的地方则明显不足,而且各地在冷链物流建设发展过程中,仍然是存在地方主义、"画地为牢"的现象,难以统筹规划。本章根据因子分析方法构建了农产品冷链物流区域发展水平评价指标体系,提炼出了冷链物流需求总量、冷链物流供给水平、冷链物流流通量和冷链物流发展环境4个方面的公因子变量。然后利用因子分析法对省域冷链物流发展总体水平和各分项发展水平进行了评价,解读政策,做出评价。整体而言,浙江、江苏、山东等地冷链物流发展水平最高,北京、上海、天津等销地农产品冷链物流发展水平较高,中西部产地农产品冷链物流发展严重不足,尤其是冷链物流供给主体因子差距较大。本章提出以大城市圈为核心构建现代冷链物流体系,构建基于冷链物流全产业链整合的政策体系,完善金融、标准、信息、人才等配套服务体系。

10.1 冷链物流产业链区域发展现状及问题

10.1.1 城乡冷链物流产业链分布不均

从冷链物流的产业链来看,上游包括:冷藏车制造、冷库建设和冷机等设备制造等环节,主要涉及冷藏车、冷藏设备的生产企业;中游包括运输环节(干线运输和配送)、仓储环节(仓储费用和装卸费用等)和其他环节(包装、分拣、贴标等增值服务),企业大致可分为运输型、仓储型和综合型冷链物流企业;冷链物流的下游应用包括食品行业、医药行业、化工行业和花卉行业。应用领域分别为商超、加工厂、医院和终端消费者。

上游环节由于存在较强的技术壁垒,因此集中度较高;中游环节企业数量较多,且多为中小型企业,集中度有待发展。在下游环节中,农产品冷链物流应用占比过半,为51.10%。由于地域区间、城市化发展差异,城乡冷链产业链分布不均问题始终存在并日益凸显[1]。

城市集中,结构性过剩,投资多。城市内部市场化程度更高,加上城市人口聚集,使得城市经济生活中资源配置更加高效,反映在物流运作中,城市物流运营效率更高,物流创新更多,物流企业盈利和发展状况更好。城镇作为人口密集、商业发达的区域,本身并不生产农产品或只生产少量农产品,大部分的农产品需求都要依赖外部的农产品生产基地[2]。

近年来,各省市最新出台的冷链物流发展规划中,多个省市关注到城乡发展不均的问题并提出了相应的政策,以此缩小城乡间差距。内蒙古明确提出加大农产品冷链物流基础设施建设投入,加快建立主要品种和重点地区的城乡冷链物流体系。

从宏观来看,城市配送资源与能力是充足的,最大的问题就是协同不畅、效率低下,工作重点是协同优化、提升效率;而农村配送网络和城乡网络衔接不充分,人力闲置、物力浪费。国家近年已经有不少文件颁布,鼓励跨部门资源共享和跨行业协作联营,推动商贸流通、交通运输、邮政、快递、供销合作、第三方物流等企业向农村延伸服务网络,充分利用农村现有仓配资源,拓展农产品上行物流通道,打造"一点多能、一网多用、深度融合"的城乡配送服务网络。可以看出,国家层面理性发展物流的深意,重要的是盘活资源,强调的是投入与产出的效益[3]。

通过对大城市冷链物流发展分析发现,大城市市场广阔,需求量大,企业多,政策好,运输网络发达,冷链物流基本已经达到规模化、专业化,结构性产能富余,投资商多,冷链物流相关服务如金融服务配套齐全。

农村分散,总量不足,投资缺乏。我国农村地区地域广大,除了个别经济发达、GDP 与城市相差不大的"明星村"外,大部分农村地区与城市相比,无产业聚集,人口聚集薄弱,甚至由于城市人口"虹吸效应"造成大量青年人流失,再加上交通不畅、物流体系意识薄弱,这些因素都是造成农村区域物流服务成本高、效率低、高质量服务少的因素。

而且由于农村地区地域广大,人口密度、经济结构各不相同,因此不同区域对农资农具、生活消费品的需求差异很大,这使得农村区域物流服务更加失衡,难以建立有品牌的高质量物流服务体系[4]。农村地区基础设施薄弱、流通成本偏高等问题始终存在,导致一些优质农产品卖不出去、卖不上价的问题时有发生。加强冷链建设,可以降低物流成本,让供应链的价值充分发挥,助力更多优质农产品走出去,满足城市消费人群的多元化、个性化需求。聚焦农产品流通"最先一公里",加强农产品产地冷链物流体系建设,鼓励企业利用产地现有常温仓储设施改造或就近新建产后预冷、贮藏保鲜、分级包装等冷链物流基础设施,开展分拣、包装等流通加工业务[5]。

---

[1] 2018 年冷链物流市场产业链分析与发展趋势[EB/OL].https://www.qianzhan.com/analyst/detail/220/190301-28228b57.html,2021-07-14.

[2] 数字物流系统的构建[EB/OL].https://www.sohu.com/a/227847152_468632,2021-07-14.

[3] 数字物流系统的构建[EB/OL].https://www.sohu.com/a/227847152_468632,2021-07-14.

[4] 数字物流系统的构建[EB/OL].https://www.sohu.com/a/227847152_468632,2021-07-14.

[5] 冷链为何上了政治局会议[EB/OL].http://consume.people.com.cn/n1/2019/0812/c425315-31288335.html,2021-07-14.

农村地区的冷链物流服务存在以下问题：

1.农村冷链物流意识薄弱,专业化程度低

目前我国乡村的农产经营主要是大量的农户自发进行,自己种的菜有条件路边卖,没条件自己吃,缺乏规模和计划,零星分散,不成体系。再加上农村多分散在城市周围,零星围绕,缺乏来自城市的辐射效应,分布广泛,数量庞大但分散,专业化程度低,规模化效应差。

2.农村冷链基础设施设备缺乏,流通成本高

农村地区物流基础建设相比城市更加落后薄弱,最多到镇,导致物流成本高,需求又较城市少,单位成本更高;而且没有数字化系统支撑,没有公共信息平台,在城市畅通无阻的信息追溯在乡村寸步难行,物流信息难以处理和发挥作用;冷链物流基础设施设备几乎没有,最先进的就是冰柜,鲜活农产品运出难、运出贵,运进储存难,更不说附加价值的提升。

3.农村冷链物流衍生服务体系薄弱,交易方式落后

目前我国大部分农村地区农产品还是原始的现金交易方式。农产品批发市场中,98%以上还以传统的现货、面对面交易为主,交易距离近就导致生鲜农产品走不远,几乎都是一次性交易。代理结算还不普遍,依托平台更是鲜有,达成远期性契约交易的非常少,期货交易等方面的制度也不完善,使得农产品交易方式、避险方式单一。这些都会影响农村物流服务的创新发展和稳健经营。

4.农村冷链未形成有效的组织运作和管理模式

在计划经济年代,供销社系统、邮政系统承载了农村物流流通的大部分需求。随着我国经济体制改革,原有的运输体系土崩瓦解,新的物流体系未能建立,造成农村物流流通高质量服务的缺失。这样的现实导致生鲜农产品冷链物流"断链"是一种常态[1]。

主要原因一是全程标准化运作难以进行,由于个体农户规模小而散,且目前行业标准大部分为建议性标准,缺乏有效的监管,冷链物流起始于产地预冷、包装、经过仓储、运输、配送、零售等诸多环节,只要某一环节工作人员未按标准进行操作,也将导致"断链"。二是缺乏一体化物流体系。我国农村冷链物流正处于成长期,散、小、乱等现象普遍存在,集农产品收集、加工、运输、销售等环节的一体化物流体系尚未健全。冷链"断链"将降低物流效率,使生鲜产品质量大打折扣,运输效率低下,损耗率提高,效益大大降低。

---

1 数字物流系统的构建[EB/OL].https://www.sohu.com/a/227847152_468632,2021-07-14.

在新疆,冷链设施结构性矛盾突出。一方面,农产品产地"最先一公里"冷链配套不足,产地预冷设备和冷库建设不足,使用率较低;另一方面,部分集散地冷库建设过剩,低水平重复建设现象严重,存在恶性竞争问题。受农产品精深加工产业发展规模小、产品附加值低等影响,全程冷链需求不足。冷链信息化、标准化水平总体偏低。目前,新疆企业自建冷链物流平台各自独立,互联互通水平低,无法利用大数据提供全程冷链信息服务。农产品预冷、分级、包装服务等操作规范方面的标准化程度较低,疆内果蔬流通企业所使用的冷藏车有14种规格,托盘有15种规格,周转箱有16种规格。冷链服务保障体系不健全。冷链物流金融服务产品少、企业小,服务能力有待提升。

在西藏,整个自治区农产品只能实现某一环节的冷链处理,如加工企业对农产品进行低温下加工和储存,批发商和零售商采用冷藏柜、冷冻柜等冷链设备存放。还有许多环节没有实现冷链处理,如农户将采摘后的农产品不做预处理直接储存在自家仓库,采购商采用普通货车进行农产品运输,农产品冷链物流缺乏供应链上下游企业间整体规划和整合,专业冷链运输配送车辆少,冷链物流设施设备落后。西藏目前尚无公共型农产品冷链交易中心、冷链物流中心和冷链配送中心。现有的冷藏库主要是农产品加工企业自营型,冷藏库总量远不能满足农产品的冷藏需求。据不完全统计,全区目前有冷链物流企业36家。第三方冷链物流企业匮乏,大部分冷链物流业务由农产品加工企业和批发零售企业自己完成,现在仅有一家规模比较大,其冷冻交易和冷冻冷链配送辐射全区,是冷冻农副产品综合化中转交易市场,现已成为西藏自治区最具影响力的集市场交易、冷冻、冷藏、物流配送为一体的大型冷链物流企业。西藏自治区近几年随着国家投资、政府引导以及企业的积极推动,全区冷链物流发展水平开始提升,市场环境有了较大改善。但仍处于起步阶段,信息化标准化的冷链物流体系尚未形成,与其他省市相比,差距仍很大,存在诸多问题,主要表现在物流成本高(一般高于普通物流50%);技术落后、设施不足、缺乏专业人才;冷冻冷藏配送运输效率低(冷库少,损耗大)。

在城乡经济关系中,城市是农产品重要的消费市场,也是农村工业消费品的供应市场。如果城乡之间能够建立双向顺畅的物资流通,则经济相对发达的城市必然能够带动周边广大农村地区发展,最终形成城乡共同发展。中国邮政由于承担国家对于全体公民基本通邮通信服务义务,因此早已建立遍及城乡、深入千家万户的网络,并且其国家队的身份还具有一定的信誉优势。充分利用中国邮政的网络网点及配送能力,能够让广大用户,尤其是边远地区用户收获更好的物流服务,也有助于提升中国邮政整个体系的运作效率[1]。

过去相当长一段时间,国内农产品的分级、包装、储藏、运输整个体系是比较落后的,尤其是产品商品化处理能力比较弱,冷链物流就更为落后。通俗地讲,现在农村很多农产品是在田头卖,在马路边卖,是在原生态地卖,没有经过润色包装再进入市场,没有标准,城市消费者对食品安全也有担忧。这几年,农村电商的发展,发展"互联网+农业"方面,颁布很多支持政策。"互联网+农业"发展非常迅猛,它是农村的新产业、新业态,带来机遇和挑战,同时也是对农产品商业模式的新启发,但是要想全面带动乡村冷链物流发展,还有很长的路要走。

---

1 数字物流系统的构建[EB/OL].https://www.sohu.com/a/227847152_468632,2021－07－14.

要缩短农村和城市在物流配送体系方面的差距,电商要在农村发展壮大,必须要提升农村农副产品产地商品化的处理水平,加快发展农村冷链物流体系,加快推进电商下农村,包括一些大的电商平台,包括一些地区性的小的电商平台,加速往农村渗透,电商进农村有政策支持。电商要在农村发挥有效作用,城市消费者最担心的就是食品安全,这方面需要制定相应的标准,需要加大监管力度,也希望媒体加强对这方面的监督[1]。

2019年7月30日的中共中央政治局会议,分析了研究经济形势,部署经济工作,要求紧紧围绕"巩固、增强、提升、畅通"八字方针,深化供给侧结构性改革,提升产业基础能力和产业链水平,并明确提出实施城乡冷链物流设施建设工程。伴随着这一工程的实施,城乡之间的冷链物流建设迎来大发展,物流业的冷链短板将会逐步补齐,国内需求将进一步释放,百姓餐桌将更加丰富,生活幸福感大大增强。冷链物流的建设不仅可以丰富城乡居民的餐桌,更可以帮助农村实现农产品的推广,实现双赢,这对于拥有特色农副产品的贫困地区来说是一个福音[2]。

10.1.2 产地销地冷链物流产业链衔接不畅

冷链物流是保证冷藏冷冻产品在生产、贮藏、运输、销售,到消费的各个环节之中始终保持低温状态,以保证产品的品质的系统工程。随着网购生鲜和农副产品的配送需求加大,冷链物流市场规模一直在稳步增长。初级农产品生产为第一产业冷链物流,农产品加工为第二产业冷链物流,农产品食品流通为第三产业冷链物流。从产地开始,有农产品种植和畜牧养殖,通过采摘、捕捞,再到预冷、分级、包装、初加工,给农产品冷链加工企业供应,企业从产地采购后,分为出厂冷链、厂内冷链和进厂冷链。再通过批发、零售、电商、餐饮到达消费者手中。农产品冷链物流的本质实际是农产品温控供应链,第一、第二、第三各业态冷链物流的集合、融合就是农产品供应链生态体系。但当前农产品产地冷链物流网络不完善,产地规模化、专业化的第三方冷链物流企业数量少,产地销地冷链物流产业链衔接不畅,严重制约冷链物流可持续发展。

农产品冷链物流具有高成本、协调性要求高、环境复杂、易腐蚀等特点,生鲜程度是其品质的重要标准,所以"最先一公里"即与农户紧密相关的产地预冷环节是整个供应链上的关键环节。我国水果和肉类产量约占全球总产量的30%,蔬菜产量约占60%,然而预冷率却非常低,每年生产的果蔬损失率高达25%~30%,年损失近800亿元人民币,而发达国家果蔬损失率则普遍控制在5%以下。为此,国家大力支持生鲜农产品进行产地预冷,继续推动农产品仓储保鲜冷链设施建设以及其水平提升。以鲜活农产品主产区、特色农产品优势区和贫困地区为重点,支持新型经营主体建设农产品仓储保鲜冷链设施,推动解决鲜活农产品流通出村进城"最先一公里"问题。近些年来对于预冷环节的冷链基础设施足够重视,也给予了巨大的投入,通过产地预冷环节来延缓生鲜农产品生效度的衰减同时提高生鲜农产品的品质,但是效果却并不理想。我国农产品的产地预冷保鲜率仅为30%,远低于欧美发达国家的80%。云南省除

---

1 农业农村部:要缩短农村和城市物流配送方面的差距[EB/OL]. https://baijiahao.baidu.com/s?id=16267854697365817 82&wfr=spider&for=pc,2021-07-14.

2 冷链为何上了政治局会议[EB/OL].http://consume.people.com.cn/n1/2019/0812/c425315-31288335.html,2021-07-14.

了肉、奶、水产等价值高的时鲜产品使用冷藏冷冻车辆运输外,约95%的蔬菜、鲜花、菌在产地采摘后没有预冷处理,约85%仅进行了简单分拣和包装后以棉被+冰瓶普通火车运往全国各地,据不完全统计,云南省由于冷链等产地基础条件欠缺,致使农产品每年在流通环节造成的损失超过100亿元。

大城市的销地冷链物流相对发达,在北京,冷链物流企业更新速度较快,与此同时,冷链物流业态与运营模式不断创新。在B2B领域,由批发市场冷链、生产加工企业冷链物流、面向商超与餐饮的城市冷链配送、冷链干线运输等服务模式,发展到"一站式"综合冷链物流、产融信一体的冷链产业集成、供应链共同配送模式、专注高端客户的"保姆式"管理、餐饮业产销一体化冷链等服务模式。在B2C领域,近几年冷链宅配加速布局,电商平台、快递企业以及相关企业竞相拓展业务。目前,北京主要的生鲜食品平台与配送企业已有百余个,每日生鲜食品宅配订单量几十万单。在上海,前置仓的诞生解决了城市宅配领域对温控产品的响应速度的要求和对产品品质的保障。目前,前置仓已经成为上海消费类产品配送的重要组成部分,多应用于鲜奶制品、冰鲜产品、新鲜果蔬等,其中,以"叮咚买菜""光明奶站"为代表的专业型前置仓为主,为市民提供冷链到家业务,截至2019年底,上海支持冷链的前置仓数量约729个。此外,支持冷链宅配的生鲜便利店和标超资源约有500多家,比较典型的有"盒马鲜生""盒马 mini""家乐福""大润发""永辉便利""清美鲜食"等。但新冠肺炎疫情的发生也暴露了即便是在大城市依然存在公共型冷链仓储配送设施不能满足需求的情况。

产销地冷链物流产业链不协调的现象依然广泛存在。例如,云南冷库数量少,技术水平低,结构性矛盾突出。主要表现在产地和销地冷链设施建设不平衡、冷链物流中心与中间分配节点和末端消费网点不平衡,区域分布不平衡等三个方面。现有冷库设施多集中在经济基础条件较好的地区,其他多数农产品主产区尚未形成一定规模的冷库群,导致冷库建设与实际需求不匹配,难以满足城乡群众市场需求。行业集中度较低,企业"小、散、弱"现象突出,资源整合与增值服务能力较弱且服务标准不统一,没有形成区域化、连锁化、规模化的服务网络,缺乏在全国具有影响力的大型专业化冷链物流企业。第三方冷链物流企业发展滞后,服务创新能力不足,专业化、一体化服务水平较低。致使农产品产后损失较大,附加价值未得到深度挖掘。

甘肃省大部分县乡地处山区,交通基础设施薄弱,物流配送设施落后,导致特色农产品向外流通配送成本高,效率低,制约产业发展。冷链流通率和冷藏运输比例偏低,冷链物流只能到省和个别市一级,很多企业以运输速度换取货品新鲜度,全程冷链比率过低,据统计,80%~90%左右生鲜农产品仍处在常温下流通,果蔬、肉类、水产品流通腐损率分别高达25%、12%、15%左右。信息不对称导致运输起止点之间相向运输的货物不平衡,物流车辆返空率高,致使运输物流成本增高。冷链物流产业尚处于起步阶段,从地域看,冷链物流产业受地域条件限制明显,酒泉、金昌、武威等地区地势平坦,利于冷链仓库的建设,冷链物流产业发展较好,各行政乡基本能建立冷链仓储,而陇南、庆阳等地以山地为主,难以在生产地就地建立冷链仓库,冷链物流产业发展缓慢。受供需市场条件的限制和制约未形成规模效应。现有的市场、商贸物流、冷链仓储和配送企业主要集中在城区,县乡冷链物流产业发展基础相对薄弱,城乡冷链物流设施建设严重滞后,乡镇、村组配送网点较少,物流配送体系发展水平较低,影响了农产品销售和群众增收。大多数地处山区,绝大部分乡镇没有条件建设冷库仓储,乡村交通网络不健全,距离市县级有条件的冷库较远,导致农产品,特别是鲜活农产品配送体系不完善,供应链不协调,不容易形成配套整体的冷链物流供应链。

10.1.3 东中西部冷链物流产业链不均衡

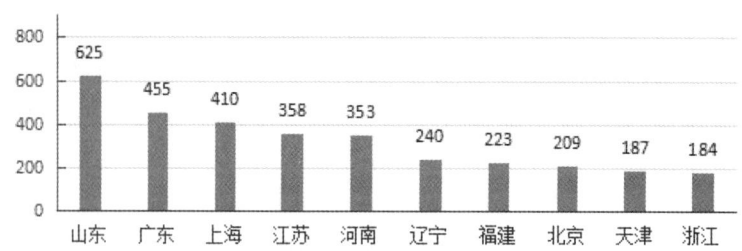

图10-1 2021年全国冷库容量城市TOP10(万吨)
资料来源：中物联冷链委。

由图10-1可见，从分布上来看，全国冷链发展主要集中在华东、华北、华中地区，其中，上海、山东、广东、江苏等地的冷链水平较高，冷链网络及体系相对健全。从各省市冷链物流百强企业分布上看，上海市为我国冷链物流百强企业最集中的城市，百强企业数量为21家；其次为广东省和北京市，百强企业分别为12家和10家；百强企业数量超过5家的省份有辽宁省、山东省、江苏省、福建省、河北省以及河南省；有些冷链物流产业薄弱的省份没有百强企业驻足其中，例如新疆维吾尔自治区、西藏自治区等，均在我国西部。

与发达国家相比，我国的冷链硬件设施依然缺乏，设备分布不均，冷链基础设施主要集中在沿海地带和一线发达城市；然而，承担了全国大部分生鲜农产品批发交易的中西部地区却冷链资源匮乏，发展相对滞后。中部农牧业主产区和西部特色农业地区冷库严重短缺，承担全国70%以上农产品批发交易功能的大型农产品批发市场、区域性农产品配送中心等关键物流节点缺少冷冻冷藏设施，造成冷链物流在生产源头缺预冷。

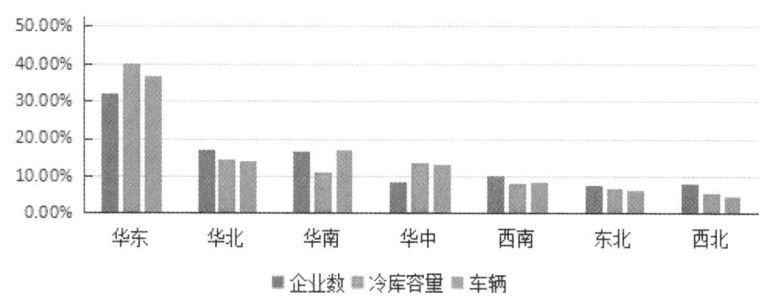

图10-2 全国各地区冷库企业数、冷库容量、车辆数分布占比
资料来源：中物联冷链委。

由图10-2可见，从冷链物流产业链的组成部分的分布来看，一是冷库企业地域分布不均。2020年我国冷链物流企业数量约为2004家，到2021年增长为2106家，增幅为5.09%，其中华东地区的企业数量最多，达到674家，占比达32%；其次是华北地区，企业数量达363家，占比17.64%。

二是冷库容量地域分布不均。2021年我国华东地区的冷库容量最大，约占全国冷库总量的40%，将近占全国份额的一半；其次是华北地区，占比14.4%；华南、华中分布相差无几；东北、西北、西南较为落后。西北和东北地区作为农产品的主产地其冷库容量总和仅占全国的

12.62%。2021年全国冷库容量较2020年新增298万吨,尽管冷库容量增长迅速,但相比庞大的生鲜运输需求依然存在较大的增长空间。全国人均冷库容量偏小,低于发达国家水平。

三是冷链车辆地域分布不均,华东地区车辆数量占全国36.47%,自有车辆比华中、西南、东北、西北四个地区加起来还要多1759辆。

我国冷链发展整体呈现东部多、中西部少、南部多、北部少的分布规律。2021年全国冷库容量排名前十的城市东部有九个,中部只有河南省一个,西部更无一上榜,差距之大显而易见。西部产地农产品冷链物流发展严重不足,我国城乡之间、区域之间、群体之间各有特色,对冷链物流发展的需求导向有明显不同,这就需要市场主体要从我国冷链物流发展的实际环境出发,不断进行业务组织模式的创新,不断提升冷链物流服务水平,最终实现冷链物流真正发展起来的愿景。尤其是冷链物流供给主体因子差距较大,西南和西北合计仅占全国冷库容量13.8%。为均衡各地区冷链发展,构建评价体系就显得尤为重要。

10.2 冷链物流产业链区域发展评价

农产品消费正在从数量扩张向更加关注质量和安全转型,食品安全问题已经上升为国家重大战略。冷链物流是保障食品安全的重要一环,为进一步提高食品安全治理能力和保障水平,政府高度重视冷链物流建设,国务院办公厅2017年下发了关于加快发展冷链物流保障食品安全促进消费升级的意见(国办发〔2017〕29号),国家发展改革委、商务部、农业农村部、交通运输部等相关部门也连续出台促进冷链物流发展的政策,通过发展冷链物流保障农产品食品安全、提高居民生活品质。各地也十分重视冷链物流发展,福建、江苏、四川、河南等地也都制订了冷链物流发展规划,促进当地的冷链物流发展。

我国农产品冷链物流发展迅速,但处于初级阶段,区域之间存在明显失衡,有的地方过于集中,有的地方则明显不足。各地虽然都很重视冷链物流建设,但在规划发展过程中,仍然以行政区域为单位,"画地为牢",难以实现统筹规划。一是评价对象主要是冷链物流企业,也没有一个成熟的指标体系,评价指标主要侧重于冷链物流企业服务水平和竞争力的研究,很少涉及区域性冷链物流发展水平的评价研究。二是定性研究为主,偏重于冷链物流发展的现状、对策和建议研究。定量研究相对缺乏,很少有研究基于冷链物流数据的深度挖掘。三是冷链物流的研究更多聚焦在冷链物流本身,还没有针对区域冷链物流进行评价,更没有对区域物流整合发展提出对策建议。为了深入了解各区域冷链物流的发展水平,分析各地在冷链物流发展当中存在的薄弱环节和短板,促进我国冷链物流整体发展水平,本书通过因子分析方法提出了影响冷链物流发展的四个公因子,并对我国各个地区的冷链物流发展水平进行了综合评价,分析了各个地区在冷链物流四个公因子方面存在的问题和短板,提出了针对性政策建议。

10.2.1 区域农产品冷链物流发展水平的评价指标体系

目前,在食品安全的大背景下,我国冷链物流迎来大发展时期。政府高度重视,密集出台文件扶持冷链物流行业发展,生鲜电商迅速发展,线上线下相结合的新零售成为冷链物流爆发式增长的引爆点,供给侧结构性改革深入推进带动冷链物流行业,城乡居民收入快速增长拉动冷链物流放量增加。我国的冷链物流处于从碎片化阶段向系统化阶段转变,近年来,中国冷链物流一直保持20%以上的增长速度。当然,冷链物流快速增长的同时也存在较大的问题。

第一,冷链物流的基础网络设施分布不均衡。东部多、西部少,销地多、产地少,农产品冷链在地头冷库、预冷、加工、批发市场等冷链环节不连贯不均衡,流通环节断链、产品损耗严重。第二,冷链物流网络缺乏互联互通,城乡之间、省域之间、地方之间互不联通,缺乏不同产品、不同环节、上下链条之间的关联与衔接,导致物流网络不完善、效率不高。第三,由于区域限制,冷链物流企业散、小、乱碎片化分布,缺乏龙头企业。据统计,2016年冷链物流百强企业总营收仅为207亿元,占整个冷链市场份额不足10%,行业比较分散,缺乏具有整合能力的全国性网络巨头。地区性物流企业占据分散的市场,运营成本高,服务能力也有限,难以形成全局性的统筹规划,能够实现物流网络的冷链物流企业较少,而具备跨区域服务能力的企业更少,不利于在全国范围内的冷链运输。第四,政府虽然高度重视冷链物流,但存在不同部门、不同地方政策不同步、不一致的现象,缺乏统筹规划。在规划过程中,各自为政,没有形成整合发展的合力。在各部门的推动下,合作社、批发市场等均单独建设自己的冷库、冷藏车等,造成重复建设和资源浪费。因此,亟待对各个区域的冷链物流发展水平做出评估,针对各自的优点和短板,提出整体性的发展方案。

农产品冷链涉及的全产业链环节多,由冷冻加工、冷冻贮藏、冷藏运输和冷冻销售四个环节所构成。与冷链产业相关的链条、产业构成、供给占比、发展状态、产业环境、发展方向、发展前景都将成为构筑冷链物流发展水平中不可或缺的要素。根据对全国各地的冷库、冷藏车进行描述性统计,全国地区性冷链发展主要集中在华东地区、华北地区、华南地区,人均冷链发展与经济发展水平之间存在关联,经济发展水平、城镇化率较高的地区,冷链物流发展水平也较高。人均收入越高,冷链需求越大。冷链物流发展水平与生鲜农产品的产量也有一定的关系。为了更加全面地反映冷链物流发展水平,依据可获取性原则、可比性原则、科学性原则、可操作性原则,本书选取了人均GDP、城镇化率等17个与冷链物流发展相关的指标体系(见表10-1)。

表10-1 冷链物流发展评价指标

人均GDP(万元)	城镇化率	生鲜农产品供给量(万吨)	城乡居民的人均可支配收入	人口数	农产品批发市场数量	零售企业总店数	批发零售业总额(亿元)	冷链物流企业百强数量	冷库数量	冷藏车数量	公路里程	等级公路里程	互联网用户数	互联网普及率	移动电话用户数	移动电话普及率

根据因子分析,利用降维的思想,把原来具有复杂关系的多个指标综合为少数几个不相关的主因子。因子分析的数学模型和计算步骤如下:

(1)数据标准化。为了消除不同量纲对评价结果的影响,在因子分析前先对评价指标进行标准化处理。计算方法如公式(1),其中,z_{ij}为标准化无量纲后的样本值,x_{ij}为第i个省份第j个指标原始数据,u_j和σ_j分别是x_{ij}均值和标准差。

$$z_{ij} = (x_{ij} - u_j)/\sigma_j \quad (i=1,2,\cdots,m; j=1,2,\cdots,n) \tag{1}$$

(2) KMO 和 Bartlett 的检验。此处的 KMO 值为 0.721,表示适合进行因素分析。Bartlett球形检验的χ^2值为1137.904(自由度为105),伴随概率值为0.000<0.01,达到了显著性水平,说明拒绝零假设而接受备择假设,即相关矩阵不是单位矩阵,代表母群体的相关矩阵间有共同因素存在,适合进行因子分析(见表10-2)。

表 10－2 KMO Bartlett 的检验

取样足够度的 Kaiser－Meyer－Olkin 度量。		0.721
Bartlett 的球形度检验	近似卡方	1137.904
	df	105
	Sig.	0.000

（3）抽取共同因子方差。

根据计量结果，15 个指标抽取共同因子方差均大于 0.5，大部分指标在 0.8 以上（见表 10－3）。

表 10－3 抽取共同因子方差

	X1	X2	X3	X4	X5	X6	X7	X8	X9	X10	X11	X12	X13	X14	X15
提取	0.86	0.83	0.89	0.90	0.95	0.75	0.86	0.93	0.79	0.52	0.88	0.85	0.78	0.94	0.94

（4）提取主因子。计算相关系数 R 的特征值 $\lambda_1 \geqslant \lambda_2 \geqslant \cdots \geqslant \lambda_n \geqslant 0$ 和对应的特征向量 $e_1, e_2, \cdots e_n$，以及各因子的方差贡献率 $wi = \dfrac{\lambda i}{\sum \lambda i}$，根据主成分的累计方差贡献率大于 80% 提取 4 个主因子（见表 10－4）。

表 10－4 解释方差表

成分	初始特征值			提取平方和载入		
	合计	方差的(%)	累积(%)	合计	方差的(%)	累积(%)
1	6.505	43.368	43.368	6.505	43.368	43.368
2	3.841	25.608	68.976	3.841	25.608	68.976
3	1.240	8.269	77.245	1.240	8.269	77.245
4	1.076	7.174	84.419	1.076	7.174	84.419
5	0.795	5.302	89.721			
6	0.462	3.078	92.799			
7	0.358	2.384	95.183			
8	0.215	1.435	96.618			
9	0.169	1.124	97.741			
10	0.114	0.762	98.503			
11	0.084	0.558	99.061			
12	0.058	0.388	99.449			

续表

成分	初始特征值			提取平方和载入		
	合计	方差的(%)	累积(%)	合计	方差的(%)	累积(%)
13	0.052	0.348	99.797			
14	0.024	0.157	99.954			
15	0.007	0.046	100.000			

根据总的解释方差表。栏中只有 4 个成分的特征值超过了 1；其余成分的特征值都没有达到或超过 1。第一和第二成分的方差百分比分别为 43.368、25.608，而在累计百分比栏中，第一成分的累计百分比仍然为 43.368，第二成分的累计方差百分比为 68.976，第三成分的累计方差百分比为 77.425，第四成分的累计方差百分比为 84.419。也就是说四个公因子的解释度达到 84%，已经能够解释冷链物流发展的大部分因素。

(5)构建因子载荷矩阵。根据特征向量矩阵计算因子载荷矩阵 $A=(e_1\sqrt{\lambda_1},e_2\sqrt{\lambda_2},\cdots,e_n\sqrt{\lambda_n})_{n\times n}$。为了使因子载荷矩阵结构简化，采用方差最大化方法进行因子旋转，使因子容易命名(见表 10-5)。

表 10-5 旋转成分矩阵 a

	成分			
	1	2	3	4
X1	0.016	0.907	0.198	0.001
X2	-0.010	0.874	0.240	0.081
X3	0.579	-0.153	0.115	0.719
X4	0.145	0.912	0.211	-0.050
X5	0.946	-0.023	0.168	0.168
X6	0.720	0.467	-0.092	0.053
X7	0.766	0.466	0.236	-0.017
X8	0.114	0.111	-0.038	0.953
X9	0.231	0.556	0.632	0.171
X10	0.339	0.126	0.617	-0.069
X11	0.019	0.257	0.900	0.024
X12	0.741	-0.523	0.078	0.155
X13	0.799	-0.329	0.055	0.162

续表

	成分			
	1	2	3	4
X14	0.912	0.214	0.210	0.141
X15	0.905	0.217	0.228	0.136
提取方法：主成分分析法				
旋转法：具有 Kaiser 标准化的正交旋转法				
a. 旋转在 6 次迭代后收敛				

表10-5为旋转后的成分矩阵表，表中各变量根据负荷量的大小进行了排列。旋转后的因子矩阵与旋转前的因子矩阵有明显的差异，旋转后的负荷量明显地向0和1两极分化了。从上表看出，冷链物流发展的影响因素可以归纳为冷链物流需求总量、冷链物流供给水平、冷链物流流通量和冷链物流发展环境4个方面的公因子变量。因此，可以得到冷链物流发展的评价指标体系（见表10-6）。

表10-6 冷链物流发展评价指标

冷链物流需求	人均 GDP（万元）	X1
	城镇化率	X2
	城乡居民的人均可支配收入	X3
冷链物流总量	生鲜农产品供给量（万吨）	X4
	批发零售业总额（亿元）	X5
冷链物流发展环境	人口数	X6
	农产品批发市场数量	X7
	零售企业总店数	X8
	公路里程	X9
	等级公路里程	X10
	互联网用户数	X11
	移动电话用户数	X12
冷链物流供给	冷链物流企业百强数量	X13
	冷库数量	X14
	冷藏车数量	X15

根据分析，将区域冷链物流的评价指标体系划分为冷链物流需求、冷链物流供给、冷链物流总量和冷链物流发展环境四个一级指标。冷链物流需求主要通过人均GDP（万元）、城镇化率和城乡居民的人均可支配收入来反映。冷链物流需求是冷链发展的根本动力，伴随着城镇化率的提升，城镇居民数量大幅提升，食品的运输距离拉大，对冷链的需求必然增加。我国城

镇化率不断提升,2016年达到57.35%,北京、上海、天津等大城市的城镇化率均超过了80%。随着城市人口的增加,需通过冷链运输的农产品包括肉类、果蔬、水产品的数量将会大大提升。人均GDP和城乡居民的人均可支配收入是反映人们食品消费能力的重要指标,根据冷链发达国家的历史数据来看,当人均GDP达4000美元时,冷链物流行业开始爆发进入快速增长期。我国人均GDP于2010年就已超过4000美元大关,2016年达到8000美元。易腐生鲜食品的需求量与收入密切相关,目前随着人均可支配收入的迅速上升,对于冷链物流的需求也会大幅增加。对于冷链物流供给主要通过冷链物流企业百强数量、冷库数量和冷藏车数量来反映。随着我国冷链物流行业的快速发展,冷链物流企业迅速成长,据冷链物流联盟的统计,全国约有1万家的冷链物流企业,散、小、乱的离散分布格局明显,地区性物流企业占据分散的市场,运营成本高,服务能力也有限,难以形成全局性的统筹规划。为此,本书选取了中国采购与物流联合会每年公布的物流企业百强数据来反映冷链物流的供给情况。冷库、冷藏车是冷链的两个重要节点,冷库和冷藏车是冷链两种最基本基础设施,冷库在发达地区建设将逐渐饱和,但是冷藏车整体体量依然较小,也是冷链物流供给水平的重要标志。冷链物流发展水平的第三个重要指标是冷链物流总量,用生鲜农产品供给量和批发零售业总额来反映。生鲜农产品是冷链物流的主要内容,冷链是特殊的食品供应链,它对温度有较高的要求,因此生鲜产品的总量直接决定了冷链物流的需求量(Kuo and Chen,2010)。批发零售则是冷链物流的重要载体,用这两个指标来反映一个地区目前冷链物流的总量。冷链物流发展环境是衡量冷链物流的发展潜力的重要指标,本书选取人口数、农产品批发市场数量、零售企业总店数、公路里程、等级公路里程、互联网用户数和移动电话用户数来反映。人口数反映了需求潜力,农产品批发市场数量和零售企业总店数反映了需求载体的潜力,公路里程、等级公路里程主要反映了冷链物流发展的基础设施潜力,互联网用户数和移动电话用户数来反映电子商务迅速发展的背景下,冷链物流的发展潜力。近年来,农村电商发展迅速,对冷链物流提出了较大的挑战。

综上所述,根据区域冷链物流的评价指标体系划分为冷链物流需求、冷链物流供给、冷链物流总量和冷链物流发展环境四个一级指标,细化为人均GDP(万元)、城镇化率等15个二级指标来评价区域冷链物流的综合发展水平。

10.2.2 各省冷链物流发展水平评价分析

为更深入了解各地冷链物流发展情况,根据冷链物流发展评价指标体系,构件载荷矩阵,构建综合评价函数。假设确定了k个主成分$F1, F2, \cdots, Fk$,计算每个主因子的得分$fi = C^T x$,以每个主成分Fi的方差贡献率占k个因子累计方差贡献率之比为权重,建立综合评价模型,见公式(2),对每个样本计算综合得分值。

$$W = w_1 f_1 + w_2 f_2 + \cdots + w_k f_k \tag{2}$$

因子模型将变量表示成公共因子的线性组合,自然也可将公共因子表示成原始变量的线性组合。上述表格实际上每列就是各个因子被原始变量表示的系数。因此,可得各省区冷链物流发展水平的综合得分公式(3)。

$$W = 0.43 \times (0.946 \times X5 + 0.72 \times X6 + 0.766 \times X7 + 0.741 \times X12 + 0.799 \times X13 + 0.912 \times X14 + 0.905 \times X15) + 0.26 \times (0.907 \times X1 + 0.874 \times X2 + 0.912 \times X4) + 0.08 \times (0.632 \times X9 + 0.617 \times X10 + 0.94 \times X11) + 0.06 \times (0.719 \times X3 + 0.953 \times X8) \tag{3}$$

根据公式(3)可以计算出各省冷链物流的综合发展水平和各分项发展情况。总体而言,我国冷链物流发展水平可以划分为5个层次(见表10-7)。冷链物流发展第一集团是广东、山东、浙江、江苏。这些地区经济发展水平较高,居民收入水平较高,农产品资源丰富;与此同时,物流网络设施相对完善,冷链物流发展基础较好、潜力大。第二集团是河南、四川、湖北、湖南。这些地区农产品产量品种多、总量大,所以冷链物流需求量较大,但基础设施、供给主体等方面还难以满足需求。第三集团是辽宁、福建、上海、北京、安徽。这些地区冷链物流供给水平较大,冷链物流网络相对完善,但受到需求和基础设施的制约,发展潜力受到约束。第四集团是江西、陕西、黑龙江、山西、新疆、贵州、吉林、天津。这些地区冷链物流网络较为薄弱,冷链物流需求有限,冷链物流量也不大。第五集团是甘肃、宁夏、青海、海南、西藏。这些地区冷链物流网络最为薄弱,冷链物流业尚处于初级阶段,市场规模还不大,冷链物流需求有限,冷链物流量也不大。缺乏有影响力的、全国性的第三方冷链物流行业领袖,服务网络和信息系统不够健全,准确性和时效性较差,冷链物流的成本和商品损耗很高,造成生鲜易腐农产品的区域性过剩,从而大大挫伤了生产商的积极性和市场的健康发展。

由此可见,我国冷链物流发展区域性矛盾突出。一是产区和销区的不平衡。生鲜农产品产地冷链物流发展难以满足需要。河南、湖北等地的冷链物流供给难以满足需求。二是东部地区和西部地区的不平衡。北京、上海等地冷链物流供给过剩,西部地区甘肃、宁夏等则严重不足。三是冷链物流地区性分布和冷链网络互联互通不平衡。目前冷链物流主要是地区性分布,而冷链物流发展本身要求全链条、全国性布局,这导致冷链企业散、小、乱,难以统筹规划。

表10-7 综合评价得分

广东	8.130319	广西	2.852336
山东	6.387279	内蒙古	2.827478
浙江	6.365736	云南	2.825665
江苏	6.165489	重庆	2.820833
河南	5.263362	黑龙江	2.812798
四川	4.603245	山西	2.790607
河北	4.583865	新疆	2.481621
湖南	4.462804	贵州	2.397431
湖北	4.303696	吉林	2.167491
辽宁	3.87002	天津	2.154258
福建	3.78416	甘肃	1.865595
上海	3.678634	宁夏	1.331964
北京	3.626341	青海	1.203734
安徽	3.407628	海南	1.103437
江西	2.978183	西藏	0.797979
陕西	2.938921		

在农产品冷链物流发展环境这个分项指标中处于领先的是广东、浙江、山东、江苏、河南等省区(见表10-8)。这些地区人口众多、农产品资源丰富,物流基础设施改善幅度较大,冷链物流企业发展迅速。但从实践来看,这些地区还缺乏较为完善的冷链物流网络和实力较强的冷链物流企业。

表10-8 农产品冷链物流发展环境评价得分

广东	6.773439	山西	2.10747
浙江	5.209027	黑龙江	2.060862
山东	5.163495	重庆	1.959651
江苏	4.821779	北京	1.893277
河南	4.279872	内蒙古	1.865361
四川	3.837055	贵州	1.862076
河北	3.760506	新疆	1.811993
湖南	3.655328	上海	1.662213
湖北	3.354433	吉林	1.408126
辽宁	2.805691	甘肃	1.326352
福建	2.736826	天津	0.86886
安徽	2.689531	宁夏	0.645706
江西	2.313478	青海	0.597394
云南	2.20155	海南	0.423648
广西	2.181281	西藏	0.356472
陕西	2.152269		

北京、上海、天津等大城市在冷链物流需求和冷链供给方面处于领先位置(见表10-9、表10-10)。这些地区经济发达,人均收入水平处于全国领先的地位,冷链物流需求量较大。作为冷链物流企业的总部所在地,北京、上海、天津占到了物流百强企业的20%左右,人均冷库和人均冷藏车处于较高水平。另外,辽宁、内蒙古、福建的物流需求也较大。福建的物流供给也处于较高水平。这些地区冷链物流发展的瓶颈在于如何形成全国性的冷链物流网络。

表10-9 冷链物流需求和冷链供给评价得分

上海	1.272712	宁夏	0.634199
北京	1.246856	海南	0.62688
天津	1.129232	山西	0.610647
浙江	0.981913	河北	0.608646
江苏	0.969797	青海	0.599429
广东	0.884533	江西	0.594824

续表

辽宁	0.85985	安徽	0.594413
内蒙古	0.846593	新疆	0.585834
福建	0.841615	四川	0.580431
山东	0.778149	河南	0.578779
重庆	0.706571	广西	0.573222
湖北	0.683321	云南	0.518109
吉林	0.681512	贵州	0.491609
陕西	0.664152	甘肃	0.486242
黑龙江	0.643575	西藏	0.437805
湖南	0.638134		

表 10－10 冷链物流供给评价得分

上海	0.676588	黑龙江	0.035888
北京	0.417751	宁夏	0.035626
广东	0.203066	四川	0.035158
河南	0.177266	海南	0.030968
江苏	0.126541	新疆	0.026188
湖北	0.118145	安徽	0.023096
天津	0.115082	河北	0.023049
福建	0.100762	吉林	0.020495
山东	0.097044	江西	0.01937
重庆	0.092096	浙江	0.019355
辽宁	0.065864	甘肃	0.007493
内蒙古	0.041075	山西	0.007039
湖南	0.040868	贵州	0.001973
云南	0.040654	广西	0.000944
陕西	0.038704	西藏	0
		青海	0

在冷链物流量领先的是山东、广东、江苏、河南等地(见表 10－11)。这些地区的农产品产量较高,也是我国主要生鲜产品的输出地,因此在冷链物流量上处于前列。但这些地区在冷链基础设施建设和冷链物流企业方面较为薄弱。

表10－11 冷链物流量评价得分

山东	0.34859	北京	0.068457
广东	0.269281	上海	0.067121
江苏	0.247372	山西	0.065451
河南	0.227445	云南	0.065353
河北	0.191664	重庆	0.062515
浙江	0.155441	新疆	0.057606
四川	0.1506	吉林	0.057358
湖北	0.147797	江西	0.050511
辽宁	0.138615	甘肃	0.045508
湖南	0.128473	贵州	0.041773
福建	0.104957	天津	0.041085
安徽	0.100587	海南	0.021941
广西	0.096889	宁夏	0.016432
陕西	0.083796	青海	0.006911
内蒙古	0.074449	西藏	0.003701
黑龙江	0.072472		

10.3 冷链物流产业链区域一体化发展

10.3.1 大湾区冷链物流产业链发展

粤港澳大湾区,包括香港特别行政区、澳门特别行政区和广东省广州市、深圳市、珠海市、佛山市、惠州市、东莞市、中山市、江门市、肇庆市(以下称珠三角九市),总面积5.6万平方公里,是中国开放程度最高、经济活力最强的区域之一,在国家发展大局中具有重要战略地位。建设粤港澳大湾区,既是新时代推动形成全面开放新格局的新尝试,也是推动"一国两制"事业发展的新实践。大湾区冷链物流产业链蓬勃发展的优势有以下几点。

第一点是体制优势,政策环境成为大湾区冷链产业的制胜法宝。大湾区具有区别于其他湾区的底层特点,我国特色发展路径为大湾区的发展提供了良好的政策和市场基础,改革开放以来这一地区持续受到国家政策的支持,大湾区拥有政策资源优势。

第二点是粤港澳大湾区经济转型升级速度快,具有消费升级的需求优势。大湾区经济开放,拥有7300万人口,消费群体基数大,经济总量远超东南亚国家GDP,消费市场广阔且消费水平高,消费方式独特,广东地区有独特的饮食文化,倾向于新鲜食材的食用,因此特别重视食品的新鲜度,对于新鲜食品的需求量大,为冷链产业的发展创造了良好的环境。冷链生鲜是食品安全管理和冷链发展的重要方向,整体消费需求的升级将会带动冷链产业的迅速发展,发展冷链有得天独厚的优势。

第三点是大湾区具备独特的地缘优势。大湾区冷链产业具备供港性,是内陆蔬菜水果供给香港的集散中心,作为交通枢纽连接东南亚和亚洲大陆,大湾区地理位置优势明显。

第四点是粤港澳大湾区发展时间短、发展速度快且发展潜力巨大,未来对冷链需求具有广阔的市场空间,创新是大湾区发展和参与全球竞争的重要动力支持,具备充足创新动力。从资源和技术角度来看,大湾区技术力量雄厚,研发经费支出占GDP比重达2.7%,拥有超过4万家高新技术企业,40万名从事研发的科学家和工程师聚集在大湾区,为冷链物流企业的发展提供了资源和技术支持,产业集聚助推区域冷链产业发展。

大湾区消费市场巨大,消费群体集中且消费能力过硬。产业发展重点依托科技驱动,但资源驱动还需加强。社区团购等新商业模式对于商业格局产生巨大的冲击,零售业更加注重靠近消费者,人口结构改变和消费群体年轻化成为大湾区食品和零售端习惯改变的重要驱动力。将粤港澳大湾区作为"桥头堡",打造辐射全国和海外的业务网络。引进冷链、仓储、金融、大数据在内的众多行业高端人才。以湾区特征为底层,打造"科技+金融+产业"互联网新模式,从科技和金融中解决冷链产业中小企业的痛点问题。广东冷链设施建设不完善,零售企业对于冷链设施的需求较高,这也成为未来冷链产业发展的核心领域。此外,充分利用香港的独特性,香港一直引领着大湾区经济的发展,这也是大湾区重要的发展机会之一[1]。

10.3.2 京津冀冷链物流产业链发展

京津冀包括北京市、天津市以及河北省的保定、唐山、廊坊、沧州、秦皇岛、石家庄、张家口、承德、邯郸、邢台、衡水11个地级市。其中北京、天津、保定、廊坊为中部核心功能区,京津保地区率先联动发展。冷链物流既是消费升级背景下民生的重要保障,也是京津冀农业协同发展根本支撑,同时也是非首都核心功能疏解的对象之一。建立精确、有效的冷链物流预测模型是京津冀冷链物流发展和京津冀农业协同发展的关键。众所周知,设施设备、布局规划、政策扶持等必须按照需求来投入。近年来,京津冀经济社会发展速度加快,城镇化率不断提高,消费者食品安全需求不断提升。加之,京津冀协同发展的持续推进,冷链物流发展不平衡、不充分的现象凸显。

近年来,北京市冷链物流领域的发展水平有了较大的提高。冷库库容从2010年70万吨增长到目前的170万吨(相关专家及协会提供数据),主要分布在大兴、通州、顺义、朝阳等区。全市经营冷藏保鲜专用运输的企业1966户,冷藏车数量7000余辆。制定了《低温食品冷链物流履历追溯管理规范》《果蔬冷链物流操作规程》《冷链物流冷库技术规范》等14个冷链相关标准,涉及果蔬、粮食、肉类、水产品等多个品种,储藏、运输、配送等多个环节,技术规范、风险管控、操作规程等多个方面,冷链物流标准和服务规范体系不断完善。北京市的物流发展依赖政策推动,主要措施是首先制订《北京物流专项规划》,加快推进规划落地,并将制冷设备列入农机补贴目录,给予主体资金补贴;开展流通领域现代供应链体系建设试点,与此同时支持冷链物流设施设备与技术升级。但设施设备参差不齐、要素供给紧,获取成本高、投资额大,资金回收长、法律法规有待进一部完善等问题依然存在。

天津拥有中国北方功能最完善的对外贸易口岸、世界级枢纽港和北方第一个自贸区,对外连接东北亚和太平洋国家与地区,对内拥有"三北"腹地,发展冷链物流的地理特色区位优势和政策优势十分明显。近年来,天津依托自身优势,紧紧抓住京津冀协同发展战略机遇,紧扣"一基地三区"的功能定位,以服务北京、服务城乡居民生活为导向,大力推进冷链物流发展,产业聚集效应初步形成。作为肉类、水产品指定口岸,随着国内需求的增大,天津口岸进口国际冻品呈现井喷式增长,东疆保税港区、中心渔港京津走廊沿线等区域成为天津市冷链重要集聚区,冷链物流企业纷纷投资兴建冷库、申请专业资质。全市具备特许经营权的冷库有21座,包括备案检验检疫库、国家储备库、保税库,其中备案检验检疫库的数量最多,为8座。随着标准的出台和实施,天津冷链物流的标准化水平得到明显提升,标准化托盘、周转箱等物流设备的应用范围不断扩大。

河北省持续推进冷链物流行业快速发展,统筹推进冷链物流基础设施布局构建贯通一、二、三产业的冷链物流产业体系。努力构建布局合理、覆盖广泛、衔接顺畅的冷链基础设施网络和"全程温控、标准健全、高效安全、应用广泛"的冷链物流服务体系,按照实现冷链服务全程可视、可追溯的要求,高度重视以低温仓储、生鲜农产品冷藏和运输为主的冷链物流建设,降低流通成本,鼓励企业进行冷链物流建设,冷链物流规模逐步扩大。加强冷链物流基础设施建

---

1 探讨大湾区冷链发展新举措[EB/OL].https://mp.weixin.qq.com/s/6mor5-RwGzpZYztN01TT3A,2021-07-14.

设,逐步完善冷链物流标准体系,不断创新行业模式,生鲜电商迅猛发展。河北省环首都 1 小时鲜活农产品流通圈建设初见成效,将做好疫情期间物资保供工作以及冬奥会物流保供工作。

京津冀地区的人口密集程度较高,而生鲜属于生活必需品,市场容量巨大,不仅为企业带来利润,还带来持续的关注度和二次消费,可以算得上是目前的企业以及电商领域的一片蓝海。但搭建冷链物流配送要比一般的物流系统投入大很多,不少前期进入生鲜网购的企业几乎都因供应链、管理、地域局限、资金成本等方面的原因以失败告终。不过,这么庞大的一项工程也一直让不少想在巨大的生鲜市场中分得"一杯羹"的企业垂涎不已,成为各家的必争之地,尤其是电商巨头们的入场,在冷链建设方式和路径上形成非常大的差异。

10.3.3 长三角冷链物流产业链发展

长江三角洲地区,简称长三角;包括上海市、江苏省、浙江省、安徽省共 41 个城市;位于中国长江的下游地区,濒临黄海与东海,地处江海交汇之地,沿江沿海港口众多,是中国经济发展最活跃、开放程度最高、创新能力最强的区域之一,在国家现代化建设大局和全方位开放格局中具有举足轻重的战略地位。

随着长三角一体化发展的不断推进,上海冷链产业也在不断加速发展,上海地区冷库已经成为上海港冷链环节的重要组成部分,不断细化冷链产业、做专做强已经成为新建冷库和升级改造冷库的重要目标,以冷库建设为中心,不断细化产业链健全供应链,"冷库仓干配＋互联网＋食品加工"已经成为一种新趋势,先进的供应链管理技术和现代信息技术已较为成型,并形成了一批第三方冷链物流企业和供应链管理企业。

江苏省资源配置优化明显,伴随新业态、新技术、新需求的推动,江苏省传统农产品批发市场转型升级成为必然。大多数农产品物流园区依托传统农批市场而建设,包括依托产地、销地和集散地市场而建设的物流园区。以已有的资源为基础,集商品交易、电子结算、物流配送、仓储保管、冷链、加工包装、食品安全检疫检测、信息服务等功能为一体。同时,部分冷链企业逐渐以自身为中心,建立专业联盟或建立物流网络,实现资源优化配置。线上线下共同运作,商贸型企业以自身客户沉淀为基础,建设线上交易平台实现数据可视化,通过扩大腹地反哺线下实体运营。"易＋物流"双向驱动,多家冷链企业采用"新零售发展＋冷链物流服务"的双向带动发展的发展战略,以供应链服务为目的,集原材料生产、食品加工、冷链物流、品牌运作、多渠道销售为一体。在消费者集聚的长三角重点城市建立专业的电商营销公司和配送中心,拓展市场。农产品行业中发展全产业链成为主要趋势之一。为增强客户黏性,众多冷链物流企业致力于优化增值服务。

浙江省冷链物流产业发展呈加速态势。在新冠肺炎疫情防控期间,冷链物流表现尤其抢眼,随着冷链物流产业链上下游企业的快速复工、协同达产,我省冷链物流营收指数增速,居全省各类物流细分业态之首,充分展示了浙江省生鲜食品、医药等冷链领域的巨大民生需求。产业综合实力持续加强,全省冷库总体规模不断增长,冷链物流相关产业加速集聚,专业化服务体系初步建立,舟山远洋渔业冷链物流基地已建成的 3 座万吨级远洋渔业专用码头、远洋渔业交易中心和远洋冷链运输船队,在全国处于领先地位。绍兴绿容食品有限公司引进现代化速冻流水线和综合性检测实验室,满足各类货品冷链运输需求的专业化设施逐步完善。先进技术标准加快推广应用,全省冷链物流智能化、信息化和标准化水平不断提升,智能技术装备和先进管理模式快速推广。新形势下,浙江省将以全局站位和全新视野看待冷链物流,将冷链物流发展纳入"新基建"范畴,凸显冷链物流服务支撑"两个高水平"建设和对传统物流基础设施补短板、促投资方面的作用发挥,以数字化、平台化、生态化的发展理念推动传统冷链物流和冷链产业转型提升,推动浙江省打造成为"一带一路"国际冷链物流进出口核心枢纽、全国冷链物流资源配置中心和长三角地区冷链物流创新示范基地,加快建设冷链物流强省。

安徽省冷链物流产业发展呈扩张态势。围绕水果、蔬菜、肉类、水产品、乳制品、中医药等产品,初步形成了从前端生产、中端流通到后端消费的一体化冷链产业体系,服务范围覆盖田间到餐桌,带动农业、制造加工、技术装备、商贸等行业发展。基础设施不断完善,据不完全统计,全省冷库总容量约为280万吨,冷藏车保有量2091辆。2020年,建设冷链物流重点项目56个,总投资139.79亿元,覆盖第三方冷链物流、农产品市场冷链物流、食品加工企业冷链物流、农产品存储冷链物流等重点领域。主体培育持续发力,现有全国冷链百强企业2家(大众冷链,黄山斯普蓝帝物流有限公司)。产业业态发展丰富,以白帝乳业等企业为代表,前端覆盖生鲜农产品源产地、食品生产加工等环节,培育打通冷链物流"最先一公里"。模式创新加快推动,生鲜传奇、谊品生鲜等生鲜电商和连锁便利店大量布局,"互联网+冷链物流"模式广泛应用直供大型电商、连锁超市及消费终端的冷链物流服务模式不断涌现。

长江经济带覆盖区域面积广阔,以上海为核心,连接江苏、安徽、浙江形成的长三角城市群是全球6大世界级城市之一,常住人口有2.2亿之多,且有26个重要枢纽城市,该区经济总量占据全国总额的1/4左右,南京、合肥、芜湖等城市均成高幅度增长,居民收入与生活质量也在平稳上升。政府和企业对农产品物流基础设施的重视,不断深化区域冷链物流标准化,为农产品一体化、供应链合作对接打造更优质的造营商环境。物产丰富,生鲜农产品众多,冷链对推动长三角地区生鲜农产品的发展,激活经济活力起到了重要作用。经济基础优渥,又周边临海,港口众多,辐射面积广阔。再加上肩负着"一带一路"倡议实施和长江经济带的重要枢纽作用,其经济活力、开放程度、现代化进程都极具竞争力,为各地生鲜农产品产业与生鲜物流的发展提供了广阔优质的空间[1]。

---

1 长三角冷链一体化:明日所在的地方[EB/OL].https://www.sohu.com/a/439293968_608787,2021—07—14.

10.4 冷链物流产业链区域发展的政策建议

我国冷链物流总体结构性矛盾突出,表现在区域矛盾,东部沿海地区多,西部边远地区少;产销矛盾地矛盾,销地多、产地少;供求矛盾,实际需求和潜在需求,市场供给和需要供给之间的矛盾。总体来看,冷链物流正处于加快发展的战略机遇期,必须强化顶层设计,加强规范管理,着力在优化布局结构,建立公共信息平台,夯实基础设施,培育龙头企业上取得突破,创新发展方式,不断提高冷链物流发展水平。

1. 要加快构建以大城市群为核心的跨区域冷链物流体系

目前我国很多地区的冷链产业存在缺乏精深加工、农产品附加值低、品牌化程度弱等一系列问题,冷鲜产品商贸物流亟须构建以大城市为核心的区域冷链物流体系。要摆脱地方主义的限制,建设区域性冷链物流基础设施有助于提高我国冷链物流基础设施整体水平。通过区域性冷库和配送中心的建设,实现冷链物流基础现代化管理和标准化管理。区域冷链物流发展不但可以提升冷鲜产品的附加值,还有益于区域形成冷链产业的龙头企业,提高品牌知名度。

2. 强化政府支持,健全冷链物流市场,打通冷链最后一公里

要建立完整独立的冷链物流体系,首先要建设一个规范的冷链物流市场,保证良性竞争。同时要加强冷链物流供应链的整体规划与协调。政府需要加大冷链设施设备及信息化方面的支持,制定好行业整体规划及行业规范,发挥行业组织沟通协调作用。特别是对于中西部地区的冷链物流产业,要通过优惠补贴等鼓励措施,把企业与政府联合起来,共同投资、共同管理,从而进一步健全冷链物流市场。

3. 鼓励冷链全产业链延伸发展

冷库一直是我国冷链建设的核心,冷链物流政策支持体系需要从过去以冷库建设为中心向两端延伸,包括前端农产品采摘后的预冷加工以及末端的配送和消费,生产、加工、贸易、物流的进一步融合,逐步实现冷链产业链扶持政策的全覆盖。

4. 支持大型先进冷链物流企业资源整合

通过互联网、参股控股、兼并重组、协作联盟等方式,对分散的物流设施资源进行整合,鼓励中小冷链物流企业加强联盟合作。积极引导冷链运输物流企业通过统一组织、按需配送、计划运输等方式整合资源,降低物流成本,提升物流效率。鼓励符合国家相关规定的冷链物流企业以联盟、共同持股等多种形式在大中城市发展共同配送。

5.拓宽融资渠道

鼓励冷链物流企业通过 PPP、银行贷款、股票上市、发行债券、增资扩股、中外合资等途径融资。金融机构加大对冷链物流企业的信贷支持力度,鼓励银行与冷链物流企业合作,加快适合冷链物流企业的金融产品和金融服务的创新,鼓励金融机构探索多种贷款担保方式,如仓单质押、应收账单质押等新兴的冷链物流金融服务。支持符合条件的冷链物流企业上市和发行企业债券,鼓励产业发展基金及其股权投资、创业投资、信用担保等机构面向冷链物流企业开展金融业务。

第十一章
冷链物流产业链发展的政策体系研究

  中国是有着悠久文明历史的东方大国,地大物博、温带众多。速冻生鲜产品从古代皇室才能享受的贡品,到飞入寻常百姓家,冷链物流发挥了重要支撑和保障作用。从最初的单车棉被到油电和新能源冷藏车,从单个环节的冷库和运输车到目前的全程冷链,从城区到全国再到全球,冷链的发展得到了质的飞越和发展。中国特色社会主义进入新时代,全球化、远距离、大范围的农产品流通体系已经基本成型。人们已经从吃得饱、吃得到、吃得久向吃得更加安全、营养和新鲜转变。我国农产品流通领域的主要矛盾已经转变为人民日益增长的美好生活需要和农产品流通体系不平衡不充分的发展之间的矛盾。冷链物流成为农产品流通体系的短板,构建"全链条、网络化、严标准、可追溯、新模式、高效率"的现代冷链物流体系成为社会关注的焦点。冷链物流虽然是一个小众产业,却是一个事关民生的领域,涉及国家发展改革委、商务部、农业农村部等多个部委,涉及中央和地方的角色分工,跨部门、跨区域治理难题依然存在。党中央国务院高度重视农产品冷链物流建设。党的十八大以来,农产品冷链物流政策密集出台,形成了冷链物流发展的政策密集期。为此我们重点阐述冷链物流发展新政的政策内涵、背景和意义,提出地方政府的作为,构建中央和地方互动,各部门协调的治理体系,从而构建新时代冷链物流体系。

11.1 冷链物流产业链新政

党的十九大报告提出,中国特色社会主义进入新时代,我国社会主要矛盾已经转化为人民日益增长的美好生活需要和不平衡不充分的发展之间的矛盾。人民生活水平有了极大提高,追求更高水平的发展、更加美好的生活自然成为人民群众的新期待。吃得更加多样化、更加安全、更加有营养、更加新鲜成为新时期老百姓追求美好生活的新需求。冷链物流是保障食品安全,确保有农产品有效供给,稳定农产品价格,增加农民收入,促进消费升级的重要战略工具和民生产业。近年来,党中央、国务院高度重视农产品冷链物流建设。2017年发布《国务院办公厅关于加快发展冷链物流保障食品安全促进消费升级的意见》(国办29号文)。2019年中央政治局会议把城乡冷链物流设施建设列为补短板工程的重点工作。2020年中央经济工作会议提出要加强冷链物流建设,中央农村工作会议启动农产品仓储保鲜冷链物流设施建设工程。2020年的中央一号文件也对冷链物流发展做出了战略部署。从2017年以来一系列关于促进冷链物流发展的思路和政策,体现了国家对于冷链物流和农产品流通这个民生行业的战略布局,堪称中国冷链物流发展"新政"。从功能定位上,更加全面。保障食品安全,确保有农产品有效供给,稳定农产品价格,增加农民收入,促进消费升级。从现状判断上,更加深刻。2019年中央政治局会议把城乡冷链物流设施建设列为补短板工程的重要内容。2020年中央一号文件在补齐三农短板,建成全面小康社会中提出系统的冷链物流布局。2017年的文件对于"两个一公里"问题做出更为明确的论述。从政策扶持上,更加连贯具体。中央政治局会议到中央经济工作会议再到中央一号文件,国务院文件,政策密集化、系列化。从资金扶持上,有国家发展改革委的中央财政资金,也有商务部、农业农村部的资金,还有政策性银行的支持,更加全面。冷链物流的顶层设计日臻完善,各级政府如何因地制宜,把党中央各项决策部署抓实抓细抓落地呢?地方政府如何去做?又有哪些抓手和实施工具?我们将逐一阐述。

11.2 冷链物流产业链新政的背景

农产品流通现代化是中国农业现代化建设的关键(宋则,2017)[70]。农产品流通不仅关乎农户的生存根本,而且与广大消费者的生活品质、生命安全息息相关,一直是学界和政府部门共同关注的焦点问题(夏春玉,2016)[71]。中国是农业生产和农产品消费大国,肉类、禽蛋、牛奶、蔬菜、水果等生鲜农产品产量均位列世界第一。2019年,生鲜农产品产量约13亿吨。随着经济的发展和人民生活水平的提高,人们对高品质农产品需求日益增大。非洲猪瘟疫情、新冠肺炎疫情之后,冷鲜肉成为大势所趋,冷链物流成为必然要求。与此同时,新冠肺炎疫情期间,食品等生活必需品的线上购物和线下配送优势明显,网购将逐渐成为消费者的主流购物方式,消费、生产和流通环节发生的变化都给冷链物流带来机遇,提供了很大的发展空间,也标志着我国冷链物流进入了快速发展的黄金期(安玉发,2020)[72]。由于冷链物流行业起步较晚,基础薄弱,总体上仍处于粗放式发展、低水平供给、同质化竞争的发展阶段。当前综合冷链流通率低,大部分农副产品在常温下进行流通运输,出现"断链"现象,导致农副产品在最终消费前的损耗量大,且存在食品安全隐患。据专家测算,每年因农户储粮方式不当造成粮食损失400亿斤左右(按农户储粮占50%左右测算),产后损耗马铃薯约1600万吨,水果约1400万吨,蔬菜约1亿吨。如果粮食、水果每吨按2000元计算,马铃薯和蔬菜按每吨1000元计算,折合经济损失约3000亿元。按目前单产水平推算,相当于全国每年有1.5亿亩耕地的投入和产出被损失掉了(王雨濛,孔祥智,2018)[73]。许世卫等(2016)[74]估计,中国所有方面的食物损失和浪费,每年大约损失浪费粮食6192万吨、水果2195.7万吨、蔬菜25362.9万吨、肉类1212.1万吨、水产品824.4万吨,占产量的比例分别为12.9%、28.6%、47.5%、17.4%和17.5%。发展中国家的食物浪费主要是由于基础设施和技术落后,食物在生产、加工、运输和保存过程中遭到损失或流失严重(FAO,2019)。冷链物流过程中的断链严重影响了冷链物流整体服务品质和安全保障能力,成为农产品流通短板。

我国生鲜农产品总量庞大,产值较高,冷链物流迎来井喷式发展。生鲜农产品生产总量连续处于世界首位,2018年生鲜产品总量达13.21亿吨,约4亿吨需要保鲜运输。生鲜农产品总产值达7.3万亿元,是农民增收和产业兴旺的重要途径。农业供给侧结构性改革深入推进和居民消费水平不断提升,有机、绿色、名优特新产品、精品果蔬等中高端产品比重和销量持续上升,大路菜和普通水果销量则有所下降。生鲜电商发展速度较快,平均每年保持40%以上的增长率,2018年市场规模已增至2000亿元。冷链物流发展迅速,近五年复合增长率达到20%,2018年冷链物流需求总量达到1.8亿吨。然而,冷链物流起步晚、基础薄弱,发展滞后。在仓储运输过程中损耗严重,食品安全隐患较多。据估计,每年产后损耗马铃薯约1600万吨,水果约3000万吨,蔬菜约2.06亿吨。如果水果每吨按6000元计算,马铃薯和蔬菜按每吨4000元计算,折合经济损失约5920亿元。按目前单产水平推算的,相当于全国生鲜产品每年有1.23亿亩耕地的投入和产出被损失掉了。冷链物流是食品安全前提,流通过程中温度超标等问题,将威胁到食品质量和安全。

总之,伴随着我国经济社会发展,人民收入和生活水平不断提高,我国冷链物流经历了从无到有、从少到多、从量到质的发展阶段。目前,冷链物流总量规模大、发展速度快,但冷链物流在供需资源充足的情况下未能得到有效发展,没有相应的大企业出现,没有形成较为完善的冷链物流网络体系。整体上处于从碎片化向系统化、从节点向网络化转型的关键时期。

11.3 冷链物流新政的政策意义

构建从产区到销区、从田头到餐桌的农产品全程冷链物流体系,对于提升我国农产品流通发展水平,促进农业高质量发展和乡村振兴、满足市场多元化消费需求、提高城乡居民生活品质具有重要现实意义。在非洲猪瘟疫情和新冠肺炎疫情之后,禁运活猪活禽,加快冷链物流发展意义更加凸显,线上消费的剧增则为冷链物流提供了更大机遇。中国农业的产业链纵向一体化只可能高度依赖小农户自己以及千千万万的小商小贩,如何千千万万分散的小农户整合成一个纵向一体化的物流体系,能够做到快速、高效、全程无断链的冷链。这既难以借鉴西方发达国家的经验,又面临着一些理论困境,同时农产品流通现代化又必须面对的实践难题。生鲜农产品产业链条长、环节复杂、市场主体多,既面临严重的信息不对称问题,也具有外部性、资产专用性等导致的市场失灵问题,通过系统研究冷链物流断链可以拓展管理科学的应用范围,从而建立探索新的理论框架和理论知识。

11.3.1 提升冷链物流水平,提高人民群众生活品质,促进消费升级

农产品物流与供应链建设一直滞后,不能满足社会需求,是流通领域供应链体系建设的短板。在消费升级导向下,人们对生鲜农产品的时效性、高品质等要求逐渐提高。目前,我国冷链物流的产品大部分是初级农产品、生鲜食品,"断链"现象十分严重,腐损率居高不下,这给人民日常生活带来巨大的安全隐患。特别是肉类等冷藏冷冻类食品,由于中间断链现象的发生,导致食品二次冷藏或冷冻,致使微生物生长速度加快,病原菌分泌毒素的速度增长,无形中对人体造成极大的伤害。新型现代化农产品交易和冷链物流建设是大势所趋。发展冷链物流是促进消费安全的有效支撑,冷链运输能够在提供高效的运输服务满足人们日常消费的同时,为人们的生活带来更多优质安全的保障。不仅如此,冷链物流是隐藏在食品安全背后的"冰山",消费者对于冷链物流的重要性还缺乏足够的认识,从产业链视角建立科学的消费者认知从而形成正向的循环效应,减少"断链"隐患,保障生鲜农产品品质和消费安全,从而促进冷链物流发展,鼓励冷链物流模式创新,满足人们高品质生活多样化的需求,促进消费者对于高质量高附加值农产品的消费。

11.3.2 冷链物流更加保障重要农产品有效供给和高质量发展

农业是一个集技术、经济、政治和国家安全于一体的战略产业,必须把握农产品流通和价格对促进农业发展的关键性作用(朱信凯,2017)[75]。农业供给侧结构性改革下,农产品需要提高附加值。顺应农业发展本身,供给这些优质和安全的农产品,对冷链流通各个环节提出了更高的要求。巨大的生鲜市场导致各种流通渠道纵横交错、并存发展,电商异军突起。另外,生鲜农产品市场存在流通链条衔接不畅、损耗率高、质量安全水平低、品牌化程度低等突出问题。从产业链之间如何互动互益和服务地方经济发展考虑,都需要冷链物流来承载农产品的

产业结构优化和培育价值增值。冷链物流的价值更多是通过减少损耗、降低食品安全风险,促进产业发展的方式呈现,而并非完全反映在农产品价格的高低上。流通环节控制食品安全和质量的关键在于温度,温度的变化直接关系着微生物的生长和食品的腐败,冷链物流的发展对于食品安全贡献最突出。冷链物流不但是食品安全的前提,还是农产品向产业链高端发展或产业链有益延长的基础。它不仅增强了农产品的议价能力,保证了生产的规范化,同时使得大规模使用冷链运输方式成为可能;反之,冷链在农业生产中的应用也将进一步促进农业生产的集约化发展和农产品结构性的优化。新冠肺炎疫情影响下,大量成熟生鲜农产品滞销,凸显了农业农村在农产品仓储等多个领域基础设施的短板。在以小规模农户为中心的流通格局下,只有通过全程冷链物流体系,实现价值链的价值增值和分配过程的优化升级,才能构建具有中国特色的现代农产品流通体系。

11.3.3 探索适合我国国情农产品冷链物流发展体系和发展理论

我国大国小农的农产品供应链,不同于西方发达国家。我国冷链物流在供需资源充足的情况下未能得到有效发展。从硬件上看,冷链物流的基础设施包括高铁、公路、航空等已经成型,有的还处于世界领先水平。从软件上看,有政府的高度重视,有严格的食品安全法,有配置规格比较高的国家标准化管理委员会。更为关键的是,我国的生鲜农产品产量世界第一,冷链物流需求量巨大,却没有相应的大企业出现,没有形成较为完善的冷链物流网络体系。冷链物流需要与时俱进的理论体系来指导冷链物流发展的实践。冷链物流是隐藏在生鲜农产品背后的"黑箱",改变农产品落后的局面绝非易事,而如何保证冷链物流体系各环节相互衔接,实现全程冷链则是绕不过去的要害问题(宋则,2015)[76]。建立中国特色的现代化冷链物流体系,形成全程冷链、构建高效快速的农产品冷链物流体系,提出适合中国国情的农产品冷链物流发展理论,为全球食物安全贡献中国力量、中国方案和中国智慧。

11.4 农产品冷链物流的治理体系困境

一是冷链物流涉及部门多,存在职能交叉、冲突和缺失。以生鲜农产品冷链物流为例,从生产到消费者手中,涉及国家发改委、国家市场监管总局、自然资源部、生态环境部、交通运输部、商务部、工信部、科技部、农业农村部、住建部、公安部等部门,在生产环节、加工环节、贮藏环节、运输环节、销售环节、流通环节等均出现多部门职能交叉或冲突现象。如国家发改委和商务部都有对冷链流通发展未来规划的职能;国家市场监管总局和农业农村部、商务部关于市场监管、发展规划等职能重叠;交通运输部和公安部对冷链车辆监管方面的安全、车辆许可方面无统一标准。国家市场监管总局对冷链物流的仓储、运输并无明确标准依据;科学技术部和工业和信息化部相比其他部门来讲,对冷链参与较少,对大数据时代,应该利用科技和信息使冷链的更加现代化、信息透明化,使冷链有据可依;自然资源部和城建部在土地等自然资源利用审批等方面存在不同标准,在厂房、冷库、市场等建设上程序烦琐甚至冲突(见图11-1)。

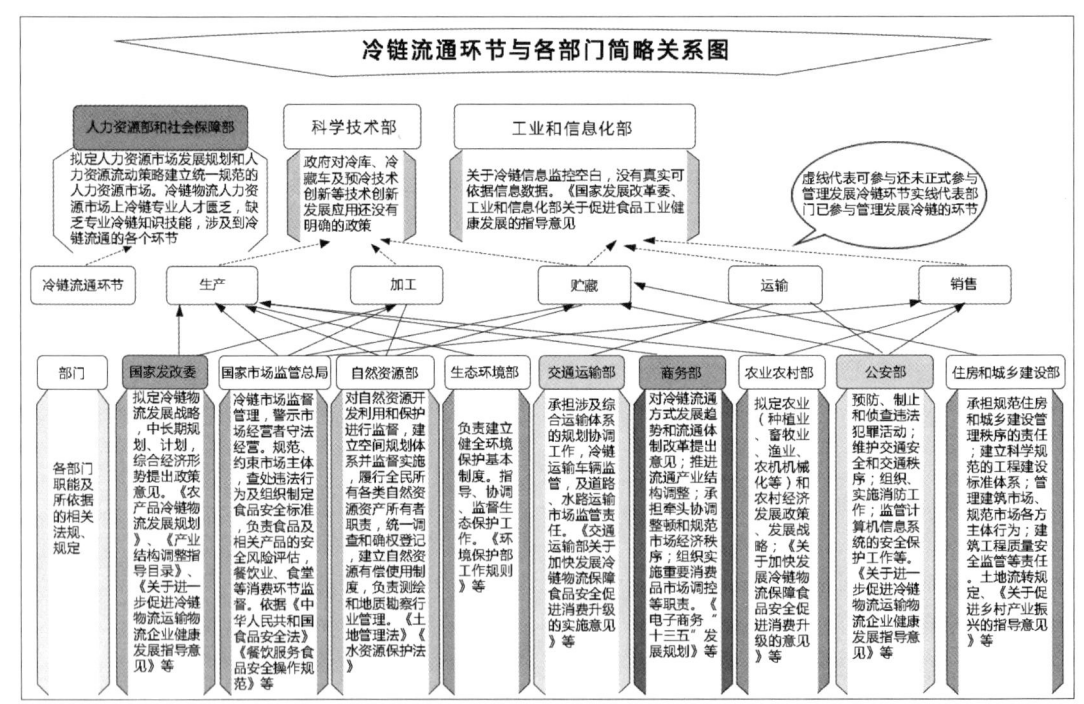

图11-1 冷链物流环节相关部门职能

二是冷链物流管理机制和流程不完善。冷链物流还没有形成全流程标准规范及管理体系。从调研情况看,多数企业认为应该由政府制定统一的标准规范,包括车辆检测标准、车辆的生产标准、冷链物流的操作规范、温控记录仪的标准等,由于标准规范不统一,造成冷链物流各环节不规范运营现象突出。另外,土地难以取得、企业税负较高及市场准入手续复杂等,成为制约冷链物流企业发展的外部因素。冷链物流配送车辆的进城难、停靠难,影响了冷链物流配送效率。与国外相比,我国多数城市存在严重的"重客轻货"现象,对城市配送车辆制定了严苛的通行和停靠政策,成为冷链物流企业的最大的痛点。目前,我国在冷链物流配送领域颁布了一些标准规范,如《食品安全法》《中华人民共和国农产品质量安全法》等,但是其中尚缺失基础设施设备与操作控制等方面的统一标准规范,仍需要进一步地完善。在目前实际的生鲜农产品冷链物流运营中,至少在公路运输方面,相关监管部门仅监管是否超载,而对公路运输过程中的生鲜农产品是否采用冷藏车、是否采用一定的冷藏运输温度控制等问题仍无人监管,导致相关的生鲜农产品运营参与者对出台的行业标准漠视而不执行。

三是基础要素供给结构不合理,对保障冷链流通安全的有效支撑不足。虽然我国冷库建设总量已与美国基本持平,但由于缺乏系统规划,冷链物流结构性矛盾突出,高价值、耐储存的生鲜农产品冷库供过于求,低端的氟制冷和小冷库增长过快。冷库可持续发展机制尚未建立。冷库结构不均衡,冷冻库多、冷藏库少,储存型库多、流通加工型库少,同类型冷库的重复建设造成冷库总量供大于求与冷库结构不能有效满足需求的矛盾突出。同时,冷藏保温车辆运营不规范,干线运输环节存在将海运集装箱改装冷藏保温车辆进行运输的情况,制冷效果差;城市配送环节,采用"冰块+棉被"的普通车辆进行运输,导致冷链物流腐损率极高,难以保障流通安全。

四是社会对于全程冷链理念和价值的认识薄弱。生鲜农产品冷链物流的运作是由人来完成的。在这个运作过程中涉及生产者、运营者和消费者。当前我国对冷链物流的认知无论从生产者、运营者到消费者都处于认知不足的状态。首先,生鲜农产品生产者更多关注产量和销量。而对于把生产出来的生鲜农产品放入冷库进行预冷以保持生鲜农产品的品质并延长销售时间,在生产者看来是多余的投资。其次,由于我国现代化物流尚处于起步阶段,缺乏专业的冷链物流人才,很多冷链物流工作人员没有接受过专门的冷链物流知识培训,对生鲜农产品冷链物流认知不足。最后,目前我国居民消费者对生鲜农产品的关注度主要集中在价格上,加之一些生鲜农产品的品质变化是一个渐变的过程,从而形成消费者对生鲜农产品冷链物流断链造成的后果认知不足,甚至不关注,对生鲜农产品是否采用冷链物流运作没有要求。

11.5 地方政府的促进冷链物流发展的主要抓手

11.5.1 抓住冷链物流骨干基地建设

安排中央预算内投资,支持建设一批骨干冷链物流基地。骨干冷链物流基地可以划分为产地型、集散型、消费型三类。产地型骨干基地重点向高附加值生鲜农产品(包括果蔬、畜禽、奶制品、水产品、花卉等)优势产区聚集。集散型骨干物流基地重点布局农产品集散功能突出物流园区和批发市场所在地。消费型骨干物流基地主要布局在超大、大型城市和城市圈周边布局,满足日常消费和应急需求,集中在"一小时物流圈"。依托存量冷链物流基础设施群,整合集聚冷链物流市场供需、存量设施以及农产品流通、生产加工等上下游产业资源,提高冷链物流规模化、集约化、组织化、网络化水平,支持生鲜农产品产业化发展,促进城乡居民消费升级。各地可依据产品优势、区域优势和消费优势,充分考虑日常需求和战略储备需要,布局产地型、聚散型和消费型国家冷链物流骨干基地。

11.5.2 抓住产地保鲜仓储设施建设

产地冷链"最先一公里"体系的建设,是整个全程冷链体系是否牢靠的基石,因为一旦产品在采摘后不能及时预冷、贮藏和分级,将会对农产品流通周期造成不可逆的影响,即便后续冷链过程做得再好也无济于事,甚至会造成更大的资源浪费。近年来有很多地方的农产品发生滞销现象,造成农民损失严重。其中很重要的原因就是产后缺乏预冷、贮藏和加工,无法实现错季销售和品牌升值。因此要建立健全农产品产后服务体系,从产地集配中心、冷库等商品化处理设施入手,推动农产品在田头就变成标准化的高附加值商品,把农产品产业链增值更多留在乡村、惠及农民。这方面可以借鉴"政府+企业合作社+生鲜平台、销地农批市场、大型商超"的建设和运营思路,保障生产与销售渠道的高效对接。此外,宜充分利用现有的常温设施,避免资源重复浪费。中西部地区和城市周边的生鲜产品主产区要充分重视产地保鲜仓储设施建设,确保"最先一公里"体系完善。

11.5.3 抓住农贸批发市场冷链设施建设

从我国各地农贸市场的现状来看,农贸市场规范化运营十分重要。小、散、乱的农贸市场业态,势必会面临取缔或者全面整改的命运。老旧农产品批发市场弊端严重,淘汰成必然趋势。老旧农贸市场带来的市容市貌、食品安全、疫情防控、交通问题等多方面不良影响,均需要进行大刀阔斧的改造。新型现代化农批市场(农产品交易和冷链物流转运)建设是大势所趋。总之,对于不同种类的鲜活农产品都有相应的冷藏方式,公共冷链仓储基础设施建设比较健全,但对于眼前的市场需求仍然不能完全满足,有些商户在考虑自建冷库。

11.5.4 创新城市冷链物流配送模式

城市配送无论是生鲜电商,还是中央厨房加工的餐饮外卖,都需要迈开两条腿才能发展得好,一是产品要好,二是冷链物流要好,二者缺一不可。这也是为什么全国95%的生鲜电商平台都不盈利的重要原因,因为大多数冷链物流不到位、冷链不好就会导致消费者体验差、黏性差。"白色泡沫箱+冰排(袋)"一直是冷链终端配送的主要工具,随着我国生鲜电商市场规模的快速增长,每年随之产生近3亿个泡沫箱及10亿冰袋的冷链耗材。虽然现有工具的好处是成本低,但缺点同样明显:白色污染、食品安全隐患(如直接接触)。在欧美、日本等冷链发达国家,很少见到泡沫箱的使用,基本都是可重复使用、可折叠回收的冷藏箱(罩)。

11.5.5 抓好本地化冷链物流网络建设

不断完善农产品集生产、加工、流通和服务等于一体的农业供应链体系,建立全省农业数据调查分析系统,构建覆盖全省主要产销地区的全程冷链物流骨干网络,完善全省低温物流园区和产地预冷集配中心布局,实现全程冷链物流"无缝衔接"。针对部分食用农产品以及农业生产资料,将供应链上下游企业全部纳入追溯体系,构建来源可查、去向可追、责任可究的全链条可追溯体系。

11.6 冷链物流产业链新政的政策建议

11.6.1 加强科学论证和系统规划

牢固树立规划先行理念,遵循城镇化和城乡发展客观规律,以资源环境承载力为基础,科学编制城市总体规划,做好与土地利用总体规划的衔接,统筹安排城市基础设施建设。城市基础设施建设要着力提高科学性和前瞻性,避免盲目和无序建设。突出民生为本,节约集约利用土地。严格按照规划进行建设,防止各类开发活动无序蔓延。开展地下空间资源调查与评估,制订城市地下空间开发利用规划,统筹地下各类设施、管线布局,实现合理开发利用。

11.6.2 整合资金,注重薄弱环节扶持

一是鼓励产地预冷多元化发展,加大产地预冷设施建设的扶持力度。二是鼓励新型农业经营主体村集体、合作社、家庭农场、超市、批发市场、生鲜电商等建设产地冷库等预冷设施,鼓励有条件的企业建立产地预冷的信息平台。三是对产地农户、合作社进行不同品种农产品适用预冷技术的教育,强化其对于冷链利益共同体的认知。产地冷库应该多元化发展。中央和地方财政资金可以建设一批公益性产地集配中心。对于村集体、合作社、家庭农场可以扶持租赁型冷库。对于超市、电商企业等主体主要扶持产地集配中心和移动冷库。

11.6.3 处理好本地、全国和跨境网络的关系

一是政府与市场的关系。政府该做什么,市场该做什么,要认真研究,使政府在农村电子商务发展上,重点支持基础设施和激励考核机制建立等关键环节。二是上行与下行的关系。即买与卖的关系,既要方便农民群众从网上购买货真价实的商品,更要通过农村电子商务发展,将本地农产品卖出去,卖得更远更好,拉动产业发展。三是平台与网商的关系。既要发挥本地平台和网商的作用,又要充分利用淘宝、京东等大平台,更好地推出和销售本地农产品。四是乡村电商网点与万村千乡村级便民店的关系。可以依托万村千乡村级便民店发展农村电子商务村级网点。五是大物流与小物流的关系。对全国性的物流快递企业不能下乡进村的,应支持和鼓励本地物流配送企业搞好电商工业品下乡进村和农产品出村进城的物流运输。六是国内电商与跨境电商的关系。除了利用国内电子商务销售农产品以外,还应积极探索和研究利用跨境电子商务将本地农产品销往国外的可行性。

第十二章 发达国家冷链物流产业链发展经验借鉴

冷链物流是国民经济中的一项重要经济活动,诸如农产品、畜禽肉类、水产品、花卉、加工食品、冷冻或速冻食品、冰淇淋和蛋奶制品、快餐原料、药品(疫苗、血液)等需要低温环境生产和流通的商品与我们的生活密切相关。这些产品在生产、仓储或运输、销售一直到终端消费者的各个环节中,需要始终处于产品规定的低温环境下,才能保证质量,减少损耗。冷链物流发展关系到消费者生命安全和生活水平的改善,广大消费者、商家以及政府对冷链物流发展日益重视。随着世界经济的快速发展和现代科学技术的进步,冷链物流产业作为国民经济中的一个新兴的服务部门,正在全球范围内迅速发展开来。在国际上,物流产业被认为是国民经济发展的动脉和基础产业,冷链物流发展程度成为衡量一国现代化程度和综合国力的重要标志之一。

在欧美、日本等发达国家和地区,冷链物流业务开展得较早较好,已经形成相对完善的物流网络(李毅,2019)[77]。在世界冷链物流的发展过程中,美国、日本、德国、加拿大等国处于世界领先地位,这些国家根据本国农业的特点和需求不同开展农产品冷链物流体系建设,在医药冷链物流上也掌握着先进的技术。根据 Pharmaceutical Commerce 和艾媒数据中心资料显示,目前欧洲地区的冷链物流产业最为发达,行业支出处于较高水平。自 20 世纪 50 年代初以来,冷链技术在美国和欧盟国家的肉类、乳制品、鱼类和园艺产品的农业供应链中得到了广泛的应用和发展。目前,欧美的冷链流通率在 95% 以上,肉类是 100%,冷链断链率只有 5%,冷链的利润率为 20%~30%。早在 1939 年,美国便拥有 2000 多辆冷藏车,目前平均 500 人就有一辆冷藏车。从目前情况来看,今后冷链物流发展的主要方向是内涵的拓展、过程的延伸、覆盖面的扩大以及物流管理的日益专业化标准化与信息化。

亚洲拥有世界上一半的人口,世界上有 60% 左右的货运都是与亚洲有关系的,亚洲处于经济发展非常迅速、基础设施和冷链物流的需求非常旺盛的时期。而我国又是亚洲第一大国,人口数量庞大,消费者对更高质量、更安全的产品需求增加,在很大程度上依赖于冷链物流以满足日益增长的消费需求。但我国冷藏仓储容量仍处于较低水平。根据行业协会统计数据显示,受宏观政策和市场需求推动,中国冷链物流行业未来将保持年均 25% 的高速增长。与发达国家相比,我国存在食品浪费和冷链领域就业问题。建立一个完善的冷链需要足够的基础设施,先进适用的技术体系、可持续的商业模式以及规范有效的市场机制。现阶段,我们除了欣喜地看到冷链物流的快速进步和巨大的市场机遇,更应该清醒地认识到我国冷链物流发展与世界先进水平之间的巨大差距。因此,全面系统地开展对国外冷链物流的研究,探索冷链物流新技术和新方法,研究冷链物流新业态和新模式,有助于完善我国冷链物流理论,推动冷链物流健康、持续发展。

12.1 国外冷链物流发展历程

12.1.1 国外制冷技术的起源

在普冷方面,1748 年,苏格兰人 W. Cullen 观察到乙醚蒸发会引起温度的下降;1755 年,W. Cullen 发明了第一台采用减压水蒸发的制冷机,同时发表了《液体蒸发制冷》一文,开创了人工制冷的新纪元。1834 年,美国发明家 J. Perkins 获得了乙醚在封闭循环中通过膨胀制冷的英国专利;1844 年,美国医生 Gorrie,用封闭循环的空气制冷机为发烧病人建立了一座空调站,发明了空气制冷机。1856 年,苏格兰人 J.Perkins 发明了压缩式制冷机,采用 CO_2、SO_2、NH_3、CH_3Cl 作为制冷剂;1875 年,Carre 和 Linde 用氨作制冷剂,大大减小了设备的体积,从此蒸汽压缩式制冷机在制冷装置的生产和应用中占了统治地位。在此期间,利用空气绝热膨胀的制冷机开始出现。

商业制冷被认为起源于 1856 年,由一名美国商人 Alexander. C. Twinning 最先开创。不久,一名澳大利亚人 James Harrison 检验了 Gorrie 和 Twinning 所用的制冷机并把蒸汽压缩式制冷机介绍给了酿造和肉类食品公司。1858 年,美国人尼斯取得了冷库设计的第一个美国专利,从此商用食品冷藏事业拉开了序幕。1859 年,Carre 发明了氨水吸收式制冷系统,申请了专利;1910 年左右,M.Lehlanc 在巴黎发明了蒸汽喷射式制冷系统。由于制冷技术及其应用的不断发展,各发达国家先后建立该领域的学术组织。1888 年,英国成立了英国冷库和冰协会;1891 年,美国成立了美国冷藏库协会;1900 年,法国成立了法国和殖民地冷藏工业理事会;1903 年和 1904 年,美国先后成立了美国制冷设备制造协会和美国制冷工程师协会。在此基础上,国际制冷学会(IIR)于 1908 年宣告成立,它是一个政府间的科技性国际组织,现在大约有 60 个国家会员,中国于 1978 年加入成为二级会员国。

到了 20 世纪,制冷技术有了更大的发展。1918 年家用冰箱问世,并作为商品投放市场;1919 年,美国芝加哥兴建了第一座空调电影院,次年开始在教堂配备空调;1930 年,氟利昂制冷工质的出现为制冷技术带来了新的变革,极大地推动了制冷装置的应用。20 世纪随着空气条调节和制冷系统变得更高效、可控,甚至遥控,人们生活发生了很大的变化,真正地让环境满足于他们的需要,不再依靠天气来工作和娱乐。到 20 世纪末,美国约 70% 的家庭有空调。没有人可以在用玻璃围成的房子里或没有窗户的建筑里,在无走廊的房子或在闷热潮湿的地方生活和工作。在美国,空调改变了北方城市移民的生活方式。

第一次世界大战不久前,机械制冰得到了应用,自然冰和人工制冰在制冷上应用是非常广泛的。在 1914 年,Clarence Brudseye 在加拿大钓鱼,他发现经过冰冷冻后的鱼在暴露空气中不变形,而且在它们解冻煮熟后尝起来几乎是新鲜的。几年后,他从他的食品冷冻发现中追求到了商业利润,尝试在盛有海水的桶里冷冻包心菜。到 1925 年,Birdseye 和 Charles Seabrook 发展了冷冻熟食的深冷过程。在 1930 年,在美国军队中,Bird Eye 的解冻食物第一次得到了售卖。1927年,通用电气公司引进一种带有顶窗使用全封闭压缩机的冰箱,14立方尺的冰箱售价525美元,少数人可以接受的价钱,使得通用电气公司到1930年成为此行业的龙头。第一辆空调汽车由Packard在1938年设计出来,1938年窗式空调第一次成功地被Philco-York推销。"二战"后,像冰箱一样,大量的窗式空调生产使其价格得到了大多数消费者的接受。从1920年到1930年,家用冰箱的价格从600美元降到300美元,到1939年接近150美元。

12.1.2 国外冷链物流的发展史

1. 第一阶段(19世纪70年代—20世纪40年代)

由于制冷机、冷冻剂和电冰箱的发明,制冷技术开始广泛应用于食品工业,食品工业得到了迅猛发展。随后制冷技术向着规模化、工业化发展,1908年,工程师Albert Barrier在说明控制低温条件能确保易腐食品品质时,第一次使用了法语冷链(Chainedu Froid)这一术语,冷藏链初步形成。

2. 第二阶段(20世纪40年代—20世纪末)

冷链物流已逐步走向成熟,运输品类更加多样化,制冷技术和运输设备更加先进。但是,由于这一时期仍然处于传统工业化时代,冷藏食品零售业刚刚兴起,零售商对冷链物流效率要求不高,交通设施相对落后,因此冷链物流在运行效率和配送衔接上还不够完善。

3. 第三阶段(20世纪末至今)

这个时期的冷链物流已经演化成为多品种、小批量、标准化和法规化模式,"冷链"的概念已由之前的"原产地—初预冷—冷库—冷藏运输—批发站点冷库"发展成"原产地—初预冷—冷库—冷藏运输—批发站点冷库—零售商场冷柜—消费者冰箱"。这一阶段的冷链物流已经基本发展成熟(韩春阳,伍景琼,贺瑞,2015)[78]。

12.2 国际冷链物流供需结构分析

12.2.1 以中国为代表的生鲜农产品增长迅速

2020年,全球食品贸易价值目前已经达到1.87万亿美元,并正在快速增长。其中,中国食品贸易市场规模达到8629亿美元,几乎占到全球份额的半壁江山,同比增长3.2%。收入和生活水平的提高、城市化进程的加剧以及对食品安全的担忧推动了中国的农产品进口。随着收入的增加,中国人的饮食方式已改变为包括更多的肉类、奶制品和加工食品,而谷物消费却下降了。2000—2019年,禽肉的人均消费量增长了32%,豆油消费量增长了四倍多,而液态奶的摄入量则增长了三倍以上。在肉类,乳制品和园艺产品的带动下,以消费者为导向的产品进口继续增长。从主要进口市场来看,2020年亚洲地区是我国生鲜农产品主要进口市场,进口规模为1800亿元,占比32.4%;其次是自大洋洲进口生鲜农产品1380亿元,占比24.8%;自北美洲进口生鲜农产品1000亿元,占比18.0%。欧盟和美国是最大的猪肉供应国,市场份额分别占贸易额的63%和16%。直到2016年才开始向中国出口大量猪肉产品的巴西迅速崛起,成为第三大猪肉供应国,市场份额达到9%。以泰国、越南、马来西亚等为代表的东南亚国家是我国生鲜水果主要进口国家,主要品类有水果、水产品等。其中水果进口增量稳步上升,2020年同比增长32%;而海、水产品进口受疫情影响稍有下降,例如以海、水产品为主的马来西亚和印度尼西亚同比下降17.7%。"一带一路"倡议提出以来,中国与"一带一路"沿线国家的农产品贸易规模不断提升,产品不断丰富(李金叶,谷明娜,2018)[79]。2018年,中国与"一带一路"沿线国家的贸易占中国对外贸易总额的27.4%,而"一带一路"农产品贸易额占中国农产品对外贸易总额的35.1%,接近高出8个百分点(王瑞峰,李爽,2018)[80]。部分农产品对"一带一路"沿线国家的出口额甚至占出口总额的50%以上,植物油、热带水果、木薯等从"一带一路"沿线国家进口的数量超过该类产品从外进口总量的60%。

12.2.2 国际冷链物流服务供应商以发达国家为主

荷兰、新西兰、美国、加拿大、英国、德国等欧美发达国家的冷链发展已经非常成熟,经历了完整的冷链建设与探索历程,国家标准也严格执行,涌现了一批现代化的冷链企业(陈志洁,2015)[81],如Lineage、NewCold、Kloosterboer等。根据IARW发布的2020年IARW全球最大的冷藏仓储和物流供应商名单(由IARW仓库会员经营的温控空间的总容量决定),表12-1展现了前10强。

表 12-1 2020 年全球最大冷藏仓储和物流供应商前 10 强

序号	公司	地区	总容量（m³）
1	Lineage Logistics I	澳大利亚,比利时,中国,丹麦,荷兰,新西兰,秘鲁,斯里兰卡,英国,美国,越南	50 661 616
2	Americold Logistics	阿根廷,澳大利亚,加拿大,中国,新西兰,美国	31 426 688
3	United States Cold Storage	美国	10 590 159
4	AGRO Merchants Group, LLC II	澳大利亚,奥地利,智利,爱尔兰,荷兰,波兰,葡萄牙,西班牙,英国,美国	6 865 163
5	NewCold Advanced Cold Logistics	澳大利亚,法国,德国,波兰,英国,美国	5 510 621
6	Nichirei Logistics Group, Inc.III	法国,日本,荷兰,波兰	5 186 000
7	Kloosterboer	加拿大,法国,德国,荷兰,挪威,南非,瑞典,美国	4 847 354
8	Versa Cold Logistics Services	加拿大	3 483 224
9	Interstate Warehousing, Inc.	美国	3 277 261
10	Frialsa Frigorificos	墨西哥	2 894 758

从全球范围冷链物流发展来看,目前美国、日本、欧洲等发达国家冷链物流发展处于世界领先地位,冷链物流体系建设较为完善并且在冷链物流技术应用方面也较为先进。全球冷链物流巨头如费普斯、冷王、New Cold 等,面向全球市场提供技术研发、冷链仓储、冷链运输等综合冷链物流服务,竞争优势明显。

12.2.3 国际冷链物流运作模式分析

1.美国——高度专业化、社会化的全程冷链物流

美国自然资源丰富,是世界农业生产大国和农产品出口大国,国内农业发展科技水平高,实现了农业现代化,农业劳动生产率高,农产品流通先进,在世界上呈现出规范化、专业化、社会化的特点(周海霞,2016)[82]。美国的农产品物流模式中,市场的主体是农产品生产者和消费者,产品从农产品生产者通过批发商或者直销,将产品配送至超市连锁店、中小商店、餐饮企业等,直接到达消费者,流通环节少、效率高、一体化程度高。通过形成"从田间到餐桌"一系列完善的供应链体系,将其整个冷链物流的损失控制在了 1%～2%。

生产专业化。按州统计,美国前十大农产品州的农产品销售额占全国 54%,其中加利福尼亚州排名第一,年农产品销售额 452 亿美元,占全国 12%。美国前七大农产品郡都在加利福尼亚州,其中,全国排名第一的农产品郡是弗雷斯诺(Fresno),其一郡的农产品年产值比美国的 25 个州产值还要高。美国有 200 万个农场,260 万农民。50%的农产品都是依靠 2%的大农场生产,其运行模式有业主制、公司制、合伙制,目前 86%都是私人农场。美国农场主通常采用订单制,也就是说一切的生产都是以合同为基准。

产地预冷、仓储、运输专业化。农场主主要通过负责种植,产后预冷加工则有专门的社会化服务公司来完成。完成之后,进入第三方冷库。在美国的冷库主要由美冷(Americold)、美国冷藏公司(U.S. Cold Storage)、PFS 普菲斯冷库、Albefreight、西斯科(Sysco)公司等第三方冷链物流企业,泰森等屠宰加工企业建设和运营。

依靠专业化分工和社会化服务,形成了"田间采后预冷—冷库—冷藏车运输—批发站冷库—超市冷柜—消费者冰箱"的全程冷链物流体系。

2.加拿大——高度市场化的冷链物流多式联运网络

加拿大地广人稀。加拿大国土面积 997 万平方公里,耕地 6800 万公顷,人口仅 3600 万,人口和经济主要分布于太平洋和大西洋沿岸及靠近美国边境的各大城市中,前十大城市如渥太华、多伦多、蒙特利尔和温哥华等,集中了加拿大一半以上的人口,人口分布的情况决定了经济结构的特点,加拿大农副产品的冷链物流也就集中在经济特别发达的城市(张洁,庞洪伟,2016)[83]。加拿大的农业生产基地离城市和加工中心比较远,因此加拿大必须要建立高效的冷链物流运输网络,这样才能满足消费者的需求。

在加拿大,农业以家庭经营为主,它们也是典型的大型家庭农场。目前,加拿大的农场总数约为 19 万个,农业从业人员约 27.19 万,绝大多数是家庭农场,平均规模在 300 公顷。100 公顷以下的小农场占农场总数的 45%,500 公顷以上的大型农场占总数的 10%。在分布上,全部集中在南部,尤其是与美国毗邻的 400 多公里狭长地带,位于北纬 49°~53°,通常所说的"大草原地区",即阿尔伯塔(Alberta)、萨斯喀彻温(Saskatchewan)和曼尼托巴(Manitoba)三个省。目前加拿大生产全球 25%的芥花籽油、4.5%的小麦、7.2%的大麦、11.2%的燕麦、1.2%的玉米。加拿大农场规模大、机械化程度高、高度市场化、与国际市场完全接轨,土地归农场主永久所有,经营时考虑更为长远。

加拿大的农产品冷链物流的各个环节主要由产地预冷加工企业、第三方运输企业、第三方仓储企业来完成。实行物流外包模式,第三方物流企业发展迅速且大都为国际多式联运经营人,有较高的物流服务水平。物流企业能提供良好的运输、仓储、信息管理服务,并结合多种运输方式,形成了一套完整的物流服务体系和完善的物流网络,无论在国内农产品冷链物流运输中还是在国际市场上,都有一体化的服务方案,运输效率高、成本低。

在冷链物流模式方面,形成了加工企业、配送中心、第三方物流等多元化物流模式。既有产地加工企业模式,以国家铁路公司(CN)和最大产地加工企业 Melvin Farms 为主体;也有批发市场与配送中心模式,由北美最大农产品批发市场 OFTB 与最大配送中心 Sobeys 组成;还有第三方物流模式,如 Thomson Group 独立运作等。

加拿大农产品冷链物流体系包含各种运输方式,如航空运输、航海运输、公路运输等。经过几十年的发展和改进,这些运输方式之间能够很好地衔接,铁路运输、公路运输以及航海航空运输组成了一个适应加拿大国情的运输网络,目前加拿大境内已经建立了 3 大冷链物流运输路线,主要基于地区进行划分。

第一条是加拿大东海岸的运输路线。主要是以哈利法克斯港口以及蒙特利尔港口作为运输的中心,所有大西洋的海上运输基本上都是通过这条路线。

第二条是加拿大西海岸运输的路线。这条路线的中心是温哥华,来自亚太国家和地区的业务都是通过这条路线进行处理的。

第三条是公路和铁路运输。这条路线的中心是加拿大的五大湖地区,主要处理加拿大和美国的贸易往来。

除了这些地区连通的运输网,加拿大的东海岸和西海岸之间还建立了便利的铁路运输网和公路运输网,负责的公司是加拿大太平洋铁路运输公司。

3.荷兰——中转站+港口连接全球

荷兰东邻德国,南接比利时,西、北濒临北海,地处莱茵河、马斯河和斯凯尔特河三角洲,地理位置十分有优势,被称为欧洲门户,是整个欧洲农产品的配送物流中心。荷兰是世界上最大的马铃薯出口国,其良种输出占国际良种市场的60%以上,种用和商品马铃薯销往世界80多个国家。园艺生产在荷兰占相当份额,主要是蔬菜、水果、花卉、植物、鳞茎和苗木,蔬菜出口居世界第一,鲜花占全球市场的60%,大部分蔬菜鲜花在温室内生产。荷兰乳品和肉类生产占农业总产值的6%,是世界上最大的乳品、猪肉出口国。在2018年农产品的出口达到了903亿欧元,位居全球第二,仅次于美国。

荷兰之所以成为全球第二大农产品出口国,与高效的分销模式是密不可分的,它们的分为三种,第一个就是拍卖模式,在荷兰农产品的拍卖模式是非常流行的。第二个就是农民合作社的集体议价模式。第三个就是合作社成立一体化的集团,进行内部收购模式。合作社在农业技术交流、农产品加工和销售等方面发挥着重要作用,通过合作社的加工、销售活动,使农户与合作社之间形成了紧密联系,发展了农业一体化经营(段晋会,孙康,2019)[84]。

为了满足消费者需求,荷兰积极发展农产品供应链。其中的一个方法是,在市场附近建立一个中转站,先将农产品集中到中转站,再进行配送。荷兰政府制定组建了园艺产业集群"绿港"(Greenport)。由企业、教育机构、政府共同成立饿创新、链接、创造及引领的绿港集群不仅是产业功能在空间上的高度集中,更是社会关系和知识交流的集群。目前,荷兰六个绿港定位及发展各不相同。芬洛绿港靠近德国和中欧市场,附近有欧洲最大的生鲜食品集散群—芬洛生鲜集散中心(Fresh Park Venlo),占地两千余亩,生鲜冷链物流设施先进且完善。采用这种方式能保证货源的充足和配送及时,配送中心在收到货物时会进行分类、包装、储存等,并将这些产品运送到各个零售商。目前,荷兰花卉和园艺中心的新式电子、交换式信息和订货系统已经建立,并通过发展电子商务交易模式,为全球的客户提供服务。正在建立电子化的农产品交易市场,协调联运物流中心和农产品集成保鲜中心等,为满足欧洲市场的严苛条件,扩大了农产品交易市场,为进一步发展农产品物流提供了良好基础。

4.日本——农协主导的冷链物流体系

日本国土面积较小,自然资源匮乏,土地规模化和经营程度低,农业生产规模小,面临着"小生产与大市场"之间的矛盾,因此,日本的农产品流通模式以批发市场为核心,能有效解决农业的小规模生产和大市场之间的矛盾。日本农产品的物流模式主要有两种:生产者—中央批发商—地方批发商—中间批发商—零售商—消费者,生产者—"直买所"等形式—消费者。

日本的农产品冷链物流起步于20世纪70年代初,经过40多年的发展,日本已经构建起从生产端到消费端的一整条完整的冷链物流系统,形成了比较完备的体系,发展趋于成熟。

以农协为主的农产品批发市场冷链物流模式。日本农业各类服务机构、行业协会、合作组织健全,尤其是以农协为代表的专业性组织,既对成员的农业经营、生产技术和生活方面进行指导,又共同购入农业生产、日常生活资料,管理农产品共同销售,农业生产、生活设施共同配置和利用。它的宗旨是为农民服务,而非赚取利润,在农协组织中,不管股金多少,都是一人一票,以人为基础入农协,日本90%以上的农户都加入了农协。日本在中央和地方都设立不同级别、不同规模的农协组织,形成了层次清晰、组织高效、分工明确的体系,在日本国内建立了多个专业化农产品冷链物流中心,能够在短时间内从全国范围集合优势农业资源的产地冷库保障农产品冷链物流的货源。

农产品"地产地销"冷链物流短链体系。"地产地销"是指一定区域内生产的农产品在当地销售或消费,在日本"地产地销"主要类型有:直销所(亦称直卖所)、观光农业、农超对接、农餐对接等。其中,直销所是日本农产品流通体系的新型零售业态,是由农产品生产、流通主体或相关主管部门开设的固定交易产所,所有商品由直销所委托销售,供求双方需缴纳一定会费,才能进行自由买卖。目前,直销所的运营方式已经由生产者运营、雇员运营发展到区域配套综合运营,其发展已经呈现专业化、规模化、电子化、信息化等特征。此外,日本观光农业、农超对接、农餐对接等农产品流通渠道也十分发达,共同构成了日本农产品"地产地销"流通体系。

12.3 国外冷链物流发展现状分析

12.3.1 欧洲发达国家冷链物流发展现状

1.德国:发展农业＋自动化实施普及＋政策保障

德国的冷链物流水平在欧洲地区一直较为领先。众所周知,农业的发展和进步会同时带动冷链物流的兴起与发展。德国的农业发达,2017 年德国农业用地就约占其国土面积的一半。作为支撑德国经济的主要产业,农业的发展极大地促进了冷链物流的广泛覆盖。近些年德国开始重视农产品绿色发展,又伴随着农业机械化水平的不断提高,冷链物流的需求量也进一步上升。

德国早在多年前就开始重视建设先进的冷链物流仓储设施设备。如自动化冷库技术,包括储藏技术自动化、高密度动力存储(HDDS)电子数据交换及 WMS 仓库管理系统。通过对先进冷链设施设备的应用,德国在长期的冷链物流发展中都有着较低的产品损耗率,极大地避免了因温度控制不规范而引起的冷链风险,保障了冷链物流的安全高效稳步发展。

德国对冷链物流的重视与政策的保障是其冷链物流水平较高的另一个原因。德国对牛肉、羊肉、猪肉、鸡肉等肉类,水产品、奶制品以及蔬菜等各类食品,从生产、运输、仓储到零售环节均有极高的要求与标准。例如,畜牧类将从动物的养殖开始采用身份识别系统,并在后续环节中采用可追溯系统,对上述产品的品质进行全方位严格把控。在国家政策方面,德国对市场中上架的各类食品的新鲜程度都有着严格规定,若超出食品保质期或有腐烂情况严格禁止上架。德国 98% 的生鲜农产品从原产地到加工厂再到销售网点,全程都处在要求的温度环境中,冷库中的主要制冷设备完全通过电脑实现精细控制。生鲜蔬果 100% 实施分等级包装方法,流通市场中所有的生鲜肉类都置放于相应的严格冷藏温度环境里。

2.荷兰:发达的运输网络＋科技支持＋标准化生产加工

荷兰在欧洲同样拥有得天独厚的地理条件。西欧最大的 3 条河流均流经荷兰,水路运输发达;荷兰还拥有欧洲最大的港口——鹿特丹港,其毗邻重要的蔬菜和水果种植园区,为果蔬的冷链运输提供了便利条件。凭借着出众的自然优势,荷兰与周边发达国家往来频繁,逐渐成为欧洲农产品配送中心与经济贸易中转站。如今荷兰被称为"欧洲门户",在欧洲的经济贸易与冷链物流发展中扮演着重要的角色。

荷兰是著名的花卉生产国家,作为全球经济型花卉销量最多的国家和最大的花卉出口国,每天有数万束鲜花从荷兰最大的鲜花拍卖市场——爱士曼运往世界各地。荷兰鲜花作为一种极易被损坏的产品,它的保存有很高的要求,稍有不慎就会造成巨大的损失,可是"全球最大花卉出口国"这个称号却一直为荷兰所拥有,这说明荷兰在运送鲜花这一产品上有着很高的技术,并且目前来看是处于领先地位的。为保障花卉在远距离销售到各个国家地区的途中最大程度保持新鲜完整,荷兰已采用了先进的电子商务模式并结合电子信息交换和订货系统,冷链物流技术水平不断提高。

荷兰对所有农副产品实行严格的生产标准,这对冷链物流提出了更高要求。以荷兰农业中最重要的乳制品为例,荷兰对其规定的生产标准要远远超过国际标准化组织(ISO)的相关标准。另外,其数据信息化平台建设较为完善,在运输产品的整个物流过程中,顾客与冷链企业可以根据自身要求,在任一阶段利用物流信息追溯码随时查询产品的实时温度与位置信息,大大加强了产品物流信息的透明化以及消费者对企业和冷链物流安全的信赖。

荷兰农产品冷链物流发展的优势主要有以下几个方面:

(1)海、路、空运输网络发达

鲜花的保鲜期只有短短几天,要想鲜花被送达目的地时还是鲜翠欲滴,这很考验整个物流链,而荷兰能够做到。它要求每天清晨售出的鲜花一定要在当天晚上或者第二天出现在世界各地的花店之中,这对整个物流链都是一个巨大的考验(郑彤彤,2017)[85]。荷兰位于"欧洲门户"的有利位置,荷兰著名的世界贸易港口鹿特丹港靠近重要的蔬菜和水果的种植地区,港区四周高速公路和通往内地的水路运输网络非常发达,而且靠近欧盟国家水果进出口中心所在地巴伦德雷,为荷兰发展冷链物流提供了良好的条件,为农产品的运送提供了便利。

(2)加大科技支持力度

在储运方面,荷兰以高新技术为依托来延长鲜花的保质期。有些物品必须得在低温的环境下才能长时间地保存,比如鲜奶、鲜花等这些易腐的货物,而要长时间的保存就得通过调节外部环境来进行全程的温度控制,包括产品从产地采摘之后的冷藏保鲜,在运输途中的低温保温和冷藏,还有在抵达目的地之后的冷藏,这些无一不考验着运输的能力,要想做到最大程度的保鲜,减少损耗就得运用冷链物流。这些易腐产品的特性也迫使不得不采用冷链物流的运输方式进行保鲜冷藏,除非公司想承担高额的成本。

(3)标准化生产,缩短冷链物流链条

荷兰通过标准化生产程序,进行鲜花的收集、分类、鲜储、拍卖、包装等程序,将来自世界各地的商品花卉集散到世界各国。成交的花卉迅速由集装箱运往机场或港口,分销世界各地。荷兰的鲜花从采摘之后到运送到目的地只需一天的时间,而在这一天里如果通过5个乃至更多的流通环节根本无法保证鲜花会准时送达。所以荷兰的鲜花流通一般有很少的流通环节,这大大节省了时间。

12.3.2 美洲发达国家冷链物流发展现状

1.美国:路网发达+科技投入大+政策支持

美国自然资源丰富,是世界农业生产大国和农产品出口大国,国内农业发展科技水平高,实现了农业现代化,农业劳动生产率高,农产品流通先进,呈现出规范化、专业化、社会化的特点。冷链物流的发展离不开便捷的交通,而美国就是很好的例子。美国地广人稀,政府不断加大对公路网与铁路网的建设力度,构建起了庞大密集的公路网与铁路网。强大的运输网络和地面运输能力将产地与消费者直接连接起来,美国的高速公路网覆盖率高达90%,纵横交错的公路网给农产品冷链物流的发展提供了极大的便利,70%~80%的农产品流通属于产地直销,减少了许多不必要的中间环节,将冷链产品的损耗率控制在极低的范围(李明贤,卿凯,2018)[86]。除了公路以外美国的内河、湖、铁路主要承担大宗散装货物的运输任务,同时还建造了横贯大陆的铁路网络,这些都为快速的运输货物提供了便利。当然我们也不能否认美国冷链物流的高度发展不只是单纯便捷的交通影响的结果,它是多方面共同作用的结果。

美国拥有着世界领先的科技创新技术与优秀研发人才。在冷链物流方面,美国已有发展十分成熟的冷链企业与相对先进的冷链技术。美冷(Americold Realty Trust)是全球第一大冷链企业,在全球冷链市场占有大约22%的份额,温控仓储与制冷系统均为世界顶级水平。在冷链技术方面,运输车辆均安装了车辆跟踪系统与信息可追溯系统,在运输过程中对运输车辆进行实时监督与位置跟踪,实现整个流程对任一环节物流信息的可追溯。

美国政府出台了一系列政策推动冷链物流的发展。例如,美国在早年间就已成立冷链物流协会并出台了相关冷链标准制度,对产品的品质、安全监管与操作规范等方面均有严格约束。随着冷链物流的发展,美国政府在冷链标准体系建设与市场准入制度方面不断进行完善,推动冷链物流在安全严格的制度保障下持续发展。美国也建立了蔬菜冷链流通体系,在比较完善的全国性的蔬菜生产分工体系上,建立了追溯系统和全程冷链配送,即田间采后预冷—冷库—冷藏车运输—批发站冷库—超市冷柜—消费者冰箱。

在医药冷链物流运输方面,美国物联网技术应用率很高。美国应用RFID、GPS配备温度控制系统,通过自动控温与温度监控实时监控医药温度,保持医药冷藏运输温度在 $2\sim 8℃$ 范围内,保障疫苗、生物制剂等医药在冷链运输过程中的温度监控。同时,美国拥有世界最先进的"三段式"冷藏运输车,可同时满足三种不同冷藏医药品的温度需求。

美国冷链物流水平处在世界前列,产业集中度很高。美国发展冷链物流的优势和举措主要集中在以下几个方面:

(1)交通运输网络完备

美国的交通运输网络十分完备,美国的高速公路网覆盖率高达90%。发达的道路基础设施为冷链物流的发展提供了坚实的基础,除了发达的公路网,美国的内河、湖、铁路运输也十分发达,承担了大宗散装货物的运输任务。多种运输方式相结合,可以更加合理、优化地运输货物。

(2)冷链企业分工明确

在美国,冷链物流企业的分工十分明确,各个环节各司其职。运输方只负责确定唯一运输卡车与司机、仓储方只负责对确定时间在唯一卸货码头出现的卡车进行卸货、卡车出租公司只负责的提供卡车、维修公司只负责根据求救电话进行抢修,整个链条最忙碌的环节就是客户,客户需要确定以上几家公司、客户作为中间人完成整个冷链业务上的建设。分工细致会使冷链物流的各环节的专业性都很强,无论其质量、速度、或者技术都超过了"一揽子"全包的做法,同时让整个冷链运行起来有据可依、有证可查,大大提高了冷链物流的可操作性。

(3)科技投入大,科技水平高

美国的冷链物流公司注重科技投入,将冷链运输的各个环节都与高科技信息系统结合,提高了公司的营运效率,也使得冷链物流的各个环节得到安全保证。C.R.England 公司是美国冷链物流企业的巨头之一,公司为每个车辆配备全球定位系统、网络跟踪设备和网络账单功能,可以按照客人指定的准确时间送抵,为食品公司规避了因不能按时送递货物而承担的赔偿风险。C.R.England 公司现在拥有先进辅助设备:电子数据交换、卡车卫星定位系统、车载电脑及进程控制平台、项目化管理软件及大量的自我开发的软件。另外，公司还拥有一套的TENFOLD的编程语言，可以通过自己的编程人员完成拥有完全知识产权的软件。

美国冷藏公司(USCS)同样积极开发集成技术应用。USCS每年须精确地管理约六十亿磅温度敏感食品的接收、储存及整合相关订单，已建立起完善的仓库、运输及资讯系统，不仅可加强日常运作，还可为顾客提供节约成本的服务。公司装有先进的安全控制及自动化喷淋系统，装有可视屏(电脑终端)的叉车，配备有涉温区域广的冷藏功能的集装箱，还有自动接送叉车与仓库进货口实现无缝对接。这些集成电子技术新设备为第三方冷链提供了安全保证。

(4)物流配送企业进行食品检验检疫

美国冷链物流的特色之一是将食品的检验检疫放在物流配送企业来做，并不是全部运输出口食品都放在某个企业，每个类似企业都有擅长检验检疫的种类，根据这些特长申请到的某些种类食品的检验权，在该类物流配送中心检验过后的食品，可以"免检"出关出口。如美国AbleFreight公司一直与相关政府机构保持紧密联系，包括遵守运输安全管理局(TSA)的规定，安排美国农业部和洛杉矶农业部的检验，并向食物及药物管理局提供完整的托运人及生产商资料，以满足他们的相关规定，同时提供清关服务。这样的设计，不仅减少了海关的工作量，而且能够避免食品在海关排队检测中的变质，同时增加了食品流通速度，降低了物流成本，还为企业带来了效益。

(5)政府出台相关政策

美国早在1977年颁布的《航空规制缓和法》就拉开了美国冷链物流管理的序幕；2002年美国冷链物流协会又颁布了涵盖有加工、储运等各个行业，能够用来评估冷链公司的质量的有关法规，并且可以为美国冷链产品的认证提供依据；2005—2025年的《国家运输科技发展战略》也将建立综合型的、环境友好型的安全、高效冷链运输系统作为了推动目标。

(6)行业协会与组织

美国也重视行业协会和组织的作用，在2003年成立了由航空公司、设备商、搬运商和卡车运输商组成的CCA协会(冷链协会)，通过对易腐食品的研究，为在运输中需要进行温度控制的食品制定了标准化的指导原则，旨在提升易腐冷链食品的运输效率和品质。紧接着在2004年，美国CCA协会又发布了CCQI(《冷链质量指标》)，为整个易腐冷链食品的供应链认证打下了基础，且该指标还可用于对冷链物流企业可靠性的检验。

2.加拿大：技术先进＋完善标准

加拿大国土面积997万平方公里，耕地6800万公顷，人口仅3200万，人口和经济主要分布于太平洋和大西洋沿岸及靠近美国边境的各大城市中，一般原材料产地距离加工业中心较远，物流业产值占GDP比重的12%，并提供10%左右的就业机会，其农产品冷链物流位居世界先进水平，冷藏运输率达90%，冷链物流损耗5%，物流成本不足30%，从田间到餐桌，有效保障食品安全，满足消费者的需求。加拿大农产品冷链物流萌芽于19世纪末，历经百余年的探索发展，已建立海运、铁路、公路、航空和河运等一体化的综合冷链物流体系，在硬件设施、软件管理、市场化程度、法规政策和人才培养等方面，都积累了一套成熟的先进经验。

加拿大冷链物流发展十分成熟，尤其是农产品冷链物流已是加拿大经济发展中占比较大的一部分。由公路、水路、铁路、航空等多种运输方式组合成的综合冷链物流运输体系，为加拿大冷链物流打造了更广阔的运输网络。目前加拿大跨区域建设了三大冷链物流运输体系，冷链资源有效分配并相互配合发展,共同打造了加拿大冷链物流体系在国家境内的全方位覆盖。

加拿大冷链物流的数据信息化水平较高,通过具有统一标准的数据管理系统与数据交换系统,可实现在冷链物流各环节的实时动态监测。在农产品冷链物流中已实现了全程低温控制、信息数据交换以及冷链运输全程温度监控,有效控制了冷链物流风险的发生率,强化了冷链物流监管力度。在温控设施设备、全程冷链温度监测有效应用的环境下,大大避免了冷链物流的断链风险,降低了物流成本,保证了冷链产品的安全性、高品质与高效率。

加拿大最先建起一整套由空运、陆路、铁道、水路多种途径有机结合的复杂而高效运转的综合冷链物流体系,各种载体资源之间巧妙的整体规划和组织协调,形成了高度发达的农产品冷链物流网络。在农产品冷链物流的全过程实现了低温控制,使得农产品在储存、运输过程中的损耗降到最小,并有减少了由此所引起的污染。该网络通过现代化的手段保证将加拿大的蔬果损耗控制在5%以内,其物流成本不到30%。

加拿大在发展冷链物流方面值得我们学习和借鉴的,主要包括如下几个方面:

(1)先进的冷链物流技术水平

农产品冷链物流的核心,即全程温控和实时监控。从田间到餐桌,在整个冷链运输流程中,都采用世界先进的冷链物流技术。在预冷阶段,加拿大花椰菜产地加工企业 Melvin Farms,让果蔬迅速冷却到设定温度,消除田间热,降低呼吸强度,有效延长保鲜期。在贮藏阶段,采用自动化冷库技术,自动存储、电子数据交换和仓库管理系统等,将保鲜期延长 2～3倍,并以当今最先进的气调贮藏技术,通过减少环境中的氧气含量,增加二氧化碳和氮气浓度,从而抑制呼吸作用,减少乙烯生成,延缓老熟过程。在运输和配送阶段,全程使用冷藏车或冷藏箱运输,设冷却、加温、测温和通风等装置(杨潇,2016)[87]。加拿大最大的第三方物流企业 Thomson Group,除具备容量大、自动化程度高的冷藏设施外,还拥有最先进的强制供电器驱动、自动控温记录、卫星监控"三段式"冷藏运输车,可同时运送三种不同温度要求的货物。在零售与消费阶段,冷链流通最末一个环节,加拿大的超市大都有带定时喷水装置的壁式风幕柜、低温展示柜和空调系统等设备。市民每周开车到超市购买,然后直达自家的冰箱。

(2)完善的冷链物流标准和认证制度

在农产品冷链物流各环节,加拿大都制定科学规范的标准,除采用 GAP(良好农业规范)、GMP(良好生产规范)、GVP(良好兽医规范)、ISO(国际标准化组织)外,还有冷藏温度、运输操作、包装材料规格、品质检验等标准(周路,2015)[88]。例如,禽类加工环境低于 10℃,冷藏与运输不高 4℃。以蔬菜冷链物流为例,建立 6 个质量检验通用模型,在全国推广。加拿大设立食品安全监管局(CFIA),实施严格专业认证体系和市场准入制度。制订食品安全监督计划(FSEP),采用 HACCP(危害关键控制点分析)体系,对肉、禽、乳、蛋、果蔬等生产加工企业,监控生产过程、农药残留、卫生、温度、容器和包装等。规划实施以来,已有 327 个食品企业得到认证。此外,CFIA 还对联邦农业联合会的"加拿大农场生产食品安全计划"(COFFSP)提供科技支持。通过政府和产业界合作,使生产者实施与 HACCP 一致的安全举措。目前认证 2500 个有机农场,150 家有机食品加工企业,46 个有机产品认证机构。CFIA 的两个计划,基本实现从农场到餐桌的全程管控。

(3)国际市场化的多式联运物流网络

在宏观政策和市场机制下,加拿大农产品冷链物流,实行外包模式,市场化程度很高。第三方物流企业大都为国际多式联运经营人,从全球化角度来管理和配置资源,由提供运输、仓储等功能性服务,到为客户提供咨询、信息和管理服务等一体化解决方案;物流效率高、成本低,已形成海运、铁路、公路民航和河运等多式联运体系,有三大冷链运输走廊:一是东海岸运输走廊,以蒙特利尔和哈利法克斯两大港口为主,旨在泛大西洋诸国的海运贸易;二是西海岸运输走廊,以温哥华为核心,大都联系与亚太国家的经贸往来;三是南北运输走廊,以五大湖地区为中心,铁路加公路,处理与美国的相关贸易。另外还有东西运输网络,东西海岸之间,沿美加边境的铁路和高速公路网络,以及圣劳伦斯水道系统。冷链物流模式,亦呈现多元化。既有产地加工企业模式:以国家铁路公司(CN)和最大产地加工企业 Melvin Farms 为主体;也有批发市场与配送中心模式:由北美最大农产品批发市场 OFTB 与最大配送中心 Sobeys 组成;还有第三方物流模式,如 Thomson Group 独立运作等。

(4)智能化的冷链物流信息管理系统

农产品冷链物流信息系统,包括仓库管理系统、运输管理系统、电子数据交换、全球定位和全程温度监控、质量安全可追溯系统等,加拿大做到了信息化、自动化和智能化:一是对农产品安全问题,实现信息可追溯;二是通过 POS、EDI、GPS 等先进信息技术,建立统一标准的数据管理和交换系统,动态监测,了解货物信息;三是对冷藏货物数量、储存地点、交货时间、补货等管理信息系统,提高效率,降低成本和风险。从生产、加工、储藏、包装、运输和销售,实现从土地到餐桌的无缝对接。物流、商流和信息流,实现三流合一。另外,加拿大已融入世界最大的农业网络应用系统,由美国 20 世纪 90 年代建设,覆盖 9 个国家和地区,联通政府部门、科研院校和大量农业企业,用户可通过电话或计算机等设备,共享网络信息资源。

(5)有力的国家政策法规和人才支持

首先通过法律法规和标准、政策资金扶持、检查监督等,促进并规范冷链物流行业。如《海商法》《领航法》《环境影响评价法》《沿岸贸易法》等。1987 年放松对运输业的管制,引入市场竞争机制。1990 年进一步下放港口和内河运输经营权,对国家铁路公司进行改制,扶持补贴,盈利率由 3% 升至 30%,北美效益最好。并注入启动资金,建立北美最大农产品批发市场 OFTB,年交易额近 10 亿加元。

其次是发挥行业协会作用。各类物流协会和农业协会充当政府与企业的桥梁:一方面协助政府落实各项法规政策,另一方面向企业提供服务。如加拿大卡车协会,由运输企业、产地加工企业、批发分销市场以及配送中心等组成。协助 CFIA 制定冷链物流标准及行业规范,协调行为主体关系,技术咨询和培训等。

三是专业人才培育。加拿大注重投入,完善人才培育体系。如加拿大名校麦吉尔大学和约克大学的物流专业,培养国际稀缺复合型人才。政府资助加拿大供应链理事会,开发人力资源。联邦供应链研究院,对从业人员进行资格认证。其中学士以上占 95%,硕士占 48%,有仓储或配送工程师等资格证书的占 25%。

12.3.3 亚洲发达国家冷链物流发展现状

1.日本:加大科技投入+完善需求预测机制

日本国土狭小,可利用耕地面积小,农户分布分散,而在这种自然资源欠缺的条件下日本每年的农产品出口产量却处于较高水平。针对农业资源难以集中化管理这一问题,日本将分散的农产品集中于中心批发市场再进行统一供应,在农协的统一规范管理下,有效弥补了农户分布分散的先天缺陷。作为岛屿国家,日本的海产品规模数量与品质均具有先天优势,高标准的冷链物流体系为日本生鲜产品的运输提供了可靠保障,每年大量优质海鲜从日本出口销售到全球众多国家。日本的高新技术与研发水平处于世界领先地位,在冷链物流方面配备着可分等级控制的温控设备、世界领先的自动化立体化仓库以及具有位置跟踪和温度实时监测功能的运输车辆等冷链设施设备。日本冷藏车不光考虑制冷,对品质的要求更高,尤其是对温度控制更为严格,在全球都比较罕见。日本只要是吃的东西,都是用冷藏车或者保温车运输的,冷藏车厢体内壁材料表面同时也会进行防结露、防霉菌的处理。从产地的预冷环节开始,日本整个冷链物流运输操作被严格规范,产品的腐损率低至5%以下,农产品在冷链运输过程中无断链风险,进一步保障了农产品实现安全高效的冷链运输(纪鹏飞,2020)[89]。

  日本也拥有最先进的条形码技术与温度传感器技术,可实时监控医药冷链物流服务质量。同时,日本还引入车载地图系统,为医药冷链配送车辆规划物流配送路线,极大减少物流在途消耗时间,医药冷链物流配送效率较高。在新冠肺炎疫苗冷链方面,为了能够保持效力和安全性,目前世界上最有前景的几种新冠肺炎疫苗,从工厂中生产出来到被推进注射器里的整个过程都需要持续无菌冷藏。尽管发展中国家在能够保存疫苗的冷链运输方面取得了巨大进展,但在世界78亿人口中,有近30亿人居所的储存温控不足以支持新冠肺炎免疫接种。即使在最富有的国家,维护新冠肺炎疫苗的冷链也绝非易事,尤其是那些需要维持在－70℃超低温的疫苗。在美国和欧洲的医院里,也很少见到能把温度降到－70℃的医用冰箱。如今,因新冠肺炎疫情而突飞猛进的疫苗研发技术,却被基础设施投资和冷却技术拖了后腿。

  20世纪50年代,日本蔬菜水果的筛选、定级、冲洗、预加工、包装、预冷、冷藏、运输和销售冷链保鲜就已贯穿始终。之后,日本相关冷链的研究进一步提高。例如,对于运输中的温度调控、湿度管理、低温流通设施的建立以及冷链机械的开发等。冷链物流在日本是属于低成本的物流,现已进入了成熟期,未来还将有一定的发展空间。日本可以说是亚洲农产品冷链物流的先驱者。利用发达的运输系统,同时积极发展农产品保鲜、冷藏等技术装备,已经形成了从"田间到餐桌"的一套完整的农产品冷链物流体系。

  日本的冷链物流目前已进入成熟期,其发展优势主要包括:

(1)科技投入大,专业化和自动化水平高

  日本的农产品冷链物流在进行作业时都是采用专业的机械。日本的劳动力十分昂贵,这就导致了分拣系统的普及,同时,人工分拣和机器相比速度明显较慢,而数码分拣系统大大地提高了冷链物流企业的工作效率,同时人工分拣容易出现一些不可抗因素影响到分拣的准确性,机器能够提高其准确性,降低错误率,也在无形之中降低了成本。

(2)政府的支持力度大

  日本的冷链建设开始于1923年颁布的《中央批发市场法》,通过正式的立法来管理农产品流通(欧阳芳,徐志宏,2015)[90];2013年建设"效率化""安全、安心"的冷链体系作为目标被日本第五次《综合物流施策大纲》所推出,希望能建设并且强化日本冷链体系的国际竞争力。农林水产省牵头建立的低温流通推进协会,制订了行业管理办法和未来走向规划,还规定了食品在低温情况下流通的严格温度环境范围,使生鲜食品冷链保鲜技术进一步完善。

(3)需求预测机制完善

  由于"无缝对接",日本的农产品冷链物流在运输中仍未出现过断链的现象,这就使得日本的冷链物流信息化始终保持快速运行,快速的冷链物流使得日本在国际冷链物流运输上有着很大的竞争优势。

(4)运用物流信息技术管理

日本的冷链物流企业广泛地使用电子数据交换系统,这在很大一方面减少了劳动力成本和人工错误所造成的误差成本,还有库存成本,这些技术的运用不仅改善了企业和顾客的关系,提高了企业在同行业乃至国际上的竞争力,而且也使得信息能够更快速地传达到客户手中,并且不会出现很大的误差。同时,企业会在配送的车辆上安装GPS掌握送货员的实际配送路线,这方便了客户可以更快地了解到自己的货物运送到哪个具体位置。冷链物流企业GPS技术的运用让企业不仅可以优化配送线路提高配送效率,而且还有利于企业和客户对送货员的管理和监督。

2.新加坡:完善行业标准＋推广第三方物流

1999年,新加坡开始兴起冷链物流的观念。起初,业内对此颇为抗拒,因为新流程需要企业在操作中做出相应调整,增加企业的运营成本。在政府的积极引导下,业内开始认识到冷链物流是一个长期效益,并开始接受这一概念。之后新加坡政府提供资金开始培养相关的管理人才,这为新加坡的农产品冷链物流发展提供了很大的帮助。新加坡农产品冷链物流发展对策主要有:

(1)制定冷链物流标准,助力冷链物流发展

新加坡目前现行的农产品冷链物流标准有6项,比如《冷鲜猪肉冷链管理业务守则》,尽管标准数量很少,但是所涉及的方面却很多,这些条例促使新加坡的农产品冷链物流快速发展。新加坡从2002年开始至今,不断颁布新的标准完善农产品冷链物流运输以维持行业高质量的服务标准。比如,颁布的《蔬菜冷链管理》《速冻食品加工与处理业务守则》等,不断完善的技术标准也在推动行业更好地发展。

(2)大力推广3PL

新加坡的农产品冷链物流发展离不开企业选用的适合发展的3PL模式(第三方物流),由于新加坡物流业发达,因此奠定了其在新加坡经济中的支柱地位。同时这个模式能帮助企业和客户尽可能地降低成本,达到最优化。

12.4 国外知名冷链物流企业与实践案例

在世界冷链物流的发展过程中,美国、日本、德国、加拿大等国家处于世界领先地位,这些国家根据本国农业的特点和需求不同开展农产品冷链物流体系建设,在医药冷链物流上也掌握着先进的技术。应该说,研究国外冷链物流的先展经验对于我国冷链物流企业有着十分重要的借鉴意义。

12.4.1 国外知名冷链企业

美国、英国、澳大利亚等国都有不错的市场环境,经历了完整的冷链建设与探索历程,涌现了一批现代化的冷链企业。

1. 美冷(Americold Realty Trust)

美冷是全球第一大冷链企业,拥有将近22%的全球冷链物流市场份额。Americold 是全球领先的温控仓储和物流,拥有着最先进的制冷系统。

招商美冷由招商局物流集团有限公司(招商物流)和 Americold Realty Trust(美冷)合资成立,是国内大型公共冷链服务商。公司依托双方股东在品牌、资本、网络、客户及专业经验等方面的资源优势,致力于为客户提供一体化的冷链服务方案。

目前公司在国内主要一线城市拥有和管理 14 座冷库,面积达 15.4 万平米;自有冷藏车 106 台,同时整合管理 500 余台外协冷藏车,运输网络覆盖国内主要省市地区。

2. 冷王(Thermo King)

全球运输温控解决方案的领导者——冷王(Thermo King),是该领域中备受认可、富有经验且历史最悠久的英国经销商,创立于 1938 年,为各类运输系统提供温控解决方案,包括拖车、卡车、客运汽车、海运集装箱和铁路运输等,是全球最大的运输温控系统制造商之一。经过 76 年的创新和发展,冷王在全球拥有 7 个世界顶级工厂及 3 个尖端研发中心,全球超过 865 个代理商,为世界各地的客户提供优质的产品和服务。

3. 开利(Carrier)

开利是全球最大的暖通空调和冷冻设备供应商,也是提供能源管理和可持续楼宇服务的全球引领者。开利公司总部位于美国康涅狄格州法明顿市,生产销售覆盖包括中国在内的 180 多个国家。该公司含有运输制冷设备和冷冻冷藏设备等产品。

4. Versa Cold

Versa Cold 始于 1946 年的冰冷藏有限公司,主要服务于温哥华的渔业。在随后的几十年里,该公司稳步扩大,成为加拿大最大的供应链公司,专注于关注温度敏感产品的处理。Versa Cold 具有先进的信息化系统,是可访问性和信息可视化方面是技术领导者,通过 ePower 客户端接口提供实时跟踪和库存管理。是全国最大的冷藏仓储设施,拥有北美最大的冷藏供应网络。

5.CR 英格兰(C.R.England)

CR-England Logistics 作为拥有 89 年历史的美国最大的温控卡车运输公司,为客户提供各项专业的物流和运输服务。总部位于美国犹他州盐湖城的 CR 英格兰公司自 1957 年起,以其业内优良的口碑和高质量的服务领导着美国温控卡车运输这一行业,一直延续至今。英国 C.R.England 冷链服务运输公司,也拥有电子数据交换、卫星定位系统、远程控制平台等先进辅助技术,并为每辆冷链车配备了冷链 GPS 定位、网络跟踪设备和网络账单功能,可实时追踪每辆冷链车辆的运输信息,做到有据可查,保证医药冷链运输过程的质量安全。从 20 世纪 80 年代中期开始,公司开始一次重大的产业转型,从单一的为客户提供温控卡车运输服务扩展到全方位的国际物流服务。今天的两大主要分支——英格兰美国国内分部(England National)和英格兰国际物流(England Global Logistics)可以为客户提供除传统卡车运输以外的全套第三方物流服务,包括与亚洲之间的国际货运代理业务。

6.美国冷藏公司(U.S. Cold Storage)

美国冷藏公司(USCS)是美国五大公共冷藏库公司之一。该公司于 1982 年被 John Swire & Sons Inc.收购后,其设施已增至 35 所,冷藏容量则增至 1.49 亿立方英尺。USCS 现时雇用约 1400 名员工。该公司于九个州不同地点提供地区性及全国性的分销服务。该公司当前已扩展至 2.05 亿立方英尺储货空间,成为全球排名第四的冷藏库。

7.Albe Freight

美国最大的综合冷链运输服务商之一 Able Freight 每年空运出口 60000 吨货物,是美国最活跃的货运代理之一,进出口业务占总业务的六成以上。它提供温控技术服务以运输新鲜农产品(包括水果、蔬菜、海鲜、肉类、鲜花及干花)以及药品和电子配件。是许多国家的水果和农产品的最大种植者和代理商,包括美国政府均是 Able Freight 的客户。Able Freight 的仓库每周 7 天,每天 24 小时全天开放,配备维持在不同温度下的保湿制冷机、预冷机及冷却机。从货物接收到交付,都用冷藏货车运送,确保冷藏冷冻链的持续性。使用优质隔热层、冷凝胶袋及干冰确保货物以最佳状态抵达目的地。同时还提供预先冷藏、再冰冻、品质检验及再分类等特别服务。

8.普菲斯冷库(PFS)

普菲斯冷库总部位于美国新泽西州纽瓦克市,是全球第四大冷库运营商。目前,其在美国已经设计、建造和运营 25 座先进的冷库,并逐步在越南、中国等世界各地拓展全球冷链服务体系。主要选择在大城市和主要港口地区开发、设计和运营世界尖端的、标准化的冷冻冷藏库,提供高效、便捷、具有高度附加值的冷冻仓储服务,牢牢地占据冷冻仓储的高端市场,尤其是海鲜冷冻仓储市场。普菲斯冷库是全球食品温控仓储行业规模最大的公司之一。

12.4.2 国外典型冷链物流实践案例

1.欧盟企业——New Cold

New Cold 是一家总部位于荷兰的冷库公司,在开发和运营高度自动化冷库方面处于领先地位,是发展最快的自动化冷库专家,拥有世界级的节能系统,使其在传统冷库公司中脱颖而出。New Cold 公司凭借一流的服务水平常年来也稳居欧洲温控仓储仓库前 10 位。New Cold 公司的全球团队约有 900 名员工,在三大洲拥有 11 个网点,提供超过 927 000 个托盘位置。

全球化物流服务。公司通过在全球范围内提供先进的物流服务,努力成为领先食品公司冷链。New Cold 利用一切手段来降低食物储存的风险。仓库的食品安全是其首要任务。在货物的处理过程中,较少的人力干预有利于食品安全。高端技术和熟练的操作人员可以构造一个健康的冷藏环境。New Cold 全链条维护产品的完整性。其码头是冷冻的,消除了产品的温度波动。产品在码头上的时间从来不是一个问题。坚持全程温度控制。New Cold 公司不仅仅是储存托盘的仓库有最适宜的温度,设施中的所有区域都处于相同的首要条件。从托盘进入仓库的那一刻起,直到它被再次装载到客户手中,它都在合适的温度下进行处理。由于产品从未储存在冷冻或其他环境中,因此不会发生冷链断裂。

定制化服务。New Cold 根据客户的需求和市场情况,为客户的具体运输要求提供量身定制的解决方案。从运营大规模自己的运输车队到与专门合作伙伴合作的第三方物流管理运输解决方案,每个解决方案都根据客户和市场需求组织。New Cold 有几个不同的解决方案来执行客户的运输,包括 200 个自己的管理卡车车队和多样化的伙伴关系,以实现全网络优化。New Cold transport 专注于创新,将自动化运输解决方案与自动化仓储连接起来,并将供应链的各种 IT 系统集成为一站式的未来证明解决方案。在过去 5 年,New Cold 建立了强大的组织和知识基础,以运作运输车队、管理运输伙伴和整合与运输有关的资讯科技系统,使物流成为客户可持续的竞争优势。

2.欧洲航空冷链——汉莎航空

以汉莎航空为代表的欧洲航空冷链实现了从源头到目的地保持低温控制的全面管理。并且根据运输的货物不同分类定做物流方案,同时实施严格的流程控制。首先在法兰克福拥有多层鲜活易腐产品中心,在许多运营的外站也拥有类似设施,发货人在将鲜活易腐产品交给机场和航空公司之前必须先做预冷工作。运输途中,根据需要采用温控集装箱,航空公司实施严格的标准操作流程,保证冷链的不间断运作(仲颖,2012)[91]。比如在空中运输时,要确保机长获得一切必要信息,让他可以调整飞行时货舱的温度,并全程记录温度变化情况,确保冷链处于严密的监控和记录措施之中。公司不仅遵守国际货协 Cargo2000 要求,而且使用了 CCQI 风险评估方式来确立流程。供应链中的每一个公司——代理人、卡车运输公司、机坪操作者、航空公司等,必须证明他们能符合冷链运输要求。公司拥有一支专业技能的队伍,引领着航空冷链的全球风向标。

3.美国企业——Lineage Logistics

在经济全球化的推动下,为适应提高竞争能力的需要,企业必须成为具有国际视角的综合物流供应商。必须拥有充实的海外网络和全球物流信息系统，同时具有全球化的海、陆、空复合运输能力。Lineage Logistics 在全球 12 个国家设有 300 多个设施网点，是目前全球最大冷链物流企业。而且该公司既有不同的温度带，也包括不同的运输形式，可为客户提供端到端的服务。必要时也可以依托企业强大的网络和科学的技术，帮助客户简化供应链上的运作，提升供应链的速度，配备先进的技术和设备，由自己的数据科学团队收集和梳理大量数据，为全面的供应链建模提供信息，可以对各种场景进行建模，通过仿真结果展示如何实现目标。这也是能为客户提供量身定制的优化方案的有效工具。这家公司非常注重客户的管理与维护，帮助客户成长的同时培养信赖与忠诚，将企业服务融入客户战略，无论零担运输还是大规模托管式需求，都可以依托企业的规模化设施、专业技术和行业经验提供优质服务，提供"一站式"服务，也可以通过强大的网络布局，帮助客户优化流程、节约成本，提升供应链效率。

4.日本企业——日本农林复合型冷链物流中心

近年，日本生协事业联合公司与株式会社农林协同仓库开展合作。受生协委托，农林协同仓库承担了日配食品（冷藏及冷冻品）的中转物流业务。在承担此项业务后，农林协同仓库公司建设了集冷冻品快速分拨中心、储存中心、流通加工中心功能于一体的复合型低温物流中心。

该复合型低温物流中心，整合了以前在农林协同仓库其他冷链物流中心处理的日本生活协同组合连合会（生协）的冷冻品库存以及流通加工功能。通过向生协各店铺混装配送，从而减少了卡车运输并缩短了交接商品的时间，进而降低了物流费用。而且减少配送车辆的数量可大幅削减二氧化碳的排放，因此作为环保型物流中心，日本农林协同仓库的设施首次被日本国土交通省认定为"特定流通设施的物流综合效率化事业"。

接受生协的物流业务委托。接受生协的物流业务委托也整合了生协商品的保管、分拣作业。在此以前生协在埼玉县内配置了两处物流节点，负责各店铺销售的日配食品的物流业务。但由于店铺与超市间的激烈竞争，对物流服务质量和能力的要求不断提高，这就决定了生协不可避免地要进一步削减物流成本。为了降低成本，生协进行了物流的外包。首先关闭了原来的节点，同时将业务转交、统合到农林协同仓库。而对于农林协同仓库来说，企业原来就是日本生活协同组合联合会的进货点，即关东、甲信越地区的冷冻品物流以前就是由农林协同仓库的支店负责配送的，有了与生协的合作，将原先生协的库存和流通加工功能也一同整合到了新的物流中心。

通过启用关东第二支店，实现了向生协店铺混装配送冷冻、冷藏食品，缩短了在各店铺交接时所需的时间，提高了包括店方在内的业务效率。关东第二支店低温物流中心与各个需要配送的店铺形成了非常好的合作关系，物流中心根据订单送货到商店后，省却了店铺的验收程序。当然，这种重要环节的节省是以双方已形成的牢固关系做支撑，是以双方的诚信做基础而进行的。另外，由于也不需要从其他支店向旧中心补充冷冻品的卡车运输，每年减少了二氧化碳的排放量。因此，基于"关于促进流通业务综合化及效率化的法律（《物流综合效率化法》）"，国土交通省认定该低温物流中心为模范企业（刘欢，2015）[92]。另外，由于引进了节能型冷媒设备设施，该物流中心也得到了环境省的表彰，认为其对防止全球变暖做出了积极的贡献。

5.日本——现代花卉冷链物流

日本现代花卉冷链物流体系涉及种苗公司、花卉生产者、花卉批发市场、花卉承销商、花卉零售商、物流商等。各参与主体分工协作,共同完成花卉的冷链运输(孙秀,程士国,2020)[93]。其中,种苗公司负责对花卉新品种进行培育、生产和销售。花卉生产者是从种苗公司购买种子、苗、球根等进行生产的农户。花卉批发市场从花卉生产者(农户或农业协会)购入花卉,再销售给承销商和零售商。花卉承销商是花卉销售的中间商,负责从花卉批发市场购入花卉,再销售给零售商。花卉零售商则直接将花卉销售给消费者。花卉消费者包括花店、超市、家庭、园艺中心等购买者。考虑到花卉的进出口,种苗公司将种子、苗、球根等货物通过物流运给花卉生产者进行生产;花卉生产者通过物流将生产的花卉运到批发市场或场外花卉交易市场;批发市场再将花卉销售给承销商和零售商或出口国外;零售商收到国内或国外进口的花卉后,再将其销售给消费者。

以花卉市场为分界点,日本现代花卉冷链物流体系包括了入货冷链物流管理和出货冷链物流管理。在花卉入货冷链物流管理中,发货人(花卉生产者)将贴有RFID标签的货物托付给物流运输者进行验收和集中调配,物流运输者根据RFID上的收货信息将货物分别运送到不同的花卉市场。RFID标签上标有详细的出货地点、生产者、花卉市场名称、商品代码等收货信息。在花卉出货冷链物流管理中,物流运输者根据花卉市场的RFID标签上的出货信息对货物进行检验和调配,再将标有最新RFID信息的货物送到不同收货者处,收货者核对RFID上的收货信息进行签收。此时的RFID标签上则标有花卉市场、收货人及商品代码等出货信息。花卉市场是花卉批发市场、花卉承销商和花卉零售商的集聚地,也是入货冷链物流管理和出货冷链物流管理的桥梁。在花卉市场,花卉批发市场、承销商和零售商采用电子数据交换系统,根据RFID标签上的收货信息查收货物,然后根据购货者的需要整理出带有出货信息的RFID标签贴在发出的货物上,再将统一标准的电子化数据通过互联网由一台电脑传送到另一台电脑,同时扮演收货人和出货人的角色。

日本现代花卉冷链物流体系采用了Web交易系统,实现了交易的网络化。冷链运输包括入货冷链物流运输和出货冷链物流运输,实现了运输集约化。主要使用的自动化装卸工具是箱式托盘,也称"台车"或"箱子"。其特点是附有3~4面环绕的车轮,货物可从任意两面取出,适用性很强。仓库内使用了低地板型AGV机器人及AGWV货物保管架,实现了仓管的自动化。为了防止因货物滚落导致产品质量损坏等问题的出现,日本对花卉冷链物流的运输容器和流通容器进行了标准化处理。此外,手机在日本现代花卉冷链物流中发挥着重要的作用,除了可以读取RFID信息标签,进行发货检验外,还能为购买者提供个性化服务。

6.加拿大企业——Thomson Group

汤姆逊集团(Thomson Group)是加拿大最大的第三方物流企业,拥有自动化程度高且容量很大的冷藏设施以及目前世界上最先进的自动控温与记录、卫星监控的"三段式"冷藏运输车,该运输车可同时运送三种不同温度要求的货物,具备自动控温和卫星监控的功能,以其专业化程度保证易腐食品的安全和质量。

汤姆逊集团在预冷、贮藏、运输、零售与消费等阶段都实现了全程温控和实时监控。在预冷阶段,通过采用空气预冷法、水预冷法,有效延长果蔬的保鲜期;在贮藏方面,采用电子数据交换技术、仓库管理系统、装箱处理技术、气调贮藏技术、自动化冷库技术等(秦明,郭鹏,2017)[94]。自动化冷库技术包括贮藏技术的自动化和(HDDS)高密度动力存储,将农产品的保鲜期延长至2~3倍;在运输和配送阶段,用冷藏车或冷藏箱来实现全程温控,并设有测温、冷却、加温、通风等装置;在零售与消费阶段,使用定时喷水装置的壁式风幕柜、低温展示柜、空调系统等设备来保证全程冷链的最后一段环节(杨利勤,2016)[95]。

7.新西兰企业——Fonterra Co-operative Group

恒天然集团(Fonterra Co-operative Group)也称恒天然合作社集团有限公司,成立于2001年10月,简称"恒天然"。恒天然集团由原新西兰最大的两家乳品公司和新西兰乳品局合并而成,现为新西兰当地最大的公司,年销售额达80亿美元,是世界上第6大乳品生产商。

恒天然集团是全球最大的乳制品出口商,占全球乳品贸易的1/3。其采用合作社模式——由约10 500名新西兰奶农共同拥有,奶农向恒天然提供牛奶。恒天然的核心优势之一是完全整合的供应链(杜鹃,郑磊,2015)[96]。恒天然在新西兰的奶源来自约10 500名股东的约400万头奶牛,每个牧场平均养牛376头,每年约产出乳固体12.3万公斤。恒天然拥有由400多辆奶罐车组成的运输队,每年的运奶量约140亿升。在新西兰的高峰季节(9—11月)每天的运奶量约7 000万升。每年的行程为7 000万公里。

8.国际医药冷链物流

(1)医药冷链物流标准化程度高

目前,国际组织与部分发达国家已出台了相对成熟的医药冷链物流标准指南。例如,世界卫生组织(WHO)出台了《The Blood Cold Chain》,并在血站组织指南中制定了极为严格的血液温度界限(邓振华,2017)[97]。该指南规定全血和红细胞必须在2~8℃,血小板必须在22℃下,新鲜冰冻血浆必须在-20℃以下保存,以保证血液成分制品的活性与安全性。美国联合血液中心对血液成分制品冷链运输的温度控制、制冷剂品种、运血箱规格也有严格规定,并明令冷链物流各环节都要配备详细的追踪表单。对于超过冷链控制范围的血液,联合血液中心将进行严格的召回处理。同时,美国冷链协会也发布了《冷链质量标准》,涵盖了冷藏药品包装、温度控制、冷链设施配备标准等内容,用以准确测试医药冷藏、冷链包装、医药冷链运输的标准性,为美国医药冷链运输的标准认证提供了基础。加拿大卫生健康安全部也颁布了《温控药品储存运输指南(0067号)》,并由加拿大社会各界人士监督其执行力。在医药冷链物流认证方面,加拿大以医药规范GAP、医药生产规范GMP等标准制度为执行基准,严格控制医药冷链物流标准。在严格的医药冷链物流标准把控下,加拿大冷藏运输率高达90%,医药冷链物流安全系数极高。

(2)交通运输网络发达,医药冷链物流运输通道便利

国外政府积极打通冷链物流通道,为医药冷链物流发展提供了良好基础运输环境。例如,加拿大建立了多式联运交通体系,铁路、海运、航空、公路等各种运输方式相互衔接,形成了综合型的冷链物流交通网络。同时,加拿大建立了西海岸运输走廊、东海岸运输走廊与南北运输走廊三大冷链运输走廊,覆盖了大西洋、亚太地区国家与美国的冷链海运业务。形成了沿美加边境、贯穿东西、畅通发达的铁路运输通道与高速公路运输网络,为加拿大医药冷链物流的跨国贸易提供了极大的交通便利。美国的交通运输网络也极为发达,美国区域铁路与公路交通

网络由长岛延伸至纽约州、新泽西州和康涅狄格州,是世界上最大的交通网络之一。同时,美国的州际高速公路系统全长 68500 千米,可实现 1000 千米范围内医药物品冷链物流的 24 小时及时送达。在铁路冷链物流运输中,美国采用火车温控集装箱,用于 48 个州之间医药的即时运载。美国的"快运走廊"与"冰冷快线"冷藏快运通道,为东西海岸的医药冷链运输提供了无缝衔接,极大提高了医药冷链运输速度,且运输成本比公路低 5%~15%。此外,美国铁路运行通常以始发直达车的单元列车运行方式为主,运输时间易于把控,准时率通常在 95% 以上。依托于便捷的运输网络系统,美国医药冷链物流得以迅速发展。

(3)医药冷链物流技术成熟,物联网技术应用广泛

国外医药冷链物流的技术发展水平较成熟,各发达国家普遍拥有现代化的医药冷链物流技术。在医药冷链物流运输方面,美国、英国、日本物联网技术应用率高。美国应用 RFID、GPS 配备温度控制系统,通过自动控温与温度监控实时监控医药温度,保持医药冷藏运输温度在 2~8℃ 范围内,保障疫苗、生物制剂等医药在冷链运输过程中的温度监控。同时,美国拥有世界最先进的"三段式"冷藏运输车,可同时满足三种不同冷藏医药品的温度需求。英国 C.R.England 冷链服务运输公司,也拥有电子数据交换、卫星定位系统、远程控制平台等先进辅助技术,并为每辆冷链车配备了冷链 GPS 定位、网络跟踪设备和网络账单功能,可实时追踪每辆冷链车辆的运输信息,做到有据可查,保证医药冷链运输过程的质量安全。日本也拥有最先进的条形码技术与温度传感器技术,可实时监控医药冷链物流服务质量。同时,日本还引入车载地图系统,为医药冷链配送车辆规划物流配送路线,极大减少物流在途消耗时间,医药冷链物流配送效率较高。

(4)医药企业市场集中度高,医药冷链物流管理体系健全

国外医药企业市场集中度高,相关管理体系完善健全。以美国为例,美国的医药冷链物流,通常以大型的药品批发企业、制药企业为衔接枢纽,医药制品需集中到大型药品的冷链物流中心,再进行最终的冷链配送。这种高度集中的冷链物流模式,充分利用规模效应,避免了市场中多而杂的小额订单,市场集中度较高。同时,美国通常会通过无线冷链监控平台,实时监管、逆向追溯医药冷链物流的整个过程。此外,美国所有州需严格按照 FDA 药品冷链物流的标准条例,要求医药产品必须储存在 7℃ 以下(包含 7℃),解决了美国所有州监管脱节、责任认定困难的难题。日本医药冷链物流服务区域集中性也较强,大部分冷链运输医药产品进货需直接面向制造商,因此日本医药冷链收发周期有较强的可控性。并且,日本医药冷链物流市场实行严格的准入制度,区域型的低温药品不允许进行全国范围内的运营,因此日本几乎很少进口医药品,整个医药冷链物流市场的安全指数高。

12.5 国外冷链物流的成功经验与借鉴

目前,美国、加拿大、德国、日本、韩国等国家已经形成了完整的农产品冷链物流体系,有些国家的生鲜易腐农产品冷链流通量已经占到销售总量的50%,并且仍在继续增长。而在我国,冷链建设尚处于起步阶段,仅侧重于数量保证,对品质的要求还有待于进一步完善。尽管我国冷链物流并不发达,但由于城市的迅速发展导致农产品流通量大幅增加,冷链物流在保障生鲜易腐农产品供应中起着不可替代的作用。在经济持续发展和生活质量不断提高的形势下,冷链物流应如何快速健康发展,已成为一个紧迫的问题。发达国家在这方面有许多值得学习和借鉴的经验。

12.5.1 发达国家冷链物流成功经验

1.发展冷链物流的核心:建立"从田间到餐桌"的一整套体系

冷链物流由多个环节组成,从食品原料的种植和采购、加工、流通和配送,直至零售和消费的全过程,是一项复杂的低温系统工程,确保各环节的质量安全问题是冷链物流的核心。各国政府高度重视冷链物流质量安全体系建设,都制定了一系列涉及农产品的生产、加工、销售、包装、运输、储存、标签、品质等级、容器和包装、食品添加剂和污染物、最大兽药残留物允许含量和最大杀虫剂残留物允许含量等有关标准和规定,对农产品进出口也有严格的检验和认证制度,具有很强的可操作性和可检验性(仝新顺,2007)[98]。如加拿大食品检验局(CFIA)作为联邦政府食品安全管理机构,根据国际通行的危害分析和关键控制点(HACCP)原理制订了食品安全督促计划(FSEP)[99]。该规划不但在肉类和家禽加工厂普遍实行,而且在乳品、鸡蛋、蔬菜水果加工业内也广泛应用(应晓书,2008)[100]。该规划实施以来,已经有664个加拿大联邦政府注册的食品企业(共2003个)提出了认证申请,其中已有327个得到了HACCP认证。此外,CFIA还向一个由加拿大农业联合会管理的规划"加拿大农场生产食品安全规划"(COFFSP)提供科学和技术方面的支持。该规划覆盖了从田间(畜舍)到屠宰加工企业门户的食品安全问题。它通过联邦政府和产业界的合作,鼓励国内初级产品协会开发发展战略和必要的工具,以便使生产者在农场的食品生产环节实施与HACCP原理相一致的食品安全措施。CFIA对FSEP和COFFSP计划的参与体现了其持续改进食品安全的承诺,即从初级产品生产到最终产品零售的多部门、跨行业的食品安全协作,最终实现从农场到餐桌包括冷连物流全过程的食品安全控制与管理。

2.促进冷链物流发展的关键环节:依靠龙头企业,充分发挥市场机制的作用

各国的实践证明,龙头企业在促进各国农产品冷链物流发展中发挥了至关重要的作用(邓

建兵,2016)[101]。如加拿大政府在运输业中引入市场竞争机制后,1987年基本放松了对运输业的管制,极大地促进了各种运输方式和企业间的竞争和发展。1990年后,政府进一步放开市场,对各种运输方式进行私有化和民营化改造,通过下放港口和内河运输的经营权、国家铁路公司民营化等措施,使企业真正自主经营,充分发挥龙头企业的作用,建立起不同运输方式间的竞争机制,促进了冷链物流业的快速发展,形成了路铁海空多式联运,产地加工企业、批发市场与配送中心和第三方物流企业等多方参与、并存共赢的冷链物流发展模式。加拿大既有以北美地区效益最好的铁路运输企业国家铁路公司(CN)和加拿大最大的花椰菜产地加工企业Melvin Farms为主体的冷链物流模式(产地加工企业模式),也有以北美最大的农产品批发市场Ontario Food Terminal Board与加拿大最大的配送中心Sobeys为主体的冷链物流模式(批发市场与配送中心模式),还有以加拿大最大的第三方物流企业Thomson Group为主体的冷链物流模式(第三方物流模式)。

3.促进冷链物流发展的支撑:加大政府投入,创造良好的营运环境

各国政府纷纷加大资金投入,促进农产品冷链物流发展。政府支持农产品冷链物流业发展的主要方式:一是通过优惠政策和资金扶持。如加拿大政府通过对国家铁路公司补贴、改制和相关政策扶持,使国家铁路公司扭亏为赢,盈利率由过去的3%提高到30.4%,成为目前北美地区效益最好的铁路冷链物流运输企业。通过注入启动资金扶持,使Ontario Food Terminal Board成为拥有5000个客户、交易量540万磅/天、交易额9.6亿加元/年、纯利润100多万加元的北美最大的农产品批发市场。

二是通过制定法律法规、国家标准和执法检查监督,规范农产品冷链物流业的健康、有序发展。日本从中央政府到地方政府都很重视物流产业的规划与建设,并提供一定的优惠政策。1997年日本政府制定了《综合物流施政大纲》,对主要的物流基础设施,提供强大的资金支持。韩国政府建立了专项基金,以资助专业性物流公司,并对开发新型物流技术的企业削减个人和企业所得税。财政出资为农协会员购买标准托盘及物流相关设备提供政府补贴,资助运输企业购买标准集装箱运输卡车。为减少农产品在流通过程中的损耗,根据相应的农产品包装法,由政府出资80%、农户出资20%对出售前的农产品进行包装,施行低温储存与运输,推进冷链物流。荷兰政府对于建立面向全欧洲的配送中心建设的企业给予选址、规划及经营方向的指导,并给予一定比例的资金支持或贷款贴息。

4.促进冷链物流发展的基础:发挥协会作用,加强行业协调和自律

各国冷链物流的行业协会在政府与企业之间起着桥梁与纽带作用,在完善行业管理过程中发挥着重要作用(樊爱珍,张翠花,高红英,2016)[102]。协会一方面积极宣传政府的交通方针、政策和法规,另一方面代表企业利益反映企业的呼声,对完善物流政策和改善企业经营提出意见和建议。同时,行业协会从不同角度起到沟通情况、协调关系、提供信息、咨询服务等作用。如加拿大卡车协会,是由加拿大运输企业、农产品产地加工企业、批发市场和配送中心等人员自愿组成的民间组织。协会主要协助CFIA制定冷链物流指导原则与标准,协调冷链环节行为主体的关系,组织制定本行业企业共同遵守的行为规范和纪律,并配合CFIA对协会成员进行技术咨询和人员培训,在推动加拿大冷链物流发展中发挥了重要作用。

5.促进冷链物流发展的前提:完善相关法律及标准,推进专业认证

农产品冷链物流包括从原料生产、加工、运输、配送、销售到消费者手中的全过程。在供应链的每个环节都可能因为操作不当而出现产品质量与食品安全问题。各国政府为了确保冷链物流的食品质量与安全问题,制定了一系列法律、法规和标准,涉及农产品的生产、加工、销售、包装、运输、储存、标签、品质等级、食品添加剂和污染物、最大兽药残留物允许含量和最大杀虫剂残留物允许含量等方面(张玉勋,2010)[103]。如在原料生产环节,为了规范农药的注册登记、使用和管理,加拿大卫生部、农业与农业食品部会同渔业海洋部、环境部及自然资源部共同制定了《防虫产品法》,该法明确了农药的注册登记办法(朱则刚,2016)[104],以及需要提供的数据、农药用量等。加拿大环境保护法规定,要对污染物和有毒物品进行评价;农药残留补偿法规定在任何情况下,农民可以因为农产品中农药残留超标导致损失而获得补偿。在加工、贮藏和运输环节制定了严格的温度标准,如禽类加工环境温度低于10℃,冷藏与运输温度不得高于4℃(王强,段玉权,詹斌,万桂林,2018)[105]。

另外,严格专业认证制度,实行市场准入。如加拿大近年积极推动有机食品的发展,有机农业已经成为加拿大农业发展新的增长点,全国目前共有经认证的有机农场2500个,有机食品加工企业150家,有机产品认证机构46个。有机农业的总产值为6亿加元,占全国农业总产值的1.5%[106]。通过认证后,认证机构向有机种植或加工者授予证书,并授权其使用有机产品标识,而后方能进入流通与消费环节。再如对肉食品生产企业要利用HACCP来监督和控制生产操作过程,不但要求检查农药残留量,还要检查生产厂家的卫生条件,对工作间温度、肉制品配方以及容器和包装等作出了严格的规定。完善法律法规和标准、推进有机食品、HACCP及ISO等专业认证制度、原产地保护和地理标识管理等,是加拿大农产品冷链物流得以健康发展的重要保障。

6.促进冷链物流发展的保障:鼓励技术创新,推广先进技术管理手段

各国冷链物流企业依靠科技创新提升冷链物流业的整体水平,技术创新体现在冷链物流的各个环节。

第一,在标准化原料基地建设方面积极采用GAP、GVP等先进的管理规范,使用环境友好型栽培(养殖)管理技术和先进、快速的有害物质分析检测技术等,从源头上保证冷链物流的质量与安全。

第二,加工技术方面,使用先进的产地加工技术,提高产品质量、延长保鲜期。许多发达国家把预冷保鲜作为冷藏品生产加工中的第一道工序。预冷的关键在于一个"快"字,包含了许多在不伤害产品质量的情形下快速降温的先进技术。如加拿大花椰菜产地加工企业Melvin Farms采用真空预冷技术和冰温预冷技术,有效消除田间热,降低蔬菜的呼吸强度,延长保鲜期。

第三,在储藏技术装备方面,积极采用自动化冷库技术,包括贮藏技术自动化、高密度动力存储(HDDS)电子数据交换及库房管理系统,其贮藏保鲜期比普通冷藏延长1~2倍。气调贮藏是当代最先进的可广泛应用的果品贮藏技术。英国的气调贮藏能力为$22.3×10^4$吨,法国、意大利、荷兰、瑞士、德国等国也在大力发展气调技术,气调苹果平均占到苹果总数的50%~70%。

第四,在运输技术与装备方面,冷藏运输技术经历了公路冷藏运输、铁路冷藏运输、水路冷藏运输发展到冷藏集装箱多式联运。欧洲具备通畅的交通网络,公路运输快捷灵活,装卸环节少,减少了装运中的损耗,可进行"门对门"的服务。冷藏运输将朝着多品种、小批量和标准化、法规化的方向发展,节能和注重环保将是冷藏车技术发展的主要方向。铁路运输在易腐品运输中占有重要的地位,铁路易腐品运输的运量占总的易腐品运输量的55%左右。欧洲于20世纪70年代开始实行冷集箱与铁路冷藏车的配套使用,克服了铁路运输不能进行"门到门"服务的缺点,大大提高了铁路冷藏运输的质量(王巍,2016)[107]。据联合国贸易发展会议的统计数据,2005年全球食品冷藏能力达到10亿立方英尺,其中冷藏集装箱能力超过60%,超过6亿立方英尺。如加拿大最大的第三方物流企业 Thomson Group 除具有容量大、自动化程度高的冷藏设施外,还拥有目前世界上最先进的强制供电器(PTO)驱动、自动控温与记录、卫星监控的"三段式"冷藏运输车,可同时运送三种不同温度要求的货物。

第五,在信息技术方面,冷链物流要实施全程温度控制管理,必须依靠先进的信息技术作为支撑。通过信息技术建立电子虚拟的农产品冷链物流供应链管理系统,对各种货物进行跟踪、对冷藏车的使用进行动态监控,同时将全国的需求信息和遍布各地区的连锁经营网络联结起来,确保物流信息快速可靠地传递。高新技术和先进管理手段有力地推动了各国农产品冷链物流的快速发展。

12.5.2 发达国家冷链物流经验借鉴

1.强化冷链物流发展的顶层设计

应站在推动国内供应链系统化、形成冷链物流发展优势的高度,强化冷链物流转型升级的顶层设计。第一,摸清底数,精准研判当前冷链物流发展瓶颈,理顺关系,统筹各大部委,强化政策落地,积极推进冷链物流转型升级,避免政策空转和制度软化。定期考核、跟踪督查,确保冷链物流转型升级工作高质量推进。第二,加大冷链物流基础设施建设,兼顾东西部地区发展平衡,引进先进的智能技术和设备,搭建大型信息化平台,为后期冷链数字化奠定物质基础(张婷婷,阚安康,吕岩,曹丹,袁野百合,2021)[108]。第三,全面梳理冷链物流相关的硬件设施、运输系统、组织管理等相关的标准,从系统的角度打通不同部门、不同行业间的壁垒,提升冷链物流运行效率。以多式联运为例,实现在集装箱交接、联运单证、信息交换等方面统一化,真正做到"一次托运、一次签单、一票到底",提升行业运营效率和客户服务水平。第四,不断完善合作收益分配激励机制,促进形成良好的生态圈。第五,前瞻性地制定配套的政策和法律法规,确保风险化解有制度遵循和有法可依(刘元胜,2020)[109]。

2.完善冷链物流标准体系

高水平冷链物流应有一系列完善的标准化冷链物流体系,以及国家政府相关政策、制度规范等方面的引导与支持。一方面,在农产品的生产标准,冷链物流基础设施的建设,冷链企业经营模式,冷链运输的包装、操作,以及温控设施设备等各个方面均有严格统一的制度规范与监管措施,使冷链风险可以在各环节的流通中得到有效控制。另一方面,对于冷藏运输车辆是否达标、冷链温度控制的科学性、运输至终端的农产品品质等方面都要进行不定期的抽查,对于检查不合格的企业应严格执行相应的惩罚措施。明确冷链物流企业在农产品运输过程中应该承担的责任,避免因物流企业的不合理操作导致运输过程中产品损坏的现象出现,切实保障消费者利益。同时,配套土地、税收、用电等方面的优惠政策,推动了冷链物流的全面发展。

3.数字化赋能,跨行业多主体协同创造价值

在互联网、大数据、人工智能、区块链等新兴技术推动下,数字化供应链与智能制造的结合能够实现产品的需求预测、产品开发、采购、生产、销售、服务全过程端对端的无缝衔接,精准匹配和供给需求,从而极大提升资源整合效率和降低交易成本,创造新价值。第一,鼓励大型科技企业充分利用自身科技优势,积极渗透冷链物流的全环节,在要素配置、产品生产和产品流通三个环节促进农业数字化转型,以数字化为纽带增进生产与消费的同一性。第二,发挥好人工智能、区块链、云计算和大数据等科技手段,通过降低信息不对称程度及交易成本,重塑冷链物流市场响应和组织能力。第三,数字化供应链是现代数字技术与供应链运营各个环节的深度融合。打造一个以客户为中心,通过跨部门、跨组织的协作,实现供应链中的信息流、资金流与物流高效整合。

4."透明"信息破解监管困难,保障消费安全

受一些疫情以及不断增长的药品和食品安全事件的影响,使冷链物流追溯成为政府和社会的共同需求。第一,应加强法律法规等制度建设。企业是建立追溯系统的主体,是追溯信息的记录者和传递者,而政府是信息记录和传递有效进行的保障者,通过制定制度来规范相关行为(李佳洁,任雅楠,王艳君,马婉祯,2018)[110]。第二,在基础设施方面,建设一套企业、政府和行业协会都能使用的冷链信息公共服务平台,对接先进的地方冷链公共服务管理平台,共享关键物流和仓储信息,推广冷链产品可追溯,提高政府监管和行业自律能力。推广安装温度记录仪、温湿度传感器等设备,实现全程温度监控(林纯,韦雪敏,2020)[111]。

5.借力龙头企业,打造冷链供应链创新生态体系

进一步搭建技术水平高、集成能力强、行业应用广的产业互联网生态平台,开放共享供应链智能化技术与应用,促使这些供应链平台从仅仅支持自身原有核心业务,升级成商业化、模块化的跨行业按需组合的供应链服务,即"供应链即服务"新模式(指借助类似云平台的架构,将各类互补方资源模块化,甚至虚拟化为"即插即用式"的服务组件,高效满足多样化的客户需求)(张连起,2020)[112]。

政府相关部门立足产业集群和区域经济特色,制定相关政策来扶持培育这些制造龙头链主企业,搭建资源对接渠道和平台,进行科学规划和布局,形成以重点制造龙头链主企业为主导,上下游中小企业相配套,第三方物流公司、高校科研机构与银行金融机构等相协同的产业合作与创新生态圈。

6.践行可持续发展思想,打造低碳绿色冷链物流

无论是在国际还是国内,低碳经济发展已经成为必然趋势。由于冷链物流本身对控温和运作要求的特殊性,高能耗成为它的显著特点之一,因此对构建绿色生态冷链的需求更为迫切。冷链物流领域可持续发展可沿两个角度展开,首先是降低能耗、减少排放。运用先进的技术提高制冷系统的效率,使用先进的保温材料和科学的运营组织手段减少冷量耗散,选用环保

型制冷工质降低臭氧破坏,积极构建绿色生态冷链。其次推广和使用再生能源利用的设施设备,如配备太阳能制冷系统的冷藏车,使用风能系统的冷库等。政府应积极发展节能与循环经济的重要项目,为相关企业补助必要的发展资金,更新并及时改造制冷设备。

7.精耕细作,打造全链条、全要素冷链运作管理

补齐"最先一公里"到"最后一公里"的短板,加强食品从"农田到餐桌"的全过程管理。重视产后预处理技术、空气调节技术、生产加工低温控制技术、冷链包装技术、快速制冷技术、温度监测技术、食品追溯技术、冷链各环节对接技术等环节,不断提升冷链物品的安全和品质。

8.做好"产学研用"的高效衔接,构建专业素养人才培养体系

实现冷链物流转型升级,需要强化人才的智力支撑,从引进和培育两方面着手,提高冷链物流人的整体素养。第一,鼓励受教育水平高、知识结构合理的高素质人才参与冷链物流转型升级建设,为不同专业背景的人才提供交流碰撞的机会,充分激发积极性、主动性和创造性,在增量层面为冷链物流的科技水平和管理创新注入动力。第二,以冷链物流为主战场、以高校科研院所为合作平台,构建产学研用紧密结合的冷链人才培养体系,强化冷链底色,增加科技含量,形成全过程的人才培育机制(郭玉驾,2020)[113]。

9.强化民众食品安全理念和冷链意识的培育

消费者食品安全和冷链物流的理念逐步提升,不但会强迫企业提升自身的冷链水平,还会催化增强冷链市场的成熟度,对冷链行业起到正向激励的作用(崔忠付,2017)[114]。所以,政府相关部门应积极与各协会、媒体和企业围绕冷链物流向民众进行多方面的宣传和传播;除此之外,应要求国内外生产加工、餐饮、零售等品牌企业从自身做起,实施全程冷链管理,同时主动加强对消费者冷链理念的培育和引导。

第十三章 中国特色冷链物流产业链发展道路

13.1 中国大国小农的基本国情

"大国小农"是我国的基本国情、农情。在未来一段时间里,小农户仍然会占我国农业经营主体的绝大多数,仍然是保障国家粮食安全和农产品有效供给的基础。未来我国农业现代化的难点是如何实现小农户生产经营现代化,破解小农户农业生产现代化困局。在我国目前的基本国情下,小农户能否进入现代化农业成为关键性因素,与此同时中共中央办公厅、国务院办公厅印发了《关于促进小农户和现代农业发展有机衔接的意见》(以下简称《意见》)。《意见》中要求:"促进传统小农户向现代小农户转变,让小农户共享改革发展成果,实现小农户与现代农业发展有机衔接,加快推进农业农村现代化。"

长期以来,人们对冷链物流的普遍认识主要集中在行业自身特征,比如运营费用高、回报周期长、资金投入门槛高等行业属性。但这些特征不能脱离农业产业链全过程,更不能脱离中国大国小农的基本国情,从这个角度看,对于冷链物流的中间性、隐蔽性、专用性、集散性和外部性的经济特性关注还不够,这些经济特性既包含了丰富的经济理论含义,也是冷链物流发展的"中国式"实践难题。

13.1.1 我国是农产品和药品流通大国

我国人口众多。2020年,全国人口达到14.1亿人,约占全球总人口的18%,我国仍然是世界第一人口大国。地域广阔,温带多。自北向南划分为5个温度带,即寒温带、中温带、暖温带、亚热带和热带。地形复杂多样,平原、高原、山地、丘陵、盆地五种地形齐备,山区面积广大,约占全国面积的 2/3;地势西高东低,呈阶梯状分布。我国粮食、蔬菜、水果、肉类、水产、速冻等产品流通数量巨大,长期位居世界第一。农产品流通目前已呈现出大规模、长距离、反季节的特点,大聚集、小配送。

13.1.2 我国是典型的小农国家

与日本、韩国等国类似,我国的农户属于典型的东亚小农户类型,有四个基本特点。小规模,目前全国 2.2 亿农户户均经营的土地规模只有 0.5 公顷,加上流转的土地,也仅有 0.7 公顷。半自给,我国很多农户不是为卖而生产,而是把家庭消费剩余的农产品在市场上出售。兼业化,2019 年,农业收入占农户总收入比重的平均数是 36%。非法人化,发达国家的农场主有法人资格,而我国的农户多是自然人,在市场竞争中处于劣势地位。"人多、地少、水更少"的资源禀赋特征明显。人多地少,户均经营规模小,不利于生产的标准化和市场化。尽管面临多重约束,当前,我国农业领域也出现不少有利于现代化发展的阶段性变化。农业的物质基础和装备条件显著改善。进入 21 世纪以来,国家加大对"三农"的投入。国家对重要农产品实行保护性收购政策,先后启动了新增千亿斤粮食生产能力、高标准农田、水库除险加固、动物疫情防治等重大农业工程。在农业结构性矛盾倒逼和消费需求升级的拉动下,农业产业结构变革深入推进。一、二、三产业融合发展成为趋势,为农业注入新要素、新技术,农业出现新业态、新功能。新型经营主体大量涌现,土地规模经营加速。截至 2019 年底,我国承包耕地流转率达到 36%,全国各类新型经营主体总计 300 多万户。实现土地的规模经营不仅靠土地的流转,还有托管,全国约有 36.9 万家社会化服务组织为农民提供托管半托管服务。2004 年至 2019 年间,我国农业与非农产业劳动生产的比值从 6.85 倍逐渐下降到 4.38 倍。相较过去,农业劳动生产率已经进入了一个更快提升的阶段。

13.1.3 农产品需求向大城市群聚集

随着城镇化率的急剧提升,城市群的规模越来越大,根据测算,我国 21 个都市圈(以 2 小时可达范围所涉及的城市计算)以 12%的国土面积集聚了 45%的人口,创造了 65%的国内生产总值(见表 13—1)。城市群逐渐成为农产品消费的聚集地。在农产品快速增长的需求总量中,越来越多的需求量向大城市及城市群集中。华北、东北、西北等地区人口在 100 万以上的大城市(含济南、青岛、淄博、郑州、洛阳等)是果蔬的主要需求地,比如北京、上海、深圳等超大城市的果蔬 70%~90%需要从外地调入。

表 13—1 中国主要城市群的农产品需求能力

2018 年	城市	人口总量（万人）	人口密度（人/平方公里）	GDP（万亿元）	城镇人均收入（元）	货运量（万吨）
京津冀城市圈（含济南）	北京	1375.8	838	3.03	62361	25244
	天津	1081.6	900	1.88	39506	53548.07
	唐山	793.6	589	0.63	39365	44000
	石家庄	1095.16	757	0.6082	35563	53000
	济南	746.04	728	0.7856	50146	26000

续表

2018年	城市	人口总量（万人）	人口密度（人/平方公里）	GDP（万亿元）	城镇人均收入（元）	货运量（万吨）
长三角城市圈	上海	1462.3	2306	3.27	64183	107386.82
	杭州	980.6	582	1.3509	61172	35000
	南京	843.62	1281	1.2820	59308	38563.56
珠三角城市圈	广州	1490.44	2005	2.2859	42180.96	61313.31
	深圳	1302.66	6522	2.4221	57543.60	32763.63
	香港（特别行政区）	745.1	6733	57543（亿港元）	29845（亿港元）	—
	澳门（特别行政区）	—	—	—	—	—
中部城市群	郑州	1013.6	1361	1.0143	39042	27630.8
	武汉	1108.1	1293	1.4847	47359	62517.88
	长沙	815.47	690	1.1003	36775	57850
成渝城市群	成都	1633	1139	1.5342	42128	—
	重庆	3101.79	376	2.0363	34889	128234.41

13.2 全面建设社会主义现代化国家的新阶段

党的十九届五中全会提出,全面建成小康社会、实现第一个百年奋斗目标之后,我们要乘势而上开启全面建设社会主义现代化国家新征程、向第二个百年奋斗目标进军,这标志着我国进入了一个新发展阶段。我国现代化是人口规模巨大的现代化,是全体人民共同富裕的现代化,是物质文明和精神文明相协调的现代化,是人与自然和谐共生的现代化,是走和平发展道路的现代化。这是我国现代化建设必须坚持的方向,要在我国发展的方针政策、战略战术、政策举措、工作部署中得到体现,推动全党全国各族人民共同为之努力。在新发展阶段,冷链物流需要适应新发展阶段,满足人民群众日益增长的高品质生活需求。

第一,坚持冷链物流高质量发展。冷链物流行业贯通一、二、三产业,是巩固脱贫攻坚成果、有效衔接乡村振兴、促进消费升级的重要产业。在构建双循环的新发展格局中,冷链物流发展将成为重要发力点。着力补齐冷链设施不足、空间布局不优、市场主体不强、要素支撑不够等短板,着重发挥冷链物流在打造国内大循环重要节点和国内国际双循环战略链接的联通功能,推动冷链物流高质量发展。

第二,坚持分区分类,不搞"一刀切"。分区是分地区,分类是分品种。从国际上看,较成功的农业现代化模式大体有两种:一种是大规模土地经营的发展模式,另一种是以以色列、荷兰为代表的技术密集型道路。我国人多地少,农业现代化总体上更适合走后一条道路。但是,也要看到我国地域差别极大,比较优势各不相同,不同地区可能会走完全不同的路线。比如,在以大田作物为主的地区,土地规模经营加基地化的特征更明显;以经济作物为主的地区,技术要素占的比重就会更大。

第三,积极稳妥发展多种形式的适度规模经营,大力培育新主体。我国农业从业人员占全社会从业人员的比重是25%,属于东亚小农户类型。怎么推进土地的规模经营?一要突出重点,从区域差别大的实际情况出发,重点发展粮食产区的土地规模经营。二要主动引导和充分利用农户分化的趋势,推动土地由一般农户向有核心竞争力的农耕者流转,培育核心农户和职业农民。三要规模经营要两条腿走路,一方面促进土地的流转集中,另一方面大力提倡托管服务。四要提高农民的组织化程度,重视农民合作社的发展,在条件成熟的时候,自下而上地推动建立更高层次、功能更加完备的农民合作社联盟。

第四,努力实现冷链物流技术的突破。技术突破涉及路径选择,路径选择主要受稀缺要素制约。当前,我国土地资源最为稀缺,这决定了发展农业技术的路线要以提高土地生产率的技术为基础,以提高劳动生产率的技术为主导。与1978年相比,当前我国种粮面积约减少了7000万亩,粮食产量约为当初的2.4倍,主要依靠的就是技术进步,种子革命大幅提高了土地劳动生产率。未来,要花更大的力气去发展机械、生物、人工智能和环保四项重大技术。

第五,强化和完善冷链物流支持体系,发挥市场机制作用。加强对农业支持保护与发挥市场机制作用并不矛盾。发展农业不能排斥市场,但完全不支持、不保护也不对。农业产业相对弱势,只有依靠政府支持,才能更好地与非农产业在市场上竞争。支持农业一要重视总量,近年来,政府投资占农业产值比重有所下降,应当引起注意。二要重视质量,制定差别化和精准的补贴政策,提升补贴效率,同时,把财政工具和金融工具结合起来,撬动更多的社会资金,增加农业投入。

13.3 中国的社会主义制度优势

在我国农业农村现代化的建设实践中,社会主义制度对于冷链物流的优势得以彰显。建设社会主义现代化新农村,离不开农业制度的改革以及体系的创新,如何增加农村的收入,如何提高我国农产品竞争力,实现农业农村现代化,都是我们需要深入探讨的永恒的话题。

发达国家和地区的经验表明,现代冷链物流体系与农业充分结合是实现我国对于农业农村目标的根本办法,冷链物流是农产品与现代流通体系接轨的重要环节,冷链物流的发展与农业种植业、养殖业息息相关,它不仅带动了"三农"经济的发展,同时也为农业农村的流通问题提供了可行之路。对于推动我国新农村建设和农业农村社会全方面发展起到了积极作用。有利于促进我国经济发展方式的转变,有利于保障和改善人民生活,有利于建设社会主义现代化强国的伟大进程,可谓既解近忧,又谋长远。

我们也要看到美国、加拿大、荷兰等发达的资本主义国家很少举全社会之力来推动冷链物流薄弱环节尤其是产地预冷环节的发展,这也恰恰反映了社会主义国家的优越性。要充分发挥举国优势,通过冷链物流产业链发展带动农户增收、农业发展和农村繁荣。同时也保障供应,给城市居民带来实惠。

13.4 中国特色冷链物流产业链发展道路

冷链物流行业是随着科技的发展和进步,以及制冷技术的不断发展而建立起来的。随着我国的科技不断进步,具有中国特色的冷链物流产业链也在逐步形成和完善。从冷链物流产业链全链来看,中国特色冷链物流产业链的上游包括冷藏车的制造、冷库的建设和制冷机等设备的制造环节,中国特色冷链物流产业链的中游包括运输环节、仓储环节,以及其他环节。其中运输环节主要包含干线运输和配送,仓储环节主要包含仓储费用和装卸费用,其他环节包含包装、分拣、贴标等增值服务。中国特色冷链物流产业链的下游包含食品行业、医疗行业、化工行业、花卉行业等。

13.4.1 渐进式的国外冷链物流发展历程

1.第一阶段(19世纪70年代—20世纪40年代)

由于制冷机、冷冻剂和电冰箱的发明,制冷技术开始广泛应用于食品工业,食品工业得到了迅猛发展。随后制冷技术向着规模化、工业化发展,1908年,工程师Albert Barrier在说明控制低温条件能确保易腐食品品质时,第一次使用了法语冷链(Chainedu Froid)这一术语,冷藏链初步形成。

2.第二阶段(20世纪40年代—20世纪末)

冷链物流已逐步走向成熟,运输品类更加多样化,制冷技术和运输设备更加先进。但是,由于这一时期仍然处于传统工业化时代,冷藏食品零售业刚刚兴起,零售商对冷链物流效率要求不高,交通设施相对落后,因此冷链物流在运行效率和配送衔接上还不够完善。

3.第三阶段(20世纪末至今)

这个时期的冷链物流已经演化成多品种、小批量、标准化和法规化模式,"冷链"的概念已由之前的"原产地—初预冷—冷库—冷藏运输—批发站点冷库"发展成"原产地—初预冷—冷库—冷藏运输—批发站点冷库—零售商场冷柜—消费者冰箱"。这一阶段的冷链物流已经基本发展成熟。

13.4.2 飞跃式的中国冷链物流产业链发展历程

1.萌芽阶段(19世纪50年代—20世纪末)

中华人民共和国成立后,受国外先进冷链物流体系的影响,我国也开始在肉类外贸出口业务中开展冷链运输服务,但是由于处于萌芽阶段,且社会经济水平滞后,当时的冷藏库和冷藏车仅靠改装来维持低温。在随后长达30年的时间里,我国的冷链物流都处于零散无序的发展状态。直到1978年改革开放,特别是1995年《中华人民共和国食品卫生法》等相关政策法规的颁布,对我国冷链物流的发展起到了一定的促进作用。但在接下来的20年时间里,由于社会环境和制造业的落后限制了我国物流的发展,使其一直处于供小于求的低水平初级阶段。

2.发展阶段(21世纪初至今)

21世纪的到来,人们生活水平得到提高,对生鲜食品的需求不断增加,对食品新鲜度提出了更高要求。2001年以后,政府和全社会对物流业发展的广泛关注,促使我国冷链物流发展有了质的飞跃;同年,中国成功加入WTO,更是为其注入了新鲜血液,冷链物流基础工作全面展开,如冷链物流标准化建设、冷链物流信息化建设、冷链物流科学与技术工程、冷链物流理论研究以及冷链物流业总体规划等,促使我国冷链物流企业向着国际化、规范化的方向发展。由于国际化程度加强,城市对高质量冷链服务的需求相当庞大,诸如2008年北京奥运会、2010年上海世博会和2010年广州亚运会这样的盛会通常会吸引成千上万的参加者和游客。为了满足随之而来对食品的巨大需求且仍保证食物品质和安全,一个高效的冷链网络是必需的。

在中国知网期刊库按年份搜索"冷链物流"相关文献,根据论文发表数量可以看出,我国学者从2007年后才更关注冷链物流。2007年8月17日,中铁快运举行"冷链快递"的新闻发布会,这让关于"冷链"的话题升温。2008年北京奥运会的召开,奥运食品的安全问题直接影响到参赛人员的健康和赛事的正常进行,促进了食品冷链物流的发展。2009年开始实施《中华人民共和国食品安全法》,更进一步强调了冷链物流对食品安全的保障作用,推动我国冷链物流快速发展。2010年国家发展与改革委员会发布《农产品冷链物流发展规划》,中国物流与采购联合会冷链物流专业委员会成立,并推出《中国冷链物流发展报告(2010)》。"十二五"期间,国家将物流产业作为十大振兴产业之一,相继推出冷链物流相关法律法规,规范冷链物流行业,不仅关注食品冷链物流,更加重视药品冷链物流的运作。2012年,国家质检总局、国家标准委正式发布实施《药品冷链物流运作规范》《食品冷链物流追溯管理要求》两项冷链物流国家标准。这一年,央视财经报道推出节目《断裂的冷链》,让消费者更加了解冷链物流对食品安全的影响。

2013年中央一号文件多项政策涉及冷链物流,说明国家在政策层面更加重视冷链物流的建设。2014年国务院发布《物流业发展中长期规划(2014—2020年)》,国家发改委发布《关于进一步促进冷链运输物流企业健康发展的指导意见》。2015年冷链行业凸显"新"字。在新的政策环境下,"一带一路"倡议实施让冷链行业遇到新机遇,跨境冷链业务发展更迅猛。在"互联网+农业"时代,推动生鲜电商发展壮大。随着冷链物流的进一步壮大,政府相继出台多项冷链扶持政策和行业标准来推动冷链物流朝着良好的方向发展。2016年,我国首个企业级全国冷链联盟在北京正式宣布成立,多个冷链物流企业在新三板挂牌上市。2017年,国务院办公厅发布关于《加快发展冷链物流保障食品安全促进消费升级的意见》。2018年,在生鲜电商火热发展的背景下,扩大消费者对冷链物流配送需求,促进企业大力布局冷链物流网络。2019年中央一号文件指出,发展现代农产品加工业,建设产供销地农产品冷链物流网络体系,打好脱贫攻坚战。2020年,在新冠肺炎疫情的背景下,更加凸显发展生鲜产品冷链物流、医药冷链物流的重要性,促进政府、企业、社会更加重视冷链物流的改进与发展。

此外,随着新零售的兴起,社会资本也开始大举进入冷链物流产业,阿里巴巴、京东、苏宁等众多企业开始布局生鲜冷链,将进一步促进我国冷链物流的发展。

13.4.3 中国特色的冷链物流产业链发展

中国的冷链物流产业主要集中于食品冷链物流领域,最早产生于20世纪50年代的肉食品外贸出口。由于当时社会经济水平落后,冷藏库和冷藏车仅靠改装来维持低温。2001年中国物流采购联合会成立后,冷链物流基础工作全面展开,如冷链物流标准化建设、冷链物流信息化建设、冷链物流科学与技术工程、冷链物流理论研究及冷链物流总体规划等,使我国冷链物流企业更为国际化、规范化。同时,随着我国社会经济的快速发展,居民消费水平不断提高以及人们对食品质量和安全性的要求的提高,推动了中国冷链物流行业的不断发展。

中国冷链物流发展已经进入产业链发展新时代。一是比照发达国家仍显发展落后。欧美等发达国家肉禽冷链流通率已达100%,水果在95%以上,而我国肉禽、水果的冷链流通率仅为15%和5%。目前发达国家(欧洲、美国及日本等)易腐食品的冷藏运输率已超过90%,冷链流通率为95%~98%,某些产品(比如肉禽)冷链流通率更是达到100%。而中国仍有大部分生鲜农产品在常温下流通;部分产品虽然在屠宰或储藏环节采用了低温处理,但在运输、销售等环节又出现"断链"现象,全程冷链的比率过低。商务部统计数据显示,当前我国果蔬、肉类、水产品的冷链流通率,即在物流过程中采用冷链物流的比重分别为22%、34%、41%,冷藏运输率分别为35%、57%、69%,与发达国家平均水平差距巨大。冷库的人均和冷藏车的人均。我国冷藏车的保有量仅占公路货运车辆的0.3%,美国平均500人就有一辆冷藏车,而我国平均3万人才有一辆冷藏车。二是市场主导发展说。以政府文件为主,消费者对生鲜食品品质意识逐渐增强,市场经济日趋活跃,中国自贸区试点不断扩大,进口生鲜品类增加,农产品及药品市场需求激活、生鲜电商崛起都进一步地刺激冷链物流的发展。同时,冷链物流行业服务水平模式得到提升。三是政府干预说。中国冷链物流发展仅靠市场主导是远远不够的,需要政府扶持才能发展壮大。

中国特色的冷链物流发展一定是产业链发展之路。一是符合中国国情的冷链物流产业链。中国冷链物流发展需用产业链衔接城乡、产地和销地。无视产业链基础,企业发展就是无源之水、无本之木,政策扶持就是无的放矢。中国的冷链物流发展不同于欧美发达国家,也不会走日韩农协道路。二是经济适用的市场化的物流产业链。不能比照发达国家,也不能指望政府太多扶持。只能是建立在市场机制之上的经济适用产业链。三是产业链上下游之间充分协同。单个环节一定是难以持续的,必须走基于产业链的一体化服务发展之路。

13.5 总结及政策建议

现代冷链物流起源于美国。伴随着人们对食品安全要求的不断提高以及全球化带来的食品长距离运输不断增加,冷链物流发展迅速。随着中国经济社会发展,特别是人民生活水平的不断提升,对于食品安全和营养健康的要求越来越高,冷链物流越来越重要。冷链物流的社会关注度不断提升,冷链物流成为老百姓关注的热点。学术界对冷链物流的研究也在不断增加,正因为此,冷链物流相关的概念有很多种,与冷链物流相关的概念常常见诸报刊论文的有冷链、冷链物流、冷链流通、冷链供应链、温控供应链等,如何正本清源,正确认识?中国冷链物流如何发展?各种思路意见不一。本书首先从概念入手,厘清了冷链物流的核心概念群,然后探讨了中国特色的冷链物流发展道路。

1.明确冷链物流分层分级发展思路

支持贫困地区战略农产品冷链设施投入。对于西部地区尤其是深度贫困地区,可以结合当地农产品特色优势,由财政出资建设冷库、购买冷藏车,支持供销社、邮政等构建冷链物流网络。促进贫困地区产业可持续发展。建设一批粮食、肉类等战略性农产品冷链设施。对于中部的农产品重要产区和加工区,可采取补贴形式,支持现代化、集约化冷链物流发展,建设一批国家和省级重要肉类、重要水产品冷链物流基地。对于东部和大城市地区则规范冷链物流发展,在土地、车辆通行、新能源等方面予以扶持,实现健康可持续发展。鼓励发展一体化冷链物流,建立跨地区长途调运的冷链物流体系。

2.加快建设"七纵四横三圈"现代冷链物流骨干网络

结合"一带一路"倡议、京津冀、粤港澳大湾区、长三角一体化发展等国内外区域发展战略,围绕生鲜农产品优势主产区和主销区,建设中亚、东盟地区、海口、南宁、昆明、重庆、乌鲁木齐、呼和浩特、哈尔滨连接北京、天津、上海、广州等主销区的铁路、高速、国道、海运等构成的"七纵四横三圈"冷链物流骨干网络。结合鲜活农产品"绿色通道"政策,扶持标准化冷库、冷藏车(冷藏集装箱、冷藏铁路专列)、配送中心冷链物流,开展冷链物流骨干网络、开展北斗导航、信息追溯、数据采集等建设智慧骨干网络,建设司机服务之家、维修站点等安全骨干网络。

3.实施"千品千库"冷库升级改造工程

改造或建设一批适应现代流通和消费需求的冷冻、冷藏和保鲜仓库等设施。根据特色农产品区域布局规划,选择1000个左右优势农产品,根据各地的产品优势,实施"千品千库"冷库升级改造工程。因地制宜依托公路网、铁路网、新增支线机场,在优势农产品主产区布局3000个左右的现代化冷库,在充分利用现有收储设施的基础上,完善仓储物流设施,加快老旧冷库的改造升级,扩大冷库容量,增加冷库资源拥有量。同时应增加冷藏车的数量,提高使用效率。

鼓励供销社、邮政、电商平台、批发市场、超市在产地建设冷链物流服务站点。

4.推进冷链物流库－车－盘－箱的全链条标准化示范建设

冷链标准化要看得见、摸得着、有实惠。围绕库－车－盘－箱四个核心,加快标准化的冷库、冷藏车、托盘、共用周转箱、笼车等冷链物流标准化设施设备推广应用,形成覆盖冷链运输、冷链仓储、装卸、搬运、包装、分拣、配送、售卖等环节的冷链物流标准化体系。要加快完善惩戒制度、企业间进行互联互通的标准、统一编码规则等标准的制定。开展冷链物流库－车－盘－箱标准化试点工作,将标准与实际相结合,促进标准的落地执行。

5.突出重点建设,着力推动特色产业向价值链高端延伸

完善主销区果蔬冷链配送设施建设,加强果蔬产地预冷、储存保鲜和低温运输,提高农产品附加值。积极推动特色果蔬产品产地直采直销,加快发展农村电商,推广"农批零对接""农超对接"等新零售模式。完善肉禽水产冷链物流体系。聚焦优势特色产品产业集群,进一步完善超低温储藏、运输、包装和加工体系,加强屠宰后排酸、预冷等低温储藏、运输、包装加工及销售的冷链设施建设,建立全程"无断链"肉禽冷链物流体系。完善药品冷链物流体系。聚焦医药冷链物流龙头企业,建设集生产、加工、储存、运输等于一体的药品冷链物流体系,形成辐射全国的冷链药品配送网络。

6.建立冷链物流监管委员会实现全过程监管和可持续发展

国家发展改革委、交通部、工信部、农业农村部、商务部应合力支持冷链物流的发展,摒弃过去单点单环节监管的弊端,强化农产品冷链物流骨干网络监督,建立从源头到终端的监管体系;应强化对冷链物流绿色、环保、安全、物联网等方面的支持,支持新型制冷剂、冷机、新材料等冷链关键设备的研发应用;强化政策评估和检查,促进冷链物流可持续发展。

参考文献

[1]邓延伟.我国水产品冷链物流绩效评价研究[D].北京:北京交通大学,2014.

[2]丁俊发.农产品物流与冷链物流的价值取向[J].中国流通经济,2010,24(01):26—28.

[3]谢如鹤.我国冷链物流现状及发展对策[J].物流技术,2014,33(21):1—3+7.

[4]杨建亮,侯汉平.冷链物流大数据实时监控优化研究[J].科技管理研究,2017,37(06):198—203.

[5]姚源果,贺盛瑜.基于交通大数据的农产品冷链物流配送路径优化研究[J].管理评论,2019,31(04):240—253.

[6]袁学国,任建超,韩青.北京城镇居民对不同猪肉质量安全特征的消费偏好和支付意愿[J].技术经济,2014,33(06):43—47+83.

[7]毋庆刚.我国冷链物流发展现状与对策研究[J].中国流通经济,2011,25(02):24—28.

[8]魏新军.农产品冷链物流统计指标体系的构建[J].统计与决策,2015,4(20):36—38.

[9]符勇强,夏绍模,李昌健.国内冷链物流学术研究的知识图谱分析[J].铁道运输与经济,2017,39(03):68—73.

[10]刘北林,沈欣.反向物流及其网络构建[J].商业研究,2005,4(07):152—153.

[11]王军,李红昌.时空视角下中间层组织在农产品冷链物流中的作用研究[J].北京交通大学学报(社会科学版),2019,18(02):119—128.

[12]林长青,卢改红. 我国冷链物流发展中存在的问题及对策研究[J].商情,2020(12):93.

[13]洪岚.我国冷链物流发展中存在的问题及对策研究[J].中国流通经济,2010(10):33—36.

[14]张堞. 论我国冷链物流标准化体系构建试点的模式创新[J].现代商贸工业,2017(16):13—14.

[15]张喜才.中国农产品冷链物流经济特性、困境及对策研究[J].现代经济探讨,2019(12):100—105.

[16]李鸿冠.农村冷链物流所面临的困境及其对策探析——基于中央一号文件的视角[J].宁德师范学院学报(哲学社会科学版),2020(02):75—78.

[17]曾亿武,郭红东.农产品淘宝村形成机理:一个多案例研究[J].农业经济问题,2016,37(04):39—48+111.

[18]Magretta Joan. Why business models matter[J]. Harvard Business Review,2002,80(5).

[19]赵帅,李亚城,李文立,等.平台型企业的商业模式创新及其内在机理——以斗南花卉产业集团为例[J].管理案例研究与评论,2019,12(02):192—209.

[20]Alexander Osterwalder. Understanding ICT－based business models in developing countries[J]. Int. J. of Information Technology and Management,2004,3(2/3/4).

[21]贺盛瑜,马会杰.农产品冷链物流生态系统的演化机理[J].农村经济,2016(10):114－117.

[22]李骏阳.我国农村消费品流通业创新研究[J].中国流通经济,2015,29(04):1－6.

[23]Yan Li,Qi Zhang,Ge Wang,etal. A review of photovoltaic poverty alleviation projects in China: Current status, challenge and policy recommendations[J]. Renewable and Sustainable Energy Reviews,2018,94.

[24]武沁宇.我国"互联网＋生鲜农产品"宅配业态探析[J].经济纵横,2016(06):76－79.

[25]易加斌,徐迪.大数据对商业模式创新的影响机理——一个分析框架[J].科技进步与对策,2018,35(03):15－21.

[26]张喜才,苏驿婷,孙伟.电商时代农村物流网络存在的问题及顶层设计探究[J].商业经济研究,2018(07):130－132.

[27]张琳.价值链视角下生鲜农产品冷链流通模式研究[J].改革与战略,2017,33(07):108－111.

[28]郝秀菊,牟进进.一体化冷链库存策略的补偿机制研究[J].公路交通科技,2017,34(12):151－158.

[29]黄刚.物流发展呈现多重新趋势[J].经理人,2014,4(05):24－25.

[30]周海霞.国外农产品冷链物流一体化经验及借鉴[J].世界农业,2016,4(05):18－22.

[31]黄宗智.怎样推进中国农产品纵向一体化物流的发展?——美国、中国和"东亚模式"的比较[J].开放时代,2018,4(01):151－165＋7－8.

[32]张琳.价值链视角下生鲜农产品冷链流通模式研究[J].改革与战略,2017,33(07):108－111.

[33]招商证券.2019年中国冷链设备行业分析报告[R].广东,2020.

[34]前瞻产业研究院.中国冷链物流行业市场前瞻与投资战略规划分析报告[R].深圳,2020.

[35]前瞻产业研究院.冷链物流行业2020年中国冷链物流发展报告:高质量转型势在必行[R].深圳,2020.

[36]方红燕,门峰.我国冷藏车市场现状分析和趋势展望[J].物流技术与应用,2020(12):82－84.

[37]国金证券研究院.海容冷链:供应全球的消费冷链龙头,内在价值被低估[R].深圳,2019.

[38]申港证券研究所.冷链双驱转型节点下爆发的盈利高弹性[R].上海,2020.

[39]张喜才,张慧.我国农产品冷链物流企业集中度研究[J].商业经济研究,2020(04):140－143.

[40]头豹研究院.2021年中国冷链物流行业研究报告[R].南京,2021.

[41]平安证券.冷链物流,改变生活,旧时王谢堂前燕,飞入寻常百姓家[R].深圳,2019.

[42]陈曦.基于产业链延伸的食品行业并购行为研究——以好想你并购郝姆斯为例[D].江苏:苏州大学,2018.

[43]王子娴.产业链延伸对建筑装饰业企业绩效的影响研究——以金螳螂建筑装饰股份有限公司为例[D].江苏:苏州大学,2016.

[44]张喜才,李海玲.基于大数据的农产品现代冷链物流发展模式研究[J].科技管理研究,2020,40(7):234—240.

[45]汪瑜.基于冷链物流的生鲜电商发展模式研究[J].时代金融(中旬),2016(11):308,311.

[46]谢美娥,高倩,陈秀云.基于京东冷链的生鲜冷链物流研究[J].现代商贸工业,2021,42(11):56—58.

[47]杨天雨,周玉新.O2O模式下电商物流管理的现状与发展——以盒马鲜生为例[J].物流工程与管理,2020,42(12):38—40.

[48]佚名.从"盒马鲜生"看传统生鲜零售企业如何布局线上电商[J].中国合作经济,2021(3):42—46.

[49]王伟栋.中央厨房和餐食工业化发展探讨[J].现代国企研究,2019,4(10):116,118.

[50]张倩倩,李学工.中央厨房冷链物流的成本结构、控制途径及优化策略[J].台湾农业探索,2019(03):67—71.

[51]全喜龙.第四方冷链物流的存在与发展研究[J].物流工程与管理,2017,39(01):8—9,4.

[52]N KSHETRI.Barriers to e-commerce and competitive business models in developing countries:A case study[J].Electronic Commerce Research and Applications,2014,6(04):443—452.

[53]陈彬馨.订单生产型企业物流绩效评价研究[D].辽宁:大连理工大学硕士学位论文.2008.

[54]陈序明.基于SCOR模型的供应链建模方法的研究与工具实现[D].北京:中国科学院软件研究所硕士学位论文,2005.

[55]朱洪瑞,牛楠,刘家顺,等.基于"三链"协同的资源型产业链延伸研究[J].商业经济研究,2016(06):195—196.

[56]匡思莉,戴小红.新时期浙江农产品冷链物流发展的问题与对策[J].物流技术,2021,40(03):29—33.

[57]夏文汇,张霞,夏乾尹,等.基于创新性供应链的生鲜农产品冷链物流及协同研究[J].重庆理工大学学报(社会科学版),2018,32(05):85—92.

[58]崔海龙,张玉梅.青岛市生鲜农产品冷链物流整合研究[J].广东农业科学,2014,41(07):228—232,236.

[59]李承东.生鲜冷链物流企业向智慧物流平台企业转型升级与创新发展[J].肉类研究,2020,34(11):后插1.

[60]思雨.轻重结合创新机制让冷链物流破冰前行[J].中国食品,2016(14):106—107.

[61]吕冬梅.基于市场需求的冷链物流高技能人才培养分析与研究[J].中国食品,2013,32(09):491—493.

[62]原雅坤,陈久梅,但斌.碳约束下冷链物流效率及其收敛性研究——以生鲜农产品为例[J].科技管理研究,2020,40(14):253—260.

[63]张琰.生鲜农产品冷链物流风险预警指标体系构建——基于成本约束的背景[J].商业经济研究,2017,4(03):132—133.

[64]祁南南,桂越,孙航,等.冷链生鲜农产品质量安全风险评价指标的研究[J].洛阳理工学院学报(自然科学版),2018,28(02):61-66.

[65]黄素琴.浅谈冷链物流干线运输中存在的问题及对策[J].物流科技,2016,39(02):64-65+95.

[66]张喜才.中国农产品冷链物流经济特性、困境及对策研究[J].现代经济探讨,2019,4(12):100-105.

[67]刘梦雅,赵侃,李思然.道路冷链运输质量控制体系研究[J].交通节能与环保,2017,13(02):46-50.

[68]张改平,赵颜,李玮.影响我国冷链物流发展的关键因素分析[J].交通运输研究,2019,5(06):101-108.

[69]张喜才,李海玲.基于灰色与马尔科夫链模型的京津冀农产品冷链需求预测[J].商业经济研究,2019,4(15):109-111.

[70]宋则.中国特色农产品流通现代化研究的力作[J].中国流通经济,2017,31(05):127-128.

[71]夏春玉.农产品流通研究专题[J].商业经济与管理,2016,4(05):5.

[72]安玉发.我国生鲜农产品流通渠道优化的有益探索[J].中国流通经济,2020,34(11):126.

[73]王雨濛,孔祥智.农业供给侧结构性失衡原因分析与改革的思考[J].农林经济管理学报,2018,17(03):245-253.

[74]高利伟,许世卫,李哲敏,等.中国主要粮食作物产后损失特征及减损潜力研究[J].农业工程学报,2016,32(23):1-11.

[75]朱信凯.建设农产品现代流通体系——推进农产品流通现代化——《中国农产品流通现代化研究》评介[J].经济纵横,2017,4(10):129.

[76]宋则."十三五"期间促进我国现代物流业健康发展的若干要点[J].财贸经济,2015,4(07):5-14.

[77]李毅.新零售背景下城市冷链物流共同配送路径优化研究[D].北京:北京交通大学,2019.

[78]韩春阳,伍景琼,贺瑞.国内外冷链物流发展历程综述[J].中国物流与采购,2015,4(15):70-71.

[79]李金叶,谷明娜.中国与"一带一路"沿线国家农产品贸易规模、结构及发展潜力研究[J].干旱区地理,2018,41(05):1097-1105.

[80]王瑞峰,李爽."一带一路"倡议对中国经济发展水平的影响——基于断点回归分析[J].技术经济,2018,37(01):122-128.

[81]陈志洁.普通高校外籍教师跨文化管理工作探析——以福建农林大学为例[J].福建教育学院学报,2015,16(04):59-62.

[82]周海霞.国外农产品冷链物流一体化经验及借鉴[J].世界农业,2016,4(05):18-22.

[83]张洁,庞洪伟.发达国家冷链物流供配技术[J].世界农业,2016,4(11):179-182.

[84]段晋会,孙康.扎根田间细耕耘立足农机谋发展——清徐县正心太农机专业合作社发展纪实[J].当代农机,2019,4(01):54-55.

[85]郑彤彤.国外典型国家农产品冷链物流发展现状与启示[J].中国商论,2017,4(30):11-12.

[86]李明贤,卿凯.美日两国农产品冷链物流的发展及对中国的经验启示[J].农业经济,2018,4(10):124-126.

[87]杨潇.基于SWOT分析的西安市果蔬冷链物流发展策略[J].新丝路(下旬),2016,4(10):22-23.

[88]周路.中国与加拿大两国农产品冷链物流的比较分析[J].对外经贸实务,2015,4(01):85-88.

[89]纪鹏飞.日本冷藏车需求与中国有很大不同——独家专访日本株式会社特殊自动车厢式车事业部制造本部副部长村濑孝寿[J].专用汽车,2020,4(07):42-44.

[90]欧阳芳,徐志宏.国外冷链物流的转型分析与借鉴[J].对外经贸实务,2015,4(08):91-93.

[91]仲颖.从中外对比中看我国冷链物流发展的"冷"与"热"[J].对外经贸实务,2012,4(12):90-92.

[92]刘欢,森川高行,李洁.日本低碳交通发展策略简析[J].综合运输,2015,37(06):57-65.

[93]孙秀,程士国.日本现代花卉冷链物流体系的构建及其启示[J].世界农业,2020,4(05):101-107+140.

[94]秦明,郭鹏.国外农业冷链物流发展的成功经验及借鉴[J].黑龙江畜牧兽医,2017,4(16):51-53.

[95]杨利勤.国外农业产品冷链物流的成功经验与借鉴[J].对外经贸实务,2016,4(03):89-92.

[96]杜鹃,郑磊.从"倒奶事件"看奶农合作社发展[J].中国农民合作社,2015,4(10):47-49.

[97]邓振华.中外医药冷链物流发展的差异比较及经验借鉴[J].对外经贸实务,2017,4(06):89-92.

[98]仝新顺.基于过程控制的食品冷链管理探索[J].商品储运与养护,2007,4(05):61-63.

[99]国外冷链物流的发展与食品质量安全[N].中国畜牧兽医报,2008-08-17(007).

[100]应晓书.基于射频识别(RFID)技术在冷链物流中的应用研究[D].武汉:武汉理工大学,2008.

[101]邓建兵.秦皇岛临港国际农产品冷链物流基地项目可行性研究[D].成都:西南交通大学,2016.

[102]樊爱珍,张翠花,高红英.我国冷藏药品冷链物流存在的问题与对策研究[J].现代商业,2016,4(09):20-21.

[103]张玉勋.中国百胜餐饮集团冷链物流发展战略研究[D].长沙:湖南大学,2010.

[104]朱则刚.食品安全质量可靠与冷链物流技术支撑研讨[J].粮食问题研究,2016,4(03):20-27.

[105]王强,段玉权,詹斌,等.发达国家冷链物流的主要做法与经验[J].中国禽业导刊,2008,4(14):20-22.

[106]农业部无公害农产品生产和管理考察团.加拿大的有机农业[J].世界农业,2002,4(10):24-25.

[107]王巍.电商生鲜冷链物流设备供给问题的研究[J].现代商业,2016,4(10):17-18.

[108]张婷婷,阚安康,吕岩,等.我国医药冷链物流发展现状及趋势[J].制冷与空调,2021,21(02):13-19.

[109]刘元胜.农业数字化转型的效能分析及应对策略[J].经济纵横,2020,4(07):106-113.

[110]李佳洁,任雅楠,王艳君,等.中国食品安全追溯制度的构建探讨[J].食品科学,2018,39(05):278-283.

[111]林纯,韦雪敏.低碳经济背景下的农产品冷链物流发展策略研究[J].价值工程,2020,39(05):142-144.

[112]张连起.部署创新链布局产业链[N].人民政协报,2020-04-30(003).

[113]郭玉哿.新形势下县域国有粮食加工企业的路径选择[J].粮食问题研究,2020,4(02):20-24.

[114]崔忠付.我国冷链物流稳步发展[J].中国物流与采购,2017,4(04):35-37.